浙派高中语文十二名师经典案例赏析

蔡 伟 主编

上海交通大学出版社
SHANGHAI JIAO TONG UNIVERSITY PRESS

内容提要

本书分为本体论、体验论、方法论三大专题，对12位浙派名师的经典案例做了赏析。他们分别是陆炳荣与“生本语文”，朱昌元与“个性语文”，范维胜与“语文本色教育”，包建新与“本真语文”。袁湛江与“身心语文”，郑可莱与“活动式语文”，郭吉成与“语文学习活动课程”，徐桦君与“学术性小论文写作”，金晓涛与“温雅语文”，任富强与“思辨语文”，庄平悌与“同义手段理论”语文教学，林国爽与“语文类阅读”。

本书适合高中语文教师，特别是参训教师；师范大学语文课程与教学论教师；师范大学语文方向博士、硕士及中文系本科生学习参考。

图书在版编目(CIP)数据

浙派高中语文十二名师经典案例赏析/蔡伟主编.—上海：上海交通大学出版社，2017

ISBN 978-7-313-17665-3

Ⅰ.①浙… Ⅱ.①蔡… Ⅲ.①中学语文课—教案(教育)—高中Ⅳ.①G633.302

中国版本图书馆CIP数据核字(2017)第154381号

浙派高中语文十二名师经典案例赏析

主　　编：蔡　伟
出版发行：上海交通大学出版社
邮政编码：200030
出 版 人：郑益慧
印　　制：杭州印校印务有限公司
开　　本：787mm×1092mm　1/16
字　　数：263千字
版　　次：2017年7月第1版
书　　号：ISBN 978-7-313-17665-3/G
定　　价：55.00元

地　　址：上海市番禺路951号
电　　话：021－64071208
经　　销：全国新华书店
印　　张：15.5
印　　次：2017年7月第1次印刷

编　委　会

前言
PREFACE

早在2004年，浙江师范大学便成立了语文教育研究中心。王尚文先生任主任，每年在语文杂志上刊发一篇关于语文教学研究的综述，在国内产生了较大的影响。2007年，王先生退休，我接任主任之职。为使浙师大能够名副其实成为浙江省语文教学的“航空母舰”，同时承担起振兴“浙派语文”教学的重任，“浙江师范大学语文教育研究中心”更名为“浙江师范大学浙派语文教育研究中心”。但我深知，凭我个人的影响力与学术素养，是担当不起这样的重任的。好在有一大群中小学名师鼎力相助，浙派语文教学的大旗我努力扛了十年，虽然旗帜不高，但始终在教育的天空飘扬。而且，为了突出“浙派语文”，教育研究中心把关注的重点由全国转向浙江省，放弃了每年发表全国语文学术研究综述的任务，专心于创办以浙派语文名师为核心的“全国新语文教学尖峰论坛”。论坛至今已办八届，其中两届联合香港、台湾两地的重要学术机构与学者名师共同举办。期间还与南京市教育局联手，接连四次开展“浙苏语文名师大讲堂”活动。这些活动获得参会教师的普遍好评。而第八届全国新语文教学尖峰论坛则成为高峰。本届论坛联合中国写作学会举办，设计了五个单元，活动内容丰富，样式新颖，特别是面向全国名师发出“英雄帖”，召集了一大批新老语文名家。其中浙派名师更是奋勇当先。例如浙江省特级教师、正高教师、全国优秀教师陈益林，揭榜“中国好讲师”竞赛；宁波市名师、特级教师范维胜揭榜“中国好课堂”竞赛。两位语文教学名师众望所归，分别获得各自参赛项目的一等奖。本次活动引起了《中国教育报》记者杜悦的关注，她全程参加了第八届论坛，并以三千字的篇幅报道了本次活动，使全国新语文教学尖峰论坛，真正具有了“全国”的意义。

之所以要啰唆这么多，目的其实只有一个，就是想告诉诸位读者，浙江省语文教学界人才辈出，能人众多，“浙派语文”完全可以与任何地域流派相媲美。然而，时至今日，仍然有不少浙江的学者不认可这个名称，他们以当下的浙江语文教学界没有一呼百应的旗手级人物，没有统领全省的核心主张，缺少全国著名语文人物为由，否定“浙派语文”的存在。为此，我于2008年6月在《教学月刊》发表了《试论当代浙派语文的五大特征》一文予以回应。拙文发表后，反对“浙派语文”之声减弱。但在2013年浙江大学举办的研讨会上，却再起争论。以浙大陈副教授为核心的“反对派”，继续对“浙派语文”强烈质疑。但令人高兴的是在那次研讨会上发布了以我的主张为核心的“浙派语文宣言”，大量名家名师发言撰文力挺“浙派语文”，我本人也发表了《应该亮出浙派语文的大旗》的文章。为了进一步厘清概念，摆明事实，推动“浙派语文”的发展，我于八年后的2016年6月又在《教学月刊》上发表《再论语文浙江学派的特征》论文，在更广泛的意义与更丰富的事实上，证明了“浙派语文”的存在及其发展，进一步深化了“浙派语文”可供其他地域流派借鉴的特征与经验，强调了弘扬“浙派语文”的必要性。同时，我又在《中国教育报》上发表了《语文为何可以言派》的文章，试图以此奠定“浙派语文”的历史地位与教育研究价值。但我不得不承认，浙江语文教学界确实存在一个尴尬的事实：名师众多，但大师难觅。不是这些名师达不到大师级的水平，而是因为他们为人低调，缺乏吆喝，加之浙江除了《教学月刊》外，几乎没有一家可为语文教师鼓与呼的优秀杂志。可以说，信息时代不像改革开放时那样，只要有一家杂志力捧一下，你就有可能成为里程碑式的人物。在今天，即便有多家杂志为你鸣锣打鼓，你的影响力也可能十分有限。因此，浙江虽有课上得十分漂亮者，讲座开得非常精彩者，教育研究成果可以等身者，但能了解他们的北不过长江，南不越五岭。因此，我一直想做一件事，那就是以最简单的方法，让全国各地的语文老师都能最大限度地了解浙江语文，亲近浙派语文名师。2012年，我成功申报了社科联普及型课题《浙江高中语文名师课例汇编》，并且先后组织了两个稿子，但都不理想，难以代表浙江高中语文的实际水平。虽然两次主编工作都以失败而告终，但也因此积累了丰富的经验。在众多名师、文化名人与我的研究生的帮助下，我们终于编成了这本《浙派语文高中十二名师经典课例赏析》。为感谢这些资料收集者与文章撰写者，现将他们的名字部分罗列于此：宁波市文化艺术研究院正高级研究员黄文杰，桐乡高级中学教师发展中心副主任杨大忠博士，浙江省泰顺中学骨干教师徐方东老师，浙江师范大学专业学位教育硕士惠晨、程畅灿、黄燕、王雨恬、韦娜、应慧敏等。这些作者中有的是我的研究生，他们在各级各类培训中承担着接待名师的任务，同时也听了他们一个又一个讲座，对这些名师有相当的了解；有的是我和名师共同的好友，可谓知己知彼，心神相通；还有的我素无谋面，我只在各大媒体上见到他们，但他们却是名师们的朋友，因此，有他们来介绍赏析名师也是众望所归。

本书所介绍的这十二位语文名师是我们浙江师范大学的特邀讲师，他们参加了浙师大的国培、省级重点培训及全国新语文教学尖峰论坛的讲座工作。而且除了两位只有省特级称号，一位只有省正高职称外，其他都是省特级与省市正高皆具的双料名师。当然，荣誉并不代表水平，知名度并不代表教学力与科研力。换言之，只有他们的教学案例最能说明问题。但既然是名师们的要求，那我只能将“十大名师”改为“十二名师”，这样也算符合本书赏析十二位名师的事实。但有一点我必须强调，通过这些案例，每个读者都可以肯定他们是有特点有成就的老师，是能够代表“浙派语文”名师的名师。而且，如果你认真阅读这十二篇经典案例赏析，你会发现，他们风格各异、精彩纷呈的背后，有着一些惊人的相似。我把这些共同点概括为五个“实”：朴实（但也求精致而不失粗糙），厚实（但也求有趣而不失乏味），扎实（但也求灵动而不失笨拙），真实（但也求创新而不失刻板），切实（但也求长远而不失近利）。当然，我的概括是否准确，需要读者来评定；十二位名师在浙江语文教育界处于什么位置，则由历史来决定。而对于我来说，费尽心思只为未来的“浙派语文”大厦铺下一块基石；对于十二位名师，也许能锦上添花；对于骨干教师，也许能逢水搭桥；对于新手教师，也许能雪中送炭。说白了，我想成为浙江语文教育界的伯乐，哪怕是看走眼的伯乐，也强过只会杀牛宰马的“屠夫”。

是为记！

浙江师范大学浙派语文教育研究中心主任
蔡　伟　教授

目　录
CONTENTS

●本体论

这里的本体包含着两层意思：一是从师生关系出发，注重学生个性，强调教学以学生为主体，体现教师的民主平等的教育思想。二是从教师自身教学特色出发，坚持教学以语文为本体，不外加花里胡哨的成分。

●体验论

这里的体验主要从教师教学性质考虑，他们关注学生的知识掌握、能力发展，但更关心学生通过教学所获得的情感态度价值观的变化。他们努力注重通过各种活动，促进学生的身心健康发展，使语文成为真正受学生欢迎的学科。

方法论

这里的方法论主要是指教师教学中使用的方法模式所体现出来的教学风格，它的最大特点是颇接地气，针对性和可操作性都较强，无论是强调抽象思维还是强调情感介入，无论是工具手段的使用还是分类技术的的应用，都具有立竿见影的功效。

本体论

陆炳荣与“生本语文”

名师简介

陆炳荣，浙江省中学语文特级教师，浙江省首批正高级教师，浙江省首批“5522”名师班班长，浙江省首批中小学名师高级访问学者。现为浙江省首批一级重点示范高中——桐乡市高级中学校长，浙江师范大学兼职硕士生导师，全国陶行知研究学会理事，浙江省中小学名师导师，嘉兴市中语会副会长，桐乡市教育学会副会长，桐乡市陶行知研究会副会长。国务院政府特殊津贴获得者，全国中学生文学社团百佳校长，浙江省人民政府颁发的“春蚕奖”获得者，嘉兴市人大代表，浙江省优秀共产党员，桐乡市英才奖获得者，桐乡市功勋教师。在报纸杂志发表论文 30 多篇，主编校本教材及教学参考书多册，发表论文数十篇，主持国家级课题一项、省级课题五项，并有多个课题在省市获奖。

案例背景

随着应试教育弊端的日趋明显，新课程改革的推进也促使语文教学思想不断推陈出新，各种教学理念层见叠出。虽百花齐放、百家争鸣但往往又彼此攻讦、相互驳难。那么，这些不同的教学理念是不是完全自成体系而与其他理念扞格不入呢？实际情况是，在各种教学理念、教学手法与手段的碰撞与交锋中，往往透视出界限并不明晰的融合与贯通。“你中有我，我中有你”是各种理念的共同特征。可以肯定的是，没有哪一种语文教学理念有着完全区别于其他理念的极为显著典型的特征。有些相互辩驳的理念，甚至在大方向与教学思路上呈现出基本类似的迹象，只是小层面上稍有差异。这不能不说是一种极大的嘲讽。

更具嘲讽意义的是，在应试教育明消暗涨甚至愈演愈烈的大背景下，涌现出来的许多语文教学理念往往都是脱离实际的空中楼阁——由这些理念支配的语文课堂，只能偶尔出现于公开课与示范课上。新的教学理念的持有者甚至开创者，在常规教学课堂中，也不得不违背自己的理念，成为填鸭式教育的妥协者。如此一来，新语文流派倡导的教学理念与现实的课堂特征呈现出南辕北辙的荒唐迹象，从而使语文教师感到无所适从。在应试教育无法避免的情况下，与这些大力提倡素质教育的教学理念相比，填鸭式教育在分数的提高上往往有着各类语文流派课堂无法比拟的优越性：对分数的提高立竿见影。只要掌握了答题思路与解题技巧，辅以大量的习题练习，学生在考试中照样能够取得不错的分数。我们甚至可以确定，如果从单纯获得分数的角度出发，将纯正的语文课堂改为习题课，依旧不会耽误学生的考试成绩。

理想很丰满，但现实很骨感，这就是语文教学面临的困境。当然，我们也绝对不能因为现实的困境而抛弃对语文教学的探索。语文教育在重视语文能力开发的同时，也必须关注人的全面发展，防止语文教育的失衡和异化，这是世界语文教育改革的共同课题，也是整个世界未来教育的发展趋势。语文教学应当是诗意的。对得过且过的教书匠来说，教育是一项令人灵魂容易结茧的工作。就语文学科教学而言，饱含激情的语文教育应当是这样的："语文教学不仅体现在课堂教学与课外辅导，而且，她还是一棵树对另一棵树的摇动；是一个生命对另一个生命的理解；是一颗心灵对另一颗心灵的撞击……"显然，如此诗意的理解，侧重于语文教师的感化、奉献与爱心以及对语文教学春风化雨润物无声的情怀与激情。这种对语文教学的体悟，归结起来，就是语文特级教师陆炳荣提倡的一种全新的语文教学思想："以学生发展为本。"这种教学思想成为陆炳荣老师探索语文课堂教学模式的终结指向，并且取得了极大的成功。

"以学生发展为本"的语文教学理念，是在经过对现今语文教学现状缜密观察与细致剖析后提出的具有建设性与开创性的新理念。我国当代著名心理学家林崇德先生说："教育就是发展，没有发展就没有教育。""发展"施予的对象，就是我们的学生；促进学生全方位立体式的发展，就是教育的本质；而将这种发展上升到语文教学理论的高度，就是"以学生发展为本"的教学理念。这种理念，成为陆炳荣老师秉承、恪守并且终生践行的信条。

“以学生发展为本”语文教学理念的核心，就是坚守一个核心的教学价值观：今天的语文教学是为了学生明天的发展！作为高考的重点科目，语文学科自然关系到高考升学率的提高，但在应试教育的大背景下，今天的语文教学往往是以牺牲学生的兴趣、爱好与特长为代价的。一旦学生对“填鸭式”的语文课堂失去了兴趣，即便他们能够在高考中获得满意的高分，但一旦时过境迁，他们很可能会和语文彻底绝缘。这是现今条件下语文教学的最大弊端，与陆炳荣老师践行的语文教学应当“以学生发展为本”的理念完全背道而驰。《高中语文课程标准》明确指出语文课程应当使学生“为终身学习和有个性的发展奠定基础，为传承和发展中华文化、增强民族凝聚力和创造力发挥应有的作用”，正与陆老师的“以学生发展为本”的教学理念异曲同工。他曾在不同场合多次说过：“我们认为以牺牲学生未来的语文前景——这种前景本应当在学生面前铺开一条灿烂的文学坦途——来片面追求升学率是一种教育道德的缺失！”“培养能够适应未来并且满怀文学素养与情怀的人才，始终是我们语文人的首要追求。”这种定位决定了语文教师培养的学生必然是学识渊博、视野开阔、胸襟开阔、情怀悲悯的未来主宰者。

案例赏析

一、“以学生发展为本”理念的根基：立德树人

工具性与人文性的统一，是语文课程的基本特点。语文教学有其独有的特征，这突出表现在语文课程教学内容、教学技巧与教学影响等区别于其他课程的独特性。但是，就如《普通高中语文课程标准》所说：“高中语文课程的建设，应坚持立德树人，注重培养学生的思想文化道德修养、社会责任感、创新精神和实践能力。”所以，陆炳荣认为，语文教师必须在教学中牢固确立德化育人的意识，立德树人始终是语文教学工作者的目标和追求。如果我们一味看重语文分数与成绩而漠视对学生语文情怀的培养，那是语文教学彻头彻尾的失败。语文教育应当以人为本，教学应当以德为先。语文教学也应当与其他德育工作一样，培养素质全面、人格健全、个性鲜明、具有社会责任意识，适应社会发展需要的优秀人才。有德有才，才叫人才。语文教师培养的学生，不仅要有高度的语

文素养，具备“语言”“思维”“审美”“文化”四项核心要素，更要有献身人类进步事业的精神品格、健康美好的情感和奋发向上的人生态度。

二、“以学生发展为本”理念的实施举措：“减负”、“增效”

陆炳荣认为：“应试教育为什么屡禁不止反而愈演愈烈？就因为它对分数的提升在短期内有着素质教育无法比拟的优势，但我们绝对不能由此认为应试教育的存在是应该的。应试教育是短视的，它能迅速提高学生的分数，却不能对学生的终身发展形成良好的影响；与之相对应，素质教育决定了学生的终身发展，它对学生的发展是长期的、隐性的、积极的。那么，该如何将应试教育与素质教育的长处兼容起来，从而既使学生获得满意的分数，又能够对他们的终身发展奠定良好的基础呢？这就是‘以学生发展为本’语文教学理念的重点之一：‘减负’与‘增效’。”“减负”与“增效”并不是矛盾的对立体，两者应当是相辅相成的统一体。语文教学当然离不开作业的布置，但陆炳荣老师始终坚持“四精四必”：“精选、精讲、精练、精批”、“有发必收，有收必改，有改必评，有评必纠”。“四精四必”的实质，就是向有限的语文教学时间要最高的效率，让学生尽可能脱离烦冗无效的题海战术，从而最大限度实现减负增效的目标。“减负增效”不是一句空洞的口号，而是落实在实际行动中的。陆老师认为，作业泛滥会形成无序竞争，会加重学生课业负担，从而影响学生的身心健康。他曾谆谆告诫青年教师：“作业过多，搞题海战术，会使学生丧失对学习的兴趣，也会使学生疲惫不堪。长此以往，桐高就不可能成为初中学生心中的圣殿。年轻教师对此一定要有正确的认识。”陆炳荣的语文课堂气氛轻松，课后作业适度适量，从没有因为作业量过多而使学生抱怨不迭的情况发生。这是一个语文教师的睿智之处，因为陆老师懂得作业过多会消磨学生对语文的兴趣，进而对语文课堂产生厌弃情绪。

三、“以学生发展为本”理念的育人指向：“四雅”品格

陆炳荣老师“以学生发展为本”的语文教学理念绝非一句空洞的口号，而是有着明确的目标指向。语文教学究竟要锻造出什么样的学生，这是一个必须回答的问题。桐高对学生的要求是：男做谦谦君子，女做大家闺秀。这一培养目

标在桐高建校初期就已经落实并且还将一如既往地贯彻下去。陆炳荣老师正是在围绕这一目标的基础上提出了语文教学必须塑造出学生的"四雅"品格的大方向，即"雅正、雅趣、雅实、雅润"。这就从顶层设计的高度将语文教学的培养目标具体化、细致化、多样化。

陆老师是这样解释"四雅"品格的：

"雅"的最初目标就是"雅正"，"雅正"的审美标准，即《毛诗序》阐发的《诗经要义》："一言以蔽之，思无邪。""雅正"，指为人方正，为人正直，典雅纯正，彬彬有礼。这是语文课程对学生总体品质的锻造；

"雅趣"，出自萧统《文选》之《袁宏<三国名臣传赞>》："名节殊途，雅致同趣。"即人的意趣。陆校长提出的"雅趣"，为高雅的意趣，指人的兴趣、爱好高雅。引导学生在生活中发现美、保持美、追求美，保持高雅的志趣，追求有意义的生活情趣。这是语文课程对人情趣的培养；

"雅实"一词出自唐苏颋《授陈正观将作少监制》："蕴器沉敏，怀才雅实。"指人有实实在在的才干，但性情内敛，不显摆。"雅实"与恃才放旷、嚣张跋扈是截然不同的，语文教学的目标是将学生造就成具有实实在在才干、知识广博、创新能力强的一流英才；

"雅润"一词，出自南朝梁刘勰《文心雕龙·明诗》："若夫四言正体，则雅润为本。"这是针对文章的特质来说的。落实到人，则指和雅温润，为人亲和，善与人交往。

从陆炳荣的解释中可以看出，"四雅"品格，有根有底，既是对中国传统美德的继承与延续，又是对未来世界的展望和窥测。语文学科对学生的塑造，既要追往溯源，承接传统文化，又要着眼未来，探索未知世界。这是在语文教学中培养学生"四雅"品格的着力点与大方向。"四雅"品格的确立，正可看出陆老师艰深的古典文学根底，这是一个语文人在文学领域孜孜追求以及引经据典能力的体现与概括。承前启后，开拓未来，做高品格高情趣高能力的人，正是"四雅"品格的终结指向。

那么，什么样的语文课堂能够锻造出学生的"四雅"品格呢？《基础教育课程改革》中明确指出有效教学活动的意义："有效的教学能够唤醒沉睡的潜能，激活封存的记忆，开启幽闭的心智，放飞囚禁的情愫。"新课改的生命线是以人为本、关注生命。新课改之"改"，并非仅指教学方法的转变，它要求教师能够打破传统"填鸭式"的课堂教学模式，是一个涉及思想、观念、方法等多种内容的完整系统。新课改的关键在于课堂教学形式的变化。课堂是一个良好的生态环境，教师和学生都是这个生态环境中鲜活的生命体，所以课堂教学活动应当是师生生命体之间的情感交流、思想沟通和生命融合。“以学生发展为本”的教学理念注重每个学生全面发展与个性差异相统一的个性需要，从而把学生个性的健康成长作为课堂实施的着眼点与目标。陆炳荣老师更是认识到课堂的重要性，他说：“就语文教学而言，当前各种流派纷呈，你追我赶，互相驳难，总想东风压倒西风，殊不知万变不离其宗，脱离课堂的假大空的理论，在教学实践中必然是要碰壁的。所以，将课堂教学放在学校工作的第一位，探索真正有效的课堂教学模式，才是真正的立校之本。”陆老师从来不玩虚妄的东西，他在桐高着力推行并且打造全新的课堂教学模式。为此，他亲自操刀上阵，带头走上课堂，亲力亲为，率先垂范，不断探索，连续摸寻，最终形成了成功的四类课堂教学模式。这四种模式最先体现于陆炳荣老师的语文课堂，然后面向全校，逐层铺开，形成理论与实践兼备、有章可循的活体教学，从而给桐高的教学质量带来了质的提升。

四、“以学生发展为本”理念的课堂实施模式

作为一个著名的语文特级教师，陆炳荣对语文教学最大的贡献，就是四类课堂模式的创立。以下分而述之。

1. 情感型语文课堂教学模式

情感型语文课堂教学模式的典型特征就是教师在教学活动中，在充分考虑学科认知因素的同时，充分发挥情感的动力、调节、组织等作用，使学生情知共进，形成健康个性、完善健全人格的一种教学模式。

情感型课堂教学模式的意义与价值在于：(1)有利于在陶冶学生高尚情操的同时，形成健全的人格。在教学中，教师引导学生与高尚的灵魂对话，与智慧的生命碰撞，与丰富的情感交流，学生的人格就能因此日趋完善，从而成为不仅适应时代而且能够推动时代向前发展的一代新人。(2)有利于实现教学的目标。列宁曾指出：“没有人的情感，就从来没有也不可能有对真理的追求”。在教学中，教师如能循循善诱，春风化雨，学生就能真正理解作品，就能真正品味出作品的情境美、韵律美，就能真正进入作者的感情世界和感悟作者为我们揭

示的作品的丰富底蕴。在语文课堂教学活动中，我们必须引导学生一起体会字里行间跳动着的感情脉搏，想象栩栩如生、呼之欲出的有血有肉的人物形象。

情感型语文课堂应当突出一个“情”字，情在文中，情在课堂，情在教师，情对学生。如此一来，才能声情并茂，情郁于中，课堂才会有情感的动态之美。

附：陆校长教授《祝福》的片断

陆校长（以下简称“陆”）：同学们仔细看一看，文中共描写了几次祥林嫂的肖像？

生（集体）：三次。

陆：不错，共有三次，分别是祥林嫂初来鲁镇，再来鲁镇和被赶出鲁府后乞讨无门的肖像描写。其中哪一次给你们留下的印象最为深刻？同学们集体回答。

生（集体）：第三次。

陆：同学们异口同声，看来大家意见一致。现在大家集体把祥林嫂的第三次肖像描写朗读一遍。

（生集体朗读）

陆：为什么同学们对这段描写印象最深刻？

生1：祥林嫂的境遇太凄惨了。四十上下的人，竟然头发全白了。我爸爸都四十五了，还满头乌黑浓密的头发呢？唉！无法比较，太心酸！

陆：祥林嫂头发全白，是身体和精神长年受到双重打击的缘故。她自认为自己是违背封建礼教“从一而终”教义的罪人，同时阿毛的死和柳妈大锯分尸的恐怖更是牢牢控制了祥林嫂，使她无法摆脱精神上的折磨。于是，她未老先衰了。

生2：祥林嫂几乎不像个人样了：“脸上瘦削不堪，黄中带黑，而且消尽了先前悲哀的神色，仿佛是木刻似的”；这些都说明祥林嫂严重营养不良，精神麻木，濒于死亡。她只能是一个行尸走肉的空躯壳了。“只有那眼珠间或一轮，还可以表示她是一个活物。”可以想见，如果一个陌生人看到祥林嫂，如果她的眼睛不转动，还真以为她是白日里的一具僵尸。这样子，想想都恐怖。

陆：分析得相当到位，非常精辟。那么，同学们仅仅从这段祥林嫂的肖像描写中，能否看出造成祥林嫂悲剧的原因是什么？

（生集体沉默）

陆：我来提醒一下。“她一手提着竹篮，内中一个破碗，空的；”说明什么问题？

生3：“破碗”说明祥林嫂贫穷；“空的”说明祥林嫂乞讨无门。“祝福”本是大喜的日子，按照正常的逻辑看，在这样的日子里乞丐上门乞讨，主人应当给点赏钱才是，可是鲁镇的人都认为祥林嫂是违背封建礼教的罪人，没有人愿意给她，所以她的碗里是“空的”。

陆：对了，非常好！祥林嫂的悲剧就在于民众都认为她是封建礼教的罪人，这才是造成祥林嫂悲剧的重要原因啊！祥林嫂竹篮中的破碗是“空的”，一个小小的细节间接透露出民众对祥林嫂的态度啊。

（生恍然大悟）

陆：从这段文字中，我们读出了痛彻心扉的感觉。祥林嫂并非不想守节，她守节的意愿是非常强烈的。为了守节，她宁愿出逃鲁镇，但又不能违背婆婆卖掉她的做法。祥林嫂就这样里外不是人：守节吧，违背了婆婆；不守节吧，违背了封建礼教。在那样的环境下，你说她能怎么办？她只能走投无路，死路一条。她的确过于可怜，是鲁迅笔下最苦命的女人。读了祥林嫂的这段肖像描写，并且对其内涵进行深入解析后，我们真该为可怜的祥林嫂扼腕一哭。

由此教学片断可见，虽然小说仅仅采用白描的手法对祥林嫂的肖像进行了描绘，但字里行间的意蕴与内涵经过陆炳荣老师的精心点拨与详尽解析，对祥林嫂的悲悯之情充满了课堂，学生无法不为苦命可怜的祥林嫂扼腕叹息并一洒同情之泪。这是情感性语文教学课堂的典型体现。

2.情趣型语文课堂教学模式

情趣型语文课堂的主要特征就是注重课堂实施中的情调和趣味，注重课堂的互动和交流，让师生在气氛融洽的课堂上更有效地掌握领会相应的知识。课堂情趣的存在并非目的，而是一种成功的课堂辅佐手段。

情趣型语文课堂教学模式的典型特征主要有以下三条：(1)活泼。课堂氛围活跃，学生可以在轻松活泼的课堂活动中学习知识、展现自我，获得审美愉悦。教师是课堂活跃气氛的制造者，也是快乐的知识引领者，教师的活跃也相应地促使学生进入活跃课堂，成为活跃课堂的活跃分子；(2)多样化。为了在课堂中激发学生的学习兴趣，情趣型课堂注重利用多样化的教学方式开展教学，采取学生喜闻乐见的方式和素材进行教学，如微博教学、情景再现、视频展播、演讲辩论等。多样化的教学手段使课堂避免了单调乏味、枯燥苍白，成为活跃气氛的催化剂；(3)参与度高。由于课堂活动丰富多样，所以学生可以通过多样化的课堂活动，充分发挥自己的特长，广泛参与到课堂中来，避免了老师一言堂，学生一堂听的现象，从而形成师生互动的融洽形式。

我国著名的心理学家林崇德说过："天才的秘密在于强烈的兴趣与爱好。"在语文课堂教学中，能否使学生产生兴趣，决定了教学的效果如何。正所谓，兴趣是最好的老师。情趣型语文课堂就是以情景情感为纽带；以兴趣、活动为根基；以课堂、社会为源泉，注重趣导、趣学、趣赏、趣问等环节的设置，力求让学生成为知识的探究者、学法的实践者、情感的享受者。

附：陆校长教授《金岳霖先生》的片断

陆：同学们，我们先来看一幅关于金岳霖先生的画作。这是我校一位语文老师画的，画的正是《金岳霖先生》一文中的某件事(张挂图画，画面很滑稽，是金岳霖先生耸起肩膀捉虱子的场景)。

(生集体大笑)

陆：大家在文中把关于画作的内容找出来，然后集体朗读一遍。

生(集体朗读)：他讲着讲着，忽然停下来："对不起，我这里有个小动物。"他把右手伸进后脖颈，捉出了一个跳蚤，捏在手指里看看，甚为得意。

陆：好，同学们把文中的场景描写读出来了。我来问你们：你们看了这幅画为什么笑？

生1：金先生讲座时竟然停下来捉跳蚤把玩，实在是不拘小节，由此我想到了阿Q和王胡比赛捉虱子的可笑场景。

陆：这两种场景的比较不太确切。阿Q和王胡比赛捉虱子，是因为阿Q不想让王胡咬虱子的响声超过自己，这是典型的糟粕性举动。

生2：中国人自古以来讲究师道尊严，按照传统观点，教师在学生面前就应当正襟危坐、严肃谨慎、庄重自持、衣冠楚楚。一句话，教师要有教师的样子。这似乎成为国人心照不宣的遵循条例。可是，金岳霖先生竟然在学生面前捉起了虱子，完全颠覆了传统的教师形象。

陆：说到问题的实质了。人身上为何生跳蚤？一般来说是不讲卫生所致。有的教师将金岳霖先生身上生跳蚤归结为当时的物质条件所限，这种说法成立吗？

生3：不成立。作为当时能到美国讲学的著名学者，难道金岳霖先生穷困潦倒到连澡也洗不起吗？当着学生的面捉虱子，可见金岳霖先生的确不太讲卫生。

陆：对呀。金先生竟然在学生面前毫无顾忌地捉住身上的跳蚤并当着学生的面“甚为得意”地看着，在外人看来，这个举动简直就是斯文扫地。因为这不仅向学生直接显示出自己不太讲卫生，而且还以捉跳蚤的方式强化了这一印象——教师的光辉形象荡然无存了。大家说说，在学生面前毫无顾忌地捉虱子，反映了金先生的什么性情？

生4：坦率天真的性情。

陆：对，是金先生坦率天真性情的最高体现。这种完全不隐瞒自己缺点的教师往往是非常容易受到学生喜欢的。因为这样的教师，不刻意装腔作势，而是兴之所来，处处示以天真性情，以一种自然随适的个性面对未完全受到世俗浸染的莘莘学子。这种真诚当然更容易获得学生的肯定。同学们，你们喜欢像金岳霖先生这样的老师吗？

生（集体）：喜欢。

情趣型语文课堂教学模式，就是要让学生在轻松活泼充满情趣的课堂氛围中感受到文本细节的魅力，由充满幽默气息的细节拓展到人物的精神世界与性格特质，进而对人物进行全方位立体式的了解。这样的语文课堂，妙趣横生，笑声迭出，完全打破了死板沉寂的不良教学模式，使学生在笑声中获得有益的启示，从而大大提高了对语文学习的兴趣。

3.知识型语文课堂教学模式

知识型语文课堂教学模式的典型特征就是在相关教学活动的开展中，围绕文本或相关话题，在不背离主体知识的情况下，尽可能地进行知识的拓展延伸，使学生在尽可能少的时间内掌握尽量多的知识，有时甚至能够围绕一个极小的细节，抽丝剥茧，层层拓展，直至深入主题的精髓，见微知著。这种课堂教学模式的意义与价值在于，实践过程是一种师生互动、师生互相提高的过程。教师以自身丰富的知识储备为依托，辅以备课过程中广泛收集、记录的知识点，然后将其毫无保留地在课堂上传授给学生。这不仅拓展了学生的知识面，丰富了学生的知识信息，开阔了学生的视野，而且对教师本身也是一种提高与飞跃。丰富的学识不仅使学生在应试考试中直接受益，对学生将来走向学术之路起着铺垫作用，而且对学生人格的塑造、正确世界观的形成以及爱国情感的产生都有着潜移默化的深刻影响。

知识型课堂的开设与实施，要本着“教师尽其才，学生全掌握”的原则，在有限的40分钟内，向课堂要效率，向教师要知识。如此，方能最大限度地向学生灌输丰富渊博的知识与信息。

附：陆校长教授《祝福》的片断

陆：同学们在课文中找一找，看看本文中有几个“醉醺醺”？

（学生低头寻找）

陆：全文中有几个“醉醺醺”？

生1：只有一处。是新正将尽，卫老婆子给四婶拜年，“已经喝得醉醺醺的”。然后卫老婆子给四婶讲述了祥林嫂被婆婆领回家后的经历。大意是祥林嫂被逼改嫁却因祸得福，嫁了贺老六后生了儿子，“母亲也胖，儿子也胖；上头又没有婆婆；男人所有的是力气，会做活；房子是自家的。——唉唉，她真是交了好运了。”

陆：只有这一处吗？还有没有同学要补充的？

生2：还有一处，在小说的结尾。祥林嫂在新春逝去后，鲁镇照样举行盛大的“祝福”仪式，“只觉得天地圣众歆享了牲醴和香烟，都醉醺醺地在空中蹒跚，预备给鲁镇的人以无限的幸福。”

陆：好！全文共有两处“醉醺醺”。我们现在重点分析卫老婆子的“醉醺醺”。可千万不能小看这个“醉醺醺”，它还包含着非常深刻的含义。同学们说说看。

（生集体沉默）

陆：我来提醒大家一下。如果卫老婆子不喝酒喝得“醉醺醺”，而是头脑清醒，她会怎么评价祥林嫂二次嫁人的事实？

生3：以世俗眼光来看，祥林嫂两次嫁人，是无论如何也不能被原谅的，理应遭到众人的唾弃。因为，按照封建礼教，妇女“饿死事小，失节事大”，嫁人后更应该“从一而终”，哪怕死了丈夫。祥林嫂虽然有过反抗，闹得“真出格”并撞破了额角，但她最终和贺老六生活在一起，而没有为前夫殉情，在世人眼里就是伤风败俗的典型。对祥林嫂这样再嫁的妇女，世人是不应该有同情之心的，即使她生活得再美好也是应该谴责的。卫老婆子如果头脑清醒的话，肯定会谴责祥林嫂的。

陆：有道理。但是，我们从卫婆子“醉醺醺”的话语中，读出了什么味道？

生4：似乎都是她对祥林嫂再嫁后幸福生活的羡慕之情：“现在是交了好运了”，“唉唉，她真是交了好运了”。

陆：没错。可以想象，如果卫婆子头脑清醒，她绝对不会流露出对再嫁人祥林嫂生活的赞叹和羡慕之情的，真可谓酒后吐真言。鲁迅先生在这里用了“醉醺醺”一词，有什么深刻的含义？

生5：从卫婆子“醉醺醺”的话语中读者知晓了祥林嫂再婚后的幸福生活，以此来反衬下文她夫死子丧后境遇的悲惨。正所谓甜到深处、苦到极点，正因为经历过人生的大起大落，由喜而悲，祥林嫂的悲剧才产生震撼人心的巨大力量，让读者一洒同情之泪。

陆：哎呀！你的观点实在超出了老师的理解范围了。我都没有想到这层意思。你非常棒！

生6：卫婆子的酒话，是对四婶这样一个严格遵守“三从四德”的读书人家的主妇说的。若不是醉酒，卫老婆子不可能在四婶面前以欣赏的口气说到祥林嫂再婚后的满足生活的。令人感到吃惊的是，恪守封建礼教的四婶竟然对卫老婆子荒唐的酒话没有反对，这说明其实四婶内心也是赞同卫老婆子的观点的。这就深刻地暗示，封建社会的妇女，像四婶、卫婆子、柳妈等人，虽然都是封建妇道的恪守者和维护者，但在潜意识里，无论是初嫁人还是再嫁人，她们对幸福生活的标准和看法都是一致的。

陆：非常好！切中肯綮。可悲的是，几千年来封建思想造成的社会环境、舆论和压力，使妇女们不自觉地甘心接受缠在自己脖子上的封建枷锁，不仅持守而且还将其强化，扼杀了妇女们追求一切美好事物的权利，甚至认为这种追求是罪过。卫婆子“醉醺醺”的“真言”中流露出的对祥林嫂再婚后生活的肯定，说明了无论封建妇道思想对妇女们的钳制多么严苛，在内心深处，妇女们追求幸福的欲望和理想都是不会泯灭的。这正是人性光辉思想的闪烁，在无边的暗夜里越发熠熠闪光。

知识型语文课堂教学模式，往往围绕一个知识点，尽可能地进行外延的拓展延伸，将内涵的发掘最大化。沉浸于这样的语文课堂，学生对知识点的掌握，往往会连续出现“一山更比一山高”的奇妙境界。知识型课堂的开展，最能看出语文教师的知识层次与深度，这显然反映出陆炳荣老师深厚的语文素养与高深的拓展能力。这种课堂，能够由一个极小的细节纵横拓展，深入文本的内核，小中见大地展现出小说深刻丰富的主题思想。

4.思辨型语文课堂教学模式

思辨就是思考辨析。所谓思考指的是分析、推理、判断等思维活动；所谓辨析指的是对事物的情况、类别、事理等的辨别分析。思辨是一种抽象思维能力，这也是高考考纲的要求之一。所谓思辨型课堂，就是在实际课堂教学过程中，注重以学生为本，尊重学生的身心发展特点，侧重培养学生的问题意识，强化批判思维，提高他们的思辨能力，激发学生潜在的对话欲和表现欲，开启学生的创新思维，培养独立意识，为学生的终身学习和有个性的发展奠定基础。思辨型课堂教学主要有三大特征：①层次分明、条理清楚的分析。②清楚准确、明白有力的说理。③深刻简洁、逻辑严密的推断。简而言之，“分析”、“说理”和“推断”可作为思辨型课堂教学特征的总括。

附：陆校长教授《林教头风雪山神庙》的片断

陆：林冲是不是个英雄？

生（集体）：是！

陆：同学们先不要急着下结论。我们来看一看《现代汉语词典》中对英雄的定义。

（PPT展示：英雄：1.本领高强、勇武过人的人；2.不怕困难，不顾自己，为人民利益而英勇斗争，令人钦敬的人）

陆：第一种说法不太确切。李纲、文天祥、于谦等人都是文弱书生，与“本领高强、勇武过人”毫不沾边，但谁能否认他们是英雄？第二种说法是没有问题的，大家说说“英雄”应当有什么特质？

生1：“不怕困难，不顾自己。”

生2：“为人民利益而英勇斗争”，因而获得人们的“钦敬”。

陆：好的，我们就以此为标准，看看林冲究竟能不能算作英雄。大家打开手中的《水浒》，林冲初上梁山，王伦要他下山寻找投名状，杀个人提头来见，林冲是怎么回答的？

生3：“这事也不难。林冲便下山去等，只怕没人过。”这是林冲的回答。

陆：说得对。林冲有过犹豫和不忍吗？

（生集体沉默）

陆：看来将林冲看作英雄，这种观点在同学们脑海中根深蒂固啊！我们来看一看专家对林冲下山寻投名状的看法。

（PPT展示：“这说明，在他的潜意识里，也把普通人不当人，以无辜的人头作为自己的入门券也无妨。”——刘再复）

陆：林冲对于下山杀无辜路人没有任何异议。大家再看《水浒》，当林冲劫持了杨志的财物，小喽啰怎么说的？

生4：“虽然不曾杀得人，这一担财帛可以抵挡。”

陆：可以解释一下意思吗？

生4：也就是说，有了这一担财物，即便林冲不杀人，仍旧可以留在梁山。

陆：但林冲有没有收手呢？

生5：没有。林冲为了使自己更有入伙的可能，仍旧守在山下，结果引来了杨志。

陆：好的。两个人的功夫谁厉害？

生6：不相上下，旗鼓相当。

陆：如果杨志本事低微呢？

生（集体）：必将被林冲所杀。

陆：仅从寻找投名状一事来看，如果将林冲定义为“不怕困难，不顾自己”、“为人民利益而英勇斗争”，因而获得了人们“钦敬”的英雄，恐怕谁也不能苟同。这种只顾自己死活，不顾他人生命的行径，放在任何社会，恐怕都与“英雄”一词毫不沾边，遑论在今天民主自由的社会里。管中窥豹，一叶知秋，从寻找投名状之事来看，林冲是英雄吗？

生（集体）：不是英雄。

思辨型语文教学课堂，往往以充分的理据作为论证的核心与基础。这种课堂，不迷信传统观点，不完全信任权威，也不信长期以来约定俗成的教条。这种语文课堂从文本内容出发，联系时代背景与作者思想，客观公正地看待文学作品中的人和事。在有理有据的基础上,提出对之前观点的怀疑与辨证。这种语文课堂是最能够培养学生质疑批判能力的。

以上四类语文课堂教学模式,经实践证明是行之有效的,教学效果相当明显。这四类模式,是陆炳荣作为一个语文特级教师对语文教学的最大贡献,凝聚着陆老师的教学思想、教学智慧与教学技巧。这四类课堂教学模式由陆炳荣老师创立,不仅被他本人极力推崇,而且他还要求在其特级教师工作室的语文教师在教学过程中始终如一地进行贯彻。作为以课堂教学起家的教育管理者,为了给语文学界提供全新的教学范式,即便已经当了校长,陆炳荣老师依旧多次走上讲堂,对课堂模式进行行之有效的摸索总结,最终形成了完善的成果。关于这四类语文课堂的运作模式和价值体现,陆老师曾在面对全国的"国培计划"班授课中进行过详细的说明。这是真正服务于学生的"真课堂",是"以学生发展为本"语文教学理念的课堂体现与价值评判的重要因素。多样的语文课堂全面兼顾到学生之间水平的参差与志趣的差异,使人人都能感受到总有适合自己的语文课堂模式,从而极大地提升了学生的学习兴趣,为培养具有"四雅"品质的语文学子提供了重要的培养途径。这雄辩地说明陆炳荣提倡的语文课堂模式的教学效果是经得起考验的,而且还将使学生受益终身。

五、"以学生发展为本"的语文教学理念的前瞻性

陆炳荣老师认为:"以学生发展为本"语文教学理念的成功,不能停留在过去的教育政策设定的范畴,而是必须要有前瞻性,要能随时面对新教改的形式做出相应的变通,使语文教师的知识更新与时代亦步亦趋,使学生的发展能够跟得上社会发展的大方向、大趋势。因循守旧,故步自封,是与陆炳荣老师"以学生发展为本"的语文教学理念背道而驰的。进入了21世纪,新科技的发展可谓一日千里,信息技术使改变的世界日新月异,这些都对语文教学提出了新的挑战,促使陆炳荣老师不断完善"以学生发展为本"教学理念的新内涵。陆炳荣坚持认为:"我们必须面对新课改、新学考、新高考,迎接新挑战,适应新常态。如果我们在新一轮高中教育改革大潮中墨守成规、不思进取,死抱曾经取得过辉煌战绩的旧有的语文教学模式,试图一劳永逸,那就意味着自我淘汰。所以,面对新常态,我们只能在改革中求发展,在创新中解决新问题。改革创新是唯一出路!""以学生发展为本"的语文教学理念必须要有前瞻性,否则就会在未来

的教学阵地中丧失课堂教学之本，成为无水之源。新的探索，新的征途，正等待着陆炳荣老师去实践、去征服。当然，我们完全有理由相信，“以学生发展为本”的语文课堂教学理念不可能停滞不前，它必将随着时代的发展日趋完善，臻至完美。

六、结语

如果用一句话来概括陆炳荣老师提倡并践行的“以学生发展为本”语文教学理念的核心与重点，那就是：语文教学工作一定要为学生的有价值的终身发展而服务。这是一个胸怀广阔的教育工作者的远大眼光与期待视野的最高体现，显示出对语文教学本质的深刻认识，也是对未来教育远景的正确预见与剖断。“以学生发展为本”的语文教学理念，是陆炳荣老师一以贯之的终身信条。这一理念既有深刻丰富的内涵，又有实践的依据与基础。它不是虚无缥缈的空中楼阁，而是在陆老师语文教学生涯中得到高度提炼概括并且屡获成功的精致产物。“以学生发展为本”语文教学理念的不懈贯彻与推行，使桐高诞生了数量可观的语文教学名师。当然，这一理念的影响绝不会仅局限于桐乡市高级中学与浙北大地，待以时日，它必将如同水面荡起的层层涟漪，扩大、升华、完善。

参考文献

[1]曹明海，钱加清. 语文课程与教学论[M]. 济南：山东人民出版社，2005.

[2]小威廉姆 E·多尔. 后现代课程观[M]. 王红宇，译. 北京：教育科学出版社，2000.

[3]王庆坤. 教育与精神[M]. 上海：上海教育出版社，2002.

[4]朱慕菊. 走进新课程——与课程实施者对话[M]. 北京：北京师范大学出版社，2002.

[5]方智范. 关于语文课程目标的对话[J]，语文建设，2002(17).

朱昌元与“个性语文”

名师简介

朱昌元，浙江省金华市教育局教研室副主任兼中学语文教研员，教授级教师，省特级教师，教育部“国培计划”专家库成员。他阅读教学强调整体感悟—深入揣摩—内化言语；写作教学主张以生活为本源，以表达为中心，以训练为抓手，外联内挖，先放后收。在《中学语文教学》《语文学习》《语文教学通讯》等专业刊物发表教学论文100多篇，出版专著《穿越语文丛林》《品味语文》《语文——生命栖息湿地》，主编《高中语文名师课堂教学实录》《中学古诗词曲鉴赏辞典》《中学语文执教力》教学用书十几种。曾受国家教育部选派，赴香港担任中文学科教学指导。兼任浙江师范大学硕士生导师、浙江省特级教师协会副会长、浙江省中学语文教学研究会副会长、浙江师大特级教师工作流动站专家、省市朱昌元名师工作室主持人。

案例背景

当今社会，多元文化的互融、知识经济的崛起、伟大“中国梦”的追求，无时无刻不体现出对整个社会的高层次、多样化人才的需求。百年大计，教育为本。为了适应知识经济时代的需求，培养人才成了我国教育事业的一大核心。受此影响，崇尚个性、注重创造的人才培养理念渐入人心，生本教育、专业发展等概念大行其道，我们每一个教育者和受教育者都或积极主动或被裹挟加入一场轰轰烈烈的课程改革大潮之中。然而，环顾我国目前基础教育现状：高考指挥棒下整齐划一的培养模式，使学校教学组织大多雷同，学校教育成为社会化大生产的流水线，教育批量化生产出来的"产品"千人一面、话语体系千篇一律，致使每一个作为独立生命个体的学生的个性化发展面临严峻挑战。《学会生存》中一再强调个性化教育，认为"自我教育、自我决定、主动参与、教育内容必须个性化"，"教师将来的任务是培养一个人的个性并为他进入现实世界开辟道路"。由此看来，为了开启被窒息的个性教育的生机，对学生实施"个性化教育"势在必行。

我国对个性教育的探讨始于 20 世纪 80 年代末期，但研究者的关注点往往集中在学生身上，对教师的个性化发展探讨较少。从教育学的角度来看，若想使学生得到个性化发展，教师的教学个性化是一个不容忽视的问题。苏霍姆林斯基提到过"一个精神丰富道德高尚的教师，才能尊重和陶冶自己学生的个性，而一个无任何个性特色的教师，他培养的学生也不会有任何特色[①]"与其他学科相比，语文教师的职业生活更多地包含着教师丰富的内心体验，蕴藏着教师细腻的情感变化，反映着教师对教育意义的探索，记录着教师专业成长的心路历程[②]。因此，语文教师更应该以其个性化的独特解读、独特教学还原，凸显语文教育生活的独特韵味。

与此同时，新课程改革给教师的专业化发展提出了更高的挑战和要求，也为教师的发展指明了方向。特别是对语文教学来说，个性化既是一种理念，又是一种境界。一方面，个性化的语文教学是最有韵味最有生气的语文教学；另一方面，语文教学必须实现个性化，才能实现它的基本目标[③]。由此看来，教师要想担负起语文教育事业发展重任，满足新时期语文教育发展要求，除了具备基础的学科知识和教育教学技能外，必须拥有自己的个性化语文教学。

有鉴于此，浙江省特级教师朱昌元结合数十年语文教育教学经验，以找寻自己的语文课堂为出发点，将"个性语文"这一理念上升为一种可供操作的语文教学模式，这一追求转变了人们对语文教学个性的理解，刷新了人们对教师专业发展之路的认知，在一定程度上提升了"个性语文"在语文学科领域的研究价值。在朱老师看来，所谓教学个性，简单地说，就是教学有自身的面目，有自身

---

① 张宣远. 中学著名语文特级教师教育思想精粹[M]. 北京：语文出版社，1999：137.

② 刘立佳. 高中生物学《遗传与进化》模块个性化教学设计[D]. 济南：山东师范大学，2015.

③ 张茜. 论语文教师的教学个性[D]. 长沙：湖南师范大学，2005.

的特色，有不同于他人的地方，它是教师个人在多年的教育教学实践中逐渐形成的具有个人特质的东西，是教师个人气质、性格、兴趣、阅历、学养等在教学活动中的综合反映和表现，具有不同于其他语文教师的鲜明的辨识度。他认为“个性语文”课堂建构途径有三：一是解读有心得；二是设计有特色；三是语言有个性。主张通过阅读教学，使语文课堂绽放出鲜明、独特的个性之花。朱老师为“个性语文”课堂的建构付出过哪些努力？在探索和实践的过程中，他遇到过什么问题？在收获了鲜花和掌声之后，他又是怎样理性回归教育本质的呢？

案例赏析

一、个性的萌芽：像树那样成长

三十余载的教师生涯，朱昌元致力于“做一名有个性、有创意的名教师”。他的个性语文观主张“语文的学习，最重要的是学养，而学养的基础就是大量的阅读。”他对基于个性语文的教师成长，则认为“应该像一棵树那样，自然，朴素，安静。它需要土壤，需要阳光和雨露，但不需要喧闹，不需要包装”。

朱昌元曾这样回顾自己的出生：“没饭吃的时候，我出生了；没书读的年代，我上学了。在精神食粮同口粮一样匮乏的年代，一颗种子，极细小极普通的种子，落在了一片贫瘠的土地上。”大约在十一二岁，哥哥枕头底下的章回体侠义小说不知不觉把他引上了读书的道路。至此，他开始了自主的大量阅读。“这些小说的意义不在于让我增长了多少学识，而在于点燃了我对读书的渴望，对文字的爱好，对书籍的感情，培养了我对文字、文学的感悟能力，开启了我的想象和幻想的空间。”少年时不经意埋下的“种子”就这样生根发芽了。这颗“种子”不仅影响到他的求学和教学生涯，更影响到他一生的生活方式。

1978年，他考入浙江师范大学中文系，更是如饥似渴地大量阅读，他形容自己是“书虫”，是“杂食动物”。丰富的阅读、广泛的师从，为他的语文教师之路奠定了丰厚的学养基础，他说：“即使时光已经流转了三十多年，我还是清楚地记得教现当代文学的戴林淹老师讲解鲁迅作品时激动的神情和尖厉的声音，还记得教古代文学的叶柏村老师吟唱宋词时双眼微闭、如痴如醉的模样……”这些老师富有独特个人魅力的引导、点拨，加深了他对文学的喜爱。

读书成了他的一种生活方式，一方涵养灵魂的天地。走在街上，他的双眼会主动去“亲吻”那些店名、招牌、广告、横幅，会去咀嚼、推敲其中的文字组织；家中闲处，手中如果没有一点有字的东西，他总感觉心是空虚的、漂浮的。孜孜矻矻，读书不辍，延续了四十多年，朱昌元终有所成。

通过自身的阅读经历，他联想到，语文老师应该是“读书坯子”、“读书种子”，对书倾注深厚的感情，热爱读书，酷好读书，一如烟民嗜烟、酒徒嗜酒，一日无书，则“书瘾”发作，绕室三匝，惶惶不可终日。他认为这是当好一个语文老师的前提。他将自己的成长历程比喻为在语文教学园地当“花农”，案头长年放着《读书》《随笔》《文史知识》等杂志，在“随便翻翻”中增长见识、获得体悟。他认为“文史哲不分家，了解一些历史、地理、哲学知识，对文本的解读有很大的助益，你会自然而然将作品放到一个特定的宽阔的历史语境中，对作品的理解也会更深更广更为透彻”。

从自身的阅读经历出发，朱昌元自然而然地将自我的阅读感悟融入到语文教学之中，个性语文由此萌发、积淀，最终形成自我面貌。他的个性语文，简单地说“就是教学有自身的面目，有自身的特色，有不同于他人的地方，它是教师个人在多年的教育教学实践中逐渐形成的具有个人特色的东西，是教师个人气质、性格、兴趣、阅历、学养等在教学活动中的综合反映和表现”。具体体现在：(1)解读有心得。语文教师是一个特殊的读者，他有双重身份，既是自然的读者，又是负有“教者”使命的读者。作为自然的读者，他要像蜜蜂采蜜一样汲取文本的营养；作为“教者”的读者，他要俯下身段，揣摩学生怎么读，怎么想，怎么融入自身的阅读图谱和知识结构，他要考虑如何把自己的研读所得艺术地“教”给学生。(2)设计有特色。教师的天职是“传道授业”。作为语文教师，在阅读自悟的同时还得斟酌怎样悟人。(3)教学语言有个性。生动，形象，有趣味，有感染力，应该成为所有教师对教学语言的追求，而作为语文教师，尤应如此。原因无他，就是因为我们是“语文”教师，承载着培养学生听说读写的重任。

二、“个性语文”的实施

作为一名语文教师，朱昌元老师喜欢按照自己的方式去思考，按照自己的方式去耕耘。虽然无法明确这是不是一种保守的表现，但可以确定的是这种教学思想是趋于内省、内敛的，是趋于传统的。朱昌元老师在三十余年的语文教学生涯中孜孜矻矻，注重读书、教学与科研的结合，他深刻地体悟到：语文本身具有其独特的个性与丰富的内涵，教师在教学过程中应当以新颖的设想和实践改变“原地踏步”的教学现状，打破“千篇一律”的教学方式，培养学生的创造性思维和浓厚的学习兴趣，让学生对语文既有理性的思考又有感性的追求，进而不断朝着语文教学的“诗和远方”行进。

1. 秉承个性阅读教育

阅读教学是语文教学系统中的重要组成部分，正如钱梦龙所说：“语文教学的理论，无论说得如何高深莫测，归根结底，无非是帮助学生学会读书，学会作文，学会听话和说话，从而获得一种可以终身受益的能力①”。个性阅读教育是指阅读教学中，在阅读主体、阅读导体、阅读客体平等的基础上，教师根据学生已有的知识水平和认知差异，引导学生对阅读文本进行自主探究，进而张扬师生个性的教学活动。《语文课程标准》也明确地指出“阅读是学生的个性化行为，不应以教师的分析来代替学生的阅读实践。应让学生在主动积极的思维和情感活动中，加深理解和体验，有所感悟和思考，受到情感熏陶，获得思想启迪，享受审美乐趣。要珍视学生独特的感受、体验和理解②”。个性阅读教育也正是响应新课程标准这一倡导，实现个性阅读教学目标的一种全新的教学理念。

富有个性化的课堂实施，能唤起学生对学习的兴趣，激发他们的内在情感，培养学生的创造性思维，充分发掘他们的潜能。在课堂教学实践中，朱昌元老师结合语文自身的特色，带领学生准确、深入地解读文本，让学生读出自己的心得体会，读出自己的个性化理解和感悟。个性化阅读主要体现在对文本的品读涵泳上，朱昌元老师着重引导学生对阅读文本进行深刻地剖析与思考，如在执教《像山那样思考》一文时，说到山间各种对象对狼的嗥叫的看法时，有这样一个师生互动的场面：

师：课前你们的老师已经布置大家预习的任务。我想大家在预习过程中一定会有一些疑问，比如文章开头就显得很突兀：“一声深沉的、骄傲的嗥叫，从一个山崖荡漾到另一个山崖，回响在山谷中，渐渐地消失在漆黑的夜色里。”狼的“嗥叫”怎么会用“骄傲”一词来形容呢？请大家说说自己的

① 张宣远. 中学著名语文特级教师教育思想精粹[M]. 北京：语文出版社，1999.

② 教育部. 语文课程标准[M]. 北京：北京师范大学出版社. 2011.

理解。

（生沉默思考）

师：还没有思考结果？那我们先把第一自然段朗读一遍，通过朗读进一步加深对文章的理解。

（生集体朗读）

生5：我认为，狼生性就是骄傲的。

师：好像很多同学还不是很明白你的结论。能不能展开做一点具体的解说？

生5：我觉得，在作者笔下，狼拥有这样的意识，那就是自己也是荒原、山林的主人之一，它也有生存在荒原、山林之中的权利。但是，随着人类的日趋强大，它们的生存权利受到了严重挑战。面对这种挑战，它敢于对抗，绝不驯服；面对人类灭绝性屠杀的苦难，它们敢于蔑视，绝不屈服。作者在第一段中这样给狼的"嗥叫"作解说："这是一种不驯服的、对抗性的悲鸣，是对世界上一切苦难的蔑视情感的迸发。"我觉得，这就是作者用"骄傲"一词形容狼的嗥叫的原因。

师：这位同学思考得很有深度，不简单。接下来，请大家自读第二自然段，思考下列三个问题：这一声骄傲的嗥叫，引起了哪些对象的注意？这些对象可以分成几类？它们的区别又在哪里？

（生默读思考）

生6：狼的这声骄傲的嗥叫引起了鹿、松林、郊狼、牧牛人、猎人的注意。

生7：还有山。

师：生7很细心。刚才生6筛选了很多显性信息，而遗漏了隐性的东西。但是不幸的是，这个遗漏的隐性信息才是最重要的，因为我们的课题是——

生：（齐喊）"像山那样思考"。

师：刚才这两位同学的回答，给了我们有益的启示。启示一：筛选信息，要心细如发，尤其要注意是否有隐蔽性的信息存在。启示二：我们可以将上述对象分成两类。怎样分？

生8："鹿"、"松林"、"郊狼"、"牧牛人"、"猎人"归为一类，"山"归为另一类。

师：聪明，一点即通。那么，两者的区别又在哪里呢？

生8："只有这座山长久地存在着，从而能够客观地听取一只狼的嗥叫。"

师：概括一下，我们将"山"这一对象单列，是因为"山"有两个其他对象不能拥有的特点：一，长久存在；二，客观。其中"客观"尤为重要。

从上述教学案例中我们可以看到，围绕"狼的'嗥叫'"，朱昌元老师通过设置朗读、提问设疑等方式展开师生间的平等对话，对阅读文本由表及里、由浅入深地层层剖析，充分挖掘文本最深层次、最为本质的丰富的内容。如在学生沉默思考之时，朱昌元老师指导学生进行集体朗读，目的就是让学生在朗读中通过语音、语调的变化，体悟文本语言、分享阅读情感。此外集体朗读不仅能够打开学生的思路，集中学生的注意力，还能活跃课堂气氛，调动学生学习的积极性和主动性。朱昌元老师在充分发挥学生主体的同时，巧妙引导，关注对话推进过程中一些动态生成的资源，启发学生深入思考，与学生共同探讨。这种对话交流是师生交往的一种方式，更是弥漫、充盈于师生之间的一种教育情景和精神氛围，使得语文个性阅读教育逐渐达到一个新的高度。

2. 匠心于个性化教学设计

个性化教学设计是以本学科的教学理论和课程理论为指导，在多元智能理论和个性化教学理论基础上，遵循新课程标准理念，以促进学生全面发展为目标，基于他们的个性特点，满足学生个性化学习的需要，促进学生全面发展的独具特色的教学过程设计①。每个学生皆有自身不同的智能优势，学生的个体差异性也应得到相应的重视和利用，在个性化教学设计中要采用形式多样的教学方法以及灵活变通的教学模式。教师的天职是"传道授业解惑"，对于语文阅读教学，教师在自悟的同时还得斟酌怎样引导学生，怎样开悟学生。人物有个性，才能吸引读者；课堂有个性，有活力，才能打动学生。因此，独特的解读心得还得依赖独特的艺术的教学设计，以便与学生分享，和学生交流，在分享中丰富理解，在交流中深化感悟。朱昌元老师对文本文化内涵的个性化开掘，让学生在不断地熏陶领悟中丰富自身的精神世界，从而使文本的文化价值得到最大程度的发挥，如《鸿门宴》教学案例：

① 刘立佳. 高中生物学《遗传与进化》模块个性化教学设计[D]. 济南：山东师范大学，2015.

师：有人说项羽不在宴席上杀掉刘邦，是表现了他的“妇人之仁”，而苏轼在《范增论》中说这体现了他的“君人之度”。对这两种说法，你们是怎么看的？

生1：项羽虽然是一个叱咤风云的盖世英雄，但从宴席前和宴席上的表现来看，是一个优柔寡断、感情用事的人，说他有“妇人之仁”，我觉得有一定的道理。

生2：说项羽在宴席上“优柔寡断”是不准确的。他的叔父项伯替刘邦向他表功和求情之后，项羽实际上就有不杀刘邦之意。正因为项羽有自己的想法，所以，对范增的再三暗示置若罔闻，对项伯的庇护加以纵容。项羽是一个狂妄自大、刚愎自用的人，说他有“妇人之仁”是不准确的。

生3：项羽为什么没在席间杀死刘邦？项伯的求情固然起了作用，但最根本的原因是项羽以为刘邦不是自己的对手，对自己根本构不成威胁，只要刘邦不在关中称王，对自己俯首称臣，就可以饶他一命。这样看来，我倒是有些赞同苏轼的看法，尽管这样的“君人之度”是缺乏战略眼光的，并在日后项羽为此付出了生命的代价。

生4：什么是“君人之度”？就是统治者的宽广的气度，对臣下的过错也能够容忍和宽恕。从项伯的求情和刘邦的“表演”来看，刘邦不但没有丝毫过错，反而有莫大的功劳，不但不应受到任何责罚，反而应该受到封侯封王的奖赏。项羽答应“内奸”项伯的求情，相信刘邦的连篇鬼话，根本不是什么“君人之度”，只能说是缺乏知人之明，缺乏审时度势的智慧。有人说项羽“四肢发达，头脑简单”，不是没有道理的。

……

师：刚才大家讨论得很热烈，充分发表了自己的意见，有一些思想交锋的“火花”闪耀出来。在这里我不想对大家的发言作老吏断案般的评判，有的议题不必去追求“唯一答案”。钱钟书在《管锥编》中对项羽有一个分析，对我们理解项羽丰富、复杂的性格内涵很有帮助：“……‘爱人礼士’与‘妒贤嫉能’，‘妇人之仁’与‘屠阬残灭’，‘分食推饮’与‘玩印不予’，皆若相反相违；而既具在羽一人之身，有似两手分书、一喉异曲，则又莫不同条共贯，科以心学性理，犁然有当。《史记》写人物性格，无复综如此者。谈士每以‘虞兮’之歌，谓羽风云之气而兼儿女之情，尚粗浅乎言之也。”

《鸿门宴》是传统名篇，在疏通字句、粗解文意的基础上，朱昌元老师适时推出问题。这一提问紧扣文本，又引入前人的不同看法，角度独特，富有文化内涵，有助于对项羽复杂性格的探讨逐渐引向深入。设计“妇人之仁”与“君人之度”的讨论，对于引导学生把握项羽的复杂性格来说是一个很有趣味很深刻的话题，可谓切中要害。这一方面是因为解读者的眼光不同，另一方面也是人物性格本身的复杂性所致。“妇人之仁”是刘邦的“战友”韩信拜将之后对项羽的评价，事见《史记·淮阴侯列传》；“君人之度”则是苏轼在《范增论》中对项羽的称许：“增之欲杀沛公，人臣之分也；羽之不杀，犹有君人之度也。”朱昌元老师在广泛阅读和深入思辨的基础上，巧借韩信和苏轼的“矛盾”看法组织问题，这就在一定程度上使课堂获得了文化品格，显得厚重大气。朱昌元老师这种别具匠心、独辟蹊径的教学设计，高屋建瓴且涵盖面广，凸显了探究的张力，诱发了学生对文本进行质疑的批判精神。这不仅尊重学生独立自由的思想，而且尽可能地给每个学生创造独立思考的机会，培养了学生的创造性思维。

3. 涵泳于个性化语言教育

语言生动、形象、诙谐、有趣味，而且具有独特的表达形式和丰富的艺术魅力，是教师对教学语言的不懈追求。教学语言是教师完成教学任务的重要工具，也是师生沟通交流的主要媒介。教师的语言个性是教师教学个性的重要组成部分和外在表现，个性化的教学语言是激发学生学习积极性、引导学生思维、提高教学质量的重要媒介。成功的语文教师大都具有鲜明的教学语言个性[①]。教师的“治语”如同作家的“治文”，要不断地锤炼，不断地追求，使之清晰、流畅、有激情、有幽默感、有吸引力，正如于漪老师所要求的：“用你的语言‘粘’住学生。”在语文教学中，掌握必要的语言表达技巧，展现个性化语言风采，不仅可以活跃课堂氛围，增强学生学习的趣味，还可以加深学生的理解，巩固学生的记忆，获得审美的享受。比如朱昌元老师在执教《像山那样思考》时，有这样一幅生动诙谐的教学画面：

生 9：因为鹿、牧牛人等对象都是站在自己的立场上审视狼的这一声嗥叫，只有山站在客观的立场上平等地看待它。对于山来说，狼和奔跑的鹿群、悠闲的牛羊、剽悍的猎人、勤苦的牧人一样，都是自己的子民。对于山来说，狼的那声嗥叫，不但不可怕，相反，它觉得挺受用。

---

① 张茜. 论语文教师的教学个性[D]. 长沙：湖南师范大学，2005.

师：（走到生9跟前，拍其肩，问）大山认为，狼跟我们人类是平等的。把你看成和狼一样的生命，你能接受吗？

生9：能。

师：真的能？

生9：（坚定）能！

师：看来你能做狼的朋友了，狼会喜欢你的。（生大笑）作为生态学家的作者奥尔多·利奥波德在你这个年纪还不能接受这样的观点。让我们来看看作者是怎样成为美国著名生态学家和环境保护主义的先驱，甚至被称为“美国新环境理论的创始者”的。

“狼会喜欢你的”，偶然得之，妙语天成，既活跃了课堂气氛，又活化了学生的思维。在这个片断性的教学案例中，朱昌元老师以自身感知的敏锐性、思维的活跃性，用一颗充满童稚的心巧妙地利用教学语言，在帮助学生深入分析文本的同时，也增添了学生语文学习的趣味性、积极性。“拍其肩”，“真的能?”、“狼会喜欢你的”，朱昌元老师在课堂中机智而不失风趣的教学语言，显得平易、亲切，富有机趣，课堂教学中与学生亦师亦友，拉近了与学生之间的距离，使得课堂教学氛围极其活跃，更为后面教学活动的进一步开展奠定了良好的心理和情感的基础。教师个性化语言的表达与创造，是其教学语言风格成熟的标志，同时也是教师进行语言艺术探索与追求的境界。

三、“个性语文”的思考

基于语文教学的“个性”思考，有学者曾指出：“人的发展的核心是人的个性的形成。语文教育人文关怀的具体表现是通过文学的、审美的、精神的教育使个体在潜移默化中形成积极向上、健康发展的个性特征[①]。”这里的思考，主要关注受教育者的个性培养与发展。而朱昌元对于“个性语文”的探究与思考，则更为全面、完整地囊括了语文教育中需要培养“个性”的主客体及各自的内涵。

一路走来，浙派语文名师朱昌元的“个性语文”逐渐形成了较为成熟的轮廓和风貌，它不仅体现在语文学科传道授业解惑的教学风格特点之中，贯穿于学生个性化的语文阅读与表达习惯的培养中，同时还体现在语文教育者的自我修

① 朱焕芝. 语文个性教育探微[D]. 武汉：华中师范大学，2004.

炼、自我提高之路中。当然,在不同时期、不同场合,三者的侧重点各有不同。

1. 语文教学的"个性"化

语文教学的个性化,通常是学者广泛讨论的话题。教学的个性化在"个性语文"中起到桥梁的作用,即语文的个性课堂。

朱昌元强调:"语文教学必须要有个性,这既是文本解读的需要,也是课堂教学的要求。富有个性的教学不仅在于让学生发现文本,更重要的是从文本中发现自己,获得新的阅读眼光,新的文化视野。个性化的语文教学容易打动学生的心灵,启发学生的智慧,让学生与教师一起进入到一种心智活跃、情感碰撞的状态,让教学成为师生多维度的心灵对话。"

在教学的个性化之路上,教学实践是重中之重。教学方法的个性化需要在漫长的教学实践中不断进行融合,逐渐显现。在与名师工作室主持人朱昌元的讨论中,作为工作室成员的张震雷曾揭示说:"对于教学个性的生成来说,长期的阅读积累、鲜明的个人特长等都是不可或缺的元素,而这些元素不是机械组合的,它必须有一个融合场,那就是长期的教学实践。语文课的本质在于让学生与语文亲密接触,而不在于教师对语文的滔滔述说。只有在长期的教学实践中,在不断地与学生碰撞中才能达成教师个性原型和学科教学的有效融合。课堂实践有经验也有教训,教学个性正是在不断地反思、选择和批判中自然生成的。因此,长期的教学实践即是我们教学个性的锤炼场,又是我们教学个性的检验场。"

作为一个个性语文的倡导者和实践者,朱昌元语文教学的个性就在于:第一,对文本的个性化解读。在文本面前,首先做一个自然的读者,充分汲取文本的营养。然后做一个基于教育者身份的读者,从受教育者的各种潜在的角度出发,考虑受教育者如何在保留自身个性的基础上,潜心涵咏,深入揣摩,吃透文本。用"心"的阅读,对文本文化内涵进行个性化的挖掘,使文本的文化价值得到最大程度的发挥。第二,对教学过程的个性化设计。独特的文本解读心得凭借独特的教学设计和课堂实践进行展现和传递。教师通过个性化的设计与学生进行分享与交流,扫清各种潜在的枯燥乏味、千篇一律的阻碍因素,实现在分享中丰富理解,在交流中深化感受。第三,对个性化教学语言的追求和锤炼。这一点,对于承载着培养学生听说读写重任的语文老师来说特别重要。或准确切实,或幽默风趣,或婉转动人,或情感饱满,每一个语文老师总应形成某种或某些具有鲜明个人标记的教学语言。总而言之,语文教学的个性化在一定程度上能使语文课堂获得独特的教学魅力和较为厚重的文化品格。

2.语文学习者的"个性"化

实现语文学习者的"个性"化是"个性语文"的目标。

语文是一门充满未知与开放自由的学科,因此对于语文课堂,学生往往都保留着一份期待。被称为"最后一个儒家"的梁漱溟曾在《中国文化要义》中发出由衷的感慨:"中国文化最大之偏失,就在个人永不被发现这一点上。一个人简直没有站在自己立场说话的机会,多少感情要求被压抑,被抹杀。"富有教育经验的语文教师通常更能够感受到学生的期待,期待老师陪伴他们认识一个独特新奇的世界,期待老师引导他们在新奇的世界里实现自我的放飞。

"个性语文"倡导语文学习者在张扬个性的教育者的独特教学风格影响之下,逐渐形成自己的个性化语文学习。教育者采用各种突破常规的教学方式来诱发学生对文本进行审美、质疑或创造,其所做的一切在语文学习者的个性化之路中只起点拨、引导、熏陶的作用,不可扼杀学习者的本身习性,而是不断地优化、强化,尊重学习者独立自由的思想,让独立思考成为良好的品格,使思考过程及思考所得更好地为每一个学习者的精神成长服务。

3.语文教育者自身的"个性"化

"个性语文"的创新之处更多体现在对语文施教的源头——"教师"的重新关注。在教育的过程中,语文教师本身的成长始终处在"现在进行时",要想培养出有个性的学生,设计出有个性的教学方案,形成自己有个性的教学风格,始终离不开的就是教师在不断增进自身语文素养的过程中积淀形成的个性。教师本身的语文个性化素养是"个性语文"的源头活水。语文教师在教学过程中所表现出的独特鲜明个性,是教师魅力所在,是教学走向成熟的标志。

由朱昌元提出的关于语文教师自身的个性积聚的讨论中,有学者认为:"一名优秀教师的成长大多会经历由'外视'到'内视'的过程。不过表现在培育教学个性上,我觉得还得结合自己的特长。于漪老师感情充沛,有着很深的文学功底,善于'煽情',因而她的课往往以情造境,一堂语文阅读课竟如一幅泼墨写意画,在形象思维和美感训练上层层熏陶渲染。面对同一篇课文,吕志范老师则以智性为美,偏重心理分析,深刻剖析,缜密推进,使课堂显得精美别致。如果两位老师互相换一下位，采用对方的教学方式，那课堂毫无疑问就会丧失了现在的精彩。”同时，朱昌元也提出“个性化教学风格的形成，需要我们进行多方面的努力。博览群书、发扬特长、实践积累等等都很重要。但其中最关键的一点，是要善于思考，要有自己的思想，因为风格的背后是思想。每当提及那些语文教育名家，最先冲击我们神经的往往是他们的教学思想：于漪老师的‘人文教育观’，钱梦龙老师的‘主体·主导·主线’，程红兵老师的‘语文人格教育’，韩军老师的‘新语文教育’等。教育的魅力在于个性，而唯有拥有自己的教学思想，才能形成自己的教学个性。”

教学的个性，教师的个性，学生的个性是“个性语文”中三个重要的支撑，三者相互融合，交相辉映，缺一不可。在这一系统中，格外值得注意的是，教学个性不能等同于教师自身的情感、思维个性，尽管教学个性离不开教师个性。见多识广、涉猎广泛是作为语文教师的本职素养，引经据典、信手拈来也是语文教师的本职技能，教师的诸多个性修养能为个性教学提供灵魂性的支持，但教师个性在教学个性中的体现应该有所保留，切不可让教师的满腹经纶仅仅浮现成为教材文本的超链接，不可忽略语文教学的本质属性和学生的真实需求，张扬独立精神和自由的个性但并不一味地放飞跳脱，不可沉迷于浮于课堂表面的热闹氛围而自诩成功，否则极易偏离学科教学的本位，让课堂教学由于过分“个性”甚至“任性”而失去灵魂和思想。

四、结语

“个性语文”是语文教学改革发展的方向。新课程理念下，实施“个性语文”是发展和培养学生核心素养的重要环节，也是促进学生全面发展的必然要求。随着知识经济时代的到来，社会各界对创新型人才的需求日益增长，教育在其中所扮演的角色亦愈发重要。创新型人才的培养需要有与之相吻合的教学模式，但当前语文教育缺失的正是对语文个性的关注及重视。本文结合朱昌元老师自身独特的成长经历与丰富的教学实践，以“个性语文”为研究视角重新审视我国的语文教育，进而让“个性语文”在教育实践中逐渐得以应用和发展。值得反思的是，“个性语文”在具体的实施及应用过程中虽已初见成效，但是仍然有许多现实问题亟待研究解决。教师为主导，学生为主体，教师所做的任何努力皆服务于学生；教师在课堂教学中要不断实践、不断积累，积极探索优化“个性语文”的方法和途径，不断提高教学质量和水平。此外，教师在丰富自身教学经验和文化知识的同时，还应不断润色自己的教学风格、磨炼自己的教学个性，根据学生不同的认知水平及发展的差异性，努力培养学生独立思考、积极发现的能力，充分挖掘学生的创造性潜能。我们相信在师生共同努力下，“个性语文”一定能不断走向丰富和成熟，展现出语文教育应有的魅力与光芒，并且坚信：中国的语文教育可以像树苗那般茁壮成长！

参考文献

[1]张宣远. 中学著名语文特级教师教育思想精粹[M]. 北京：语文出版社，1999.

[2]刘立佳. 高中生物学《遗传与进化》模块个性化教学设计[D]. 济南：山东师范大学，2015.

[3]张茜. 论语文教师的教学个性[D]. 长沙：湖南师范大学，2005.

[4]朱焕芝. 语文个性教育探微[D]. 武汉：华中师范大学，2004.

范维胜与“生本语文教育”

名师简介

范维胜，中学语文特级教师，生本语文的倡导者，宁波市引进的重点高层次人才。全国语文学习科学委员会浙江分会学术委员，中语会全国优秀实验语文教师，“语通杯”中学生个性文学鉴赏大赛优秀指导教师特等奖获得者，中华状元潇湘行宣讲团主要成员，《教师博览》签约作者，华中师范大学考试研究院特聘研究员，中华语文网2012年年度最人物，教育部语文出版社“语文名师大讲堂”客座讲师，《语文教学通讯》等杂志封面人物。在《中学语文教学参考》《语文教学通讯》等报刊发文300余篇，主持、参与“文言文课堂教与学一体化教学模式的构建”等国家、省、市级课题十项。主要著作有《寻找教育的灵魂》《语文的事，和你细说》《作文可以这样教》等。

案例背景

三十多年前，范维胜，一个怀揣着教育梦想的十八岁男孩跨出巢湖师范专科学校的大门，来到安徽省肥东县最北边的一个偏僻落后的乡村中学——响导初级中学，做了一名语文教师。那时的农村中学条件太差，两位教师共住一间土墙瓦顶的宿舍。没有教师办公室，宿舍就是办公的地方。一张三只腿的办公桌绑在床上，办公椅就是一张摇摇晃晃的木床。难道这就是自己要实现梦想的地方吗？范维胜老师不敢相信，一下从美好梦想的顶端跌入痛苦的峡谷。当时他的第一个念头就是在这挺三年，然后离开这个地方。可是，当他面对两个班一百四十多张稚嫩脸庞时，却想起了他上学时父亲说的一句话，这句话范维胜老师一辈子难以忘怀。

范维胜老师出生在一个地地道道的农民家庭，父母亲都是勤劳、善良、淳朴、憨厚的农民。母亲不识字，父亲也只是初小毕业，在当时还算是个文化人。20世纪70年代初还没有高考这个概念，他没满八岁上小学的时候，父亲就对他说："多识几个字，不要做一个睁眼瞎。"

为了能让自己的学生"多识几个字"，他没有任何理由选择敷衍！

当时的范维胜老师个子不高，也很瘦弱，不是属于那种学生一见到就害怕的老师。要想获得学生的信赖，只有用原汁原味的知识来开启他们懵懂的心灵。所以，从他站上讲台的第一天起，就把让学生获得知识作为他教育的根本——这或许就是范维胜老师萌生的生本语文最初的理念。那时的农村中学学生能读到一本像样的课外书很不容易，他就用自己的藏书和零星的工资替他们建立了班级阅读图书角，用阅读来丰盈他们的语文智慧。他曾追随过宁鸿彬老师尝试"卡片助学法"，也模仿过魏书生老师让学生自己命制语文试卷，每节语文课他都一定带着学生欣赏背诵古诗词，从"离离原上草"到"昨夜西风凋碧树"，从"西出阳关无故人"到"若到江南赶上春，千万和春住"，学生浸润在古诗词的海洋里，那充盈着灵动的眼睛，让他有说不出的喜悦。

随着对学生的深入了解，范维胜老师深知，语文教育应该对学生的一生产生影响，要提升学生的生命境界，就不能不关注学生的心灵世界和生命体验，就不能不进行改革。就这样，范维胜老师在1991年1月13日的《教师报》中发出了《农村中学的教改之路为何越走越窄》的呼喊。在农村那样落后闭塞的教学环境中，他想进行一点点教学改革都是孤军奋战，但在桑建中老师的鼓励下，他参加了《语文教学通讯》社组织的"农村语文教改研究中心"，硬是以"知其不可为而为之"的韧性为生本语文的教育改革奉献着最美好的青春年华。随着新课标提出要"积极倡导自主、合作、探究的学习方式"，范维胜老师认为学生是语文学习的主体，语文教学要激发学生的好奇心、求知欲。鼓励自主阅读、自由表达，充分培育他们的问题意识和创新意识，这就是他最初的生本语文课堂的教学观。郭思乐先生在《教育走向生本中》这样说道："生本的课堂区别于考本、本本、师本的课堂，区别于短期行为的、分数的课堂，是人的发展的课堂。"这种"以生为本"、"以人为本"的理念在语文课堂中学生的自主学习、合作学习和探究学习中的体现，让学生习得语言，提升思维，陶冶情意，发现创新。这就是生本语文的学习。

为了让生本语文的创新教育个性初现，2000年范维胜老师申报了省级教研课题《个性·思维·实践——语文教育中的创新思维研究》。研究中，他重点纠正语文教学中教师引领学生语文学习的两种错误见解。一是认为只要教好语文知识就能培养学生的思维能力，甚至认为教知识的本身就是培养学生的思维能力；二是认为语文教材已经删去了逻辑知识的内容，因此进行的包括形式逻辑在内的思维讲座、训练、培育，是增加教师和学生的负担。范维胜老师举行了全县多媒体教学观摩课《祝福》，围绕课文他设计了三个创新思维的主问题：①有评论者读了《祝福》，认为祥林嫂是一个"没有春天的女人"，你赞同吗？②祥林嫂勤劳善良，她为什么不能通过自己的双手去创造属于自己的春天？③你认为电影改编让祥林嫂砍断所捐的门槛合理吗？为什么？这节课在听课教师中引起了强烈的反响，褒贬参半。但是课堂中学生研讨问题时闪烁的创新思维、探究精神，教研室领导和听课教师都是一致赞同的。他总是这么认为，能力是学生走入社会的基础，他要用创新的火花点燃学生能力的火把，照亮学生入世的灵魂。生本语文就是这样着力于学生的生活能力。范维胜老师认为，用文化引爆语文的魅力，用智慧滋润学生的心田，让学生感受文化的博大，让学生用生命的体验来阅读、写作、创造，"让我的学生爱上语文"，这应该是我们每一位语文教师着眼于生本的担当。

2011年11期的《大学指南》以"让我的学生爱上语文"为题，在"名师"栏对范维胜老师进行了专题报道。2012年1月，《新课程报》又以"学生是老师的影子"为题，在第一版报道了范维胜老师的生本语文课改理念。他在许多文章中谈过生本语文教育中的生命教育问题，因为在今天的教育状态下，生命教育不得不呼吁，语文教育必须关注生命教育，特别是生本语文教育。也就是说生命教育必须是语文教育"传道"的一项不可或缺的内容。因为语文学习的外延与生活的外延相等。学生的生活离不开生命，语文教育也就离不开生命教育。生本语文教育就是要以生命为出发点，遵循生命的本质属性，让语文进入生命、唤醒生命，并内化为学生深厚的文化底蕴和丰富的人格内涵。生本语文教育还应该帮助我们的学生认识生命的美丽和宝贵，探索生命的方向与意义，提升生命的质量与品位，使生命变得更加美好、更有力量、更有意义。因此语文学习的过程，既是一个语文技能掌握的过程，也是一个促进生命成长的过程，这种成长的过程就是心灵与心灵的交流、灵魂与灵魂的碰撞、生命与生命的对话的过程。

舍此，就不是“以人为本”、“以生为本”的教育。

案例赏析

三十多年的语文教学生涯，让范维胜老师深深地体会到：要做好一件事，就必须热爱这件事。语文的教与学同样如此。因此，范维胜老师将自己的教学目标定位为培养同学们学习语文的兴趣，让学生爱上语文。“让我的学生爱上语文”这是范维胜老师的口头禅，也是他终身的教育追求。在实践中，范维胜老师以“生本教育”为理念，践行语文教与学的本真。

一、品味语言：帮助学生领会作者这样建构和运用语言的意图

语文是什么？叶圣陶说：“语文就是语言文字，口头为语，书面为文。”叶圣陶先生的回答为语文教学指出了方向，即语文教学应当围绕语言文字展开。著名的特级教师于永正先生也说过：“语文教学的目标就六个字：学语言，用语言。”所以，生本语文的教学必须引领学生的语文学习从语言开始。

范维胜老师认为学语文的要义在于引领学生感知语言，因为文本的语言有灵魂、有情感、有理智、有悟性。叶圣陶先生曾经说过，阅读方法不仅是机械地解释字义、记诵文句，更紧要的还在多比较、多归纳、多揣摩、多体会，发现它的语言特征。因此，生本语文的课堂阅读教学就是引领学生品味语言，对文章语言进行细心揣摩、辨析与联想，体会作者是怎样运用语言来表情达意的。从而帮助学生领会作者这样建构和运用语言的意图。

在课堂实践中，范维胜老师充分利用文本语言自身的特点，对文本的语言细读涵泳，如在执教《哦，香雪》一文时，范维胜老师着重对文题中的“哦”字进行品析：

> 师：同学们，今天我们一起来学习现任中国作家协会主席铁凝女士的作品——《哦，香雪》。（板书题目）大家有没有看到，《哦，香雪》这一题目里面有一个叹词“哦”。叹词，往往饱含着感情，哪位同学能用自己觉得最好的感觉和声音来读这个题目呢？试一试？
>
> （有几位同学陆续站起来读，其他同学都忍不住在笑）
>
> ……

师：是不是对他的朗读处理不是很赞同？那我们一起来看看这个"哦"里面到底有哪些情感。这句话出现在小说的什么地方呢？

生（全体）：最后一段。

师：是谁喊出了这句话？

生（全体）：台儿沟的小姐妹们。

师：她们为什么要喊这句话呢？谁能将和这句话相关的故事情节给我们大家介绍一下。

生2：香雪为了一个现代铅笔盒，她跳上了火车，并被火车带到了三十里外的西山口。之后，她连夜赶了回来，小姐妹们去迎接她，看到了之后，大家欢乐地呐喊：哦，香雪！

师：小说到这时戛然而止了。那么，请想象一下，假如你是香雪的小姐妹，除了这句话，你还可能对这个时候的香雪说些什么呢？

生2：哦，香雪，我们终于看到你了

师：那么这"哦"里面应该有——

生2：欣喜。

生3：香雪，你真了不起，为了得到你的铅笔盒你居然会跳到火车上面。

师：那这个"哦"里面应该有——

生3：赞叹！

生4：哦，香雪，给我看看你的铅笔盒好吗？

师：那这个"哦"里面又有了——

生4：新奇！

生：5：哦，香雪，你没事吧，走了那么远的路。

师：那么这个"哦"里面就又有了——

生5：关心

师：在小说中，这个"哦"字的意蕴和情感很丰富啊！这里面有欣喜、赞叹，可能还有关心、新奇等等。同学们，你们读了小说，认识到了一个怎样的香雪呢？如果我要大家用一个词来形容香雪，那是——

生（全体）：纯——美！

师：大家用了非常美好的词来形容她啊，对于这么美好的女孩，你们是不是特别想赞美她呢？现在给大家一个机会！以"哦，香雪，我喜欢你的——”开头，给予香雪热情的赞美！

……

在这篇教学案例中，范维胜老师通过设置朗读、叙述故事、想象与作品人物对话等方法对“哦”字由浅入深地层层剖析，符合学生的心理认知规律，有效引导学生逐步探究作者在简单的“哦”字上所藏的意蕴。这一片段的文字玩味，着眼处细微且似乎毫不起眼，但却丰富和生动了课堂教学内容。通过教师的引导，学生对“哦”字充分把玩，体会到一个汉字在文本中承载的多重意蕴，从而感受到中华文化的汉字魅力以及文学的意蕴之丰，让学生明白了小说的文题与内容的内在联系，帮助学生领会作者这样建构和运用语言的意图。

二、锻造思维：让学生在问题的探究中形成自己的思想

新课程的教育基点在于学生立场。所谓的学生立场，就是学生和教师在一起时能感受到愉悦，并产生一种求知和对话的欲望，最终达到教学相长的境界[①]。因此，学生思维发展与提升也是我们课堂教学回避不了的问题，它可以让我们的学生在问题的探究中，提升自己的思维品质，看问题具有自己的主张，进而形成自己的思想。如果课堂基于学生立场，老师在课堂中应少有权威式、填鸭式的知识、情感灌输，课堂通常以开放的主问题展开，教师将课堂交流与表达权更多地让位于学生，学生是课堂思维的主宰者，是课堂语言的实践者，让学生在语言的表达中提升自己的思维。因为语言的发展与思维的发展是相互依存，相辅相成的。

范维胜老师的生本语文课堂就是学生根据问题，基于自身的经验，自选角度发表思路清晰、叙述合理的言论。且课堂学生的思维开放，不求唯一的标准答案，学生能各抒己见，自由表达自身的见解与体悟，具有自己独特的“思想”，充分享受课堂表达的乐趣与成就感，这就是真正的“生本语文”的思维课堂。如范维胜老师的《闺塾》教学片断：

师：同学们，《闺塾》这出戏，又称“春香闹学”，你们看，这一戏名的改动从文中能找到依据吗？（学生议论纷纷）

① 范维胜.好教师的标准[J].基础教育论坛，2013(2)：50.

生1:我认为“模字”学习中有春香的“闹”。陈最良要春香取文房四宝,她偏偏取来女子化妆用的“螺子黛”、“画眉细笔”,这是一闹。

生2:老师要她临帖,她却领了“出恭牌”,跑到花园玩耍,这是二闹。

生3:老师教训她和杜丽娘书要苦读,要囊萤趁月,要悬梁刺股,她却挖苦老师“比拟你悬了梁,损头发,刺了股,添疤痆,有甚光华”,这是三闹。

生:4:“课堂上”她扰乱杜丽娘:“小姐,你听一声声卖花,把读书声差。”这是四闹。

生5:当陈最良训斥她“又引逗小姐哩,待俺当真打一下”时,她却将老师的荆条抢来摔倒地上,这是五闹。

师:同学们读书很仔细,真是怎一个“闹”字了得。那么我想问,除了春香的“闹”,戏文中能否再体味出其他“闹”来?

生6:我发现表面文静而又聪慧的杜丽娘也在“闹”,不过她不像春香那样表现出来,她很会掩饰,她的“闹”我称之“心闹”。

师:能透过现象看人物的内心世界,高人一筹。能具体谈谈吗?

生6:杜丽娘听陈最良讲《关雎》,不满足老师的“依注解书”,说明她的内心爱情萌动,内心要老师往深处讲解;当老师引经据典、东拉西扯时,她又透露出对老师解释的厌烦和不满。我想这些都是杜丽娘内心青春的萌动,是“心闹”。

生7:“模字”过程中,杜丽娘和春香的开玩笑也是心闹。你想,春香临帖时说:“待俺写个奴婢学夫人。”杜丽娘接上了茬:“还早哩!”这“还早哩”潜台词意蕴丰富,它字面上是说春香字写得太差,深层的意思是在讥笑春香小小年纪就急着当“夫人”,丢不丢人呀?当着老师的面,小姐和丫鬟竟开起这样的玩笑,你们想杜丽娘心里在想什么?(生笑)

生8:我认为杜丽娘的“心闹”还表现在她想去花园玩耍。你看,待陈最良一走,她就急不可耐地问春香:“俺且问你那花园在哪里?”并且感叹“原来有这等一个所在”。其实花园的春意喧闹和杜丽娘内心的喧闹相映衬,唤醒杜丽娘憧憬青春的生命。

……

生本语文的学生思维的培养主要在两个方面下功夫,那就是发散与聚合。发散思维:从不同的方向、途径和角度去设想,探求多种答案,最终使问题获得圆满解决的思维方法。聚合思维:从已知信息中产生逻辑结论,从现成资料中寻求正确答案的一种有方向、有条理的思维方式。这样的话，在我们的生本语文学习过程中，举凡联想和想象、比较和归纳、异中求同、同中辨异等等皆是语文思维的训练。

在该教学片断中，我们看到的是范维胜老师对学生发散性思维的引领和培育。这堂课，课堂中的师生角色不再是传统的教师讲授、学生接受模式，而是运用问题，引发学生思考，鼓励学生多元的个性化的解读，充分发挥学生在课堂活动中的主体性——形式自由、思想自由、言论自由。“生本语文”以学生思想的光芒塑造课堂艺术，以学生自由的语言表达触摸语文学科学习的本真。在课堂中范维胜教师主要扮演着组织者、引导者、鼓励者的角色，在学生充分的表达之后予以鼓励性的肯定或针对性地指导，激发学生语言表达的欲望，提高学生的口语表达能力，久而久之，学生就会形成自己的思想。

三、注重体验：在学生写作体验的过程中让情趣变得高雅起来

阅读教学的个性解读已经是语文老师的共识，因为形象大于思维为我们的个性解读提供了可能。作文教学怎样让学生的个性特点展现出来，让情趣变得高雅其来，关键在于语文老师。我们常常讲的创新教育，不光是对学生的要求，更多的是对语文教师的要求。每位语文教师的天赋、能力、兴趣、气质、行为等方面表现出来或潜在的独特性对于学生的个性形成有着深远的影响。学生没有个性，情趣低俗，就不要奢谈他们写作的个性化，更谈不上美感了。

在写作中，范维胜老师常常对学生说这么一句话：“如果你是一只雄鹰，你应该在翱翔蓝天上下功夫，不要和孔雀比开屏的美丽。”话是这样说，可我们有的语文老师常常在作文的教学中扼杀了学生的个性，限制学生的情趣。范维胜老师认为，生本语文在作文教学中强调学生作文的个性特点和高雅情趣，不是一蹴而就的事，语文老师必须扮演好三样角色。一是发现学生纸上人牛的读者，尊重学生的个性写作。即便学生的习作多么稚嫩、多么生涩，它也是一个故事、一种情感、一段人生体验。我们是阅读，而不是评判；要发现，而不要挑剔。二是触发学生表达欲望的作者，引领学生的个性写作。乌申斯基说：“教师个人的范例，对于青年人的心灵，是任何东西都不可能代替的最有用的阳光。”教师的个性发现、个性写作，本身就是对学生个性写作的一种强调和暗示。三是挖掘别样精彩的鉴赏家，肯定学生的个性发展。哪怕学生只写出一句有个性的

话，一个有情趣的词语，都是值得肯定的。

例如范维胜老师的作文教学案例《引导学生体验写作的心理过程》就是这样：

【老师的评语】

读了你的《幸福的定义》，老师觉得你好像在追求一种华丽的辞藻，但词不达意，举例也难以证明你文章的观点，甚至你的文章的结论和例子有冲突，华丽的辞藻掩饰不了作文思想或内涵的空虚。特别是李煜的例子让人难以接受。评分 65 分。

【学生的反批】（保留学生反批原样没有做任何修改）

我觉得议论文是一种文体，关于用怎样的形式表达观点或用怎样华丽的词藻或朴素的语句只是起到添饰的作用。

我在前面四句已阐明了我的观点“幸福不是人们想象中的金钱、虚荣”，然后引出幸福是内心的感受写意，再用李煜的反面材料来论证这种观点，也加以分析。在否定了幸福在人们心中的普遍概念后，又提出了幸福的真正含义，用文天祥正面的材料论证分析，最后总的再重点解释幸福是内心的写意。

在论据、论点分析已经具备的条件下再加入诗句词语加以修饰。如果过分追求语句通俗，这样的议论文岂不显得太死板，作文内容的空虚或没有内涵，这样的绝对评价在没有了解或主观的评判下是不应该写在学生的作文本中！您可以不同意我的观点，但您不可以否定我的观点。

希望老师尊重我的观点！谢谢。您的学生厉曼敏。

【老师的重批】

读了你的反批，再读你的文章，我仍然觉得你的材料有些是不能引出你的观点的，有些材料干脆就是牵强附会的华丽。如果你不同意老师的观点，有时间可以商榷。读了你的反批，觉得你有构思的过程，可以将作文的分数提到 70 分。但我还是认为议论文应该让别人一读就明白道理，无须含蓄甚或暧昧。例如你的幸福的真正含义其实在末尾才点明：超脱物外的精神享受。

谢谢你的反批，这样的作文评改就有价值了。

建议修改第2、3、6、10、11、12、14节，加强论点和论据的直接勾连。

我不会不尊重我学生的观点和意见的！

【老师和学生面批的商榷对话】

老师：你的反批我读了，你读了我的重批了吗？读了后什么感觉？内心还憋屈吗？

学生：我也觉得我的作文有点牵强，很多例子要转几个弯才能解释明白。

老师：字典上解释幸福有两种意义：①使人心情舒畅的境遇和生活。②(生活、境遇)称心如意。你的观点是：幸福是内心的感受，不是表面的荣耀。你的“有人也阿谀奉承地熬过了长长的一生，却只留下臭长的骂名。”仅仅写了表面，能和整篇统一起来吗？

学生：不行。

老师：李煜的生活前后的两个阶段要分清楚。前一阶段做皇帝，可能表面光鲜，内心愁苦。因为他的心思和才能不在做皇帝上。后一阶段亡国被俘，但他的文采得以彰显。你将他后期的《虞美人》那么拆解，行吗？

学生：不行，当时我只想将文章写得有文采一些，没有想得那么多。

老师：“幸福是孟子‘生于忧患，死于安乐’的默默无闻的奉献。”“生于忧患，死于安乐”是默默奉献吗？

学生：主要写人要禁得住磨难，要有忧患意识。

老师：你写的谭词同和文天祥的例子，我是可以理解的。因为鲁迅先生说过：“真的猛士敢于直面惨淡的人生，敢于正视淋漓的鲜血，这是怎样的哀痛者和幸福者。”你如果能把这句话用上，再加以分析，扣幸福论题是否更紧呢？

学生：是的。谭词同、文天祥都是为民族的衰弱而哀痛，为能拯救民族于水火、为人民谋幸福而幸福的人。

老师：这样的话，你就应学会对事例加以归类，对事例加以分析，不应该硬性将幸福加在这些人的身上。

学生：老师的话我明白了。

老师：如果这样来看，你的“幸福是超脱物外的精神享受”这一结论对吗？要不要修改？最后的三句话都不是你题目中的“幸福的定义”，因为它们都不是幸福的本质属性。

学生:老师我再认真思考一下,加以修改。谢谢老师。

范维胜老师这一教学案例就是在创设学生评改作文的一种情境,这种情境的创设就是基于学生立场的生本语文。黑格尔在《美学》中提到“情境”一说,就是“使本来在普遍世界情况中还未发展的东西得到真正的自我外现和表现”的“更特殊的前提”,“艺术最重要的一个方面从来就是寻找引人入胜的情境”。因此,作文教学要创设一种源于生活又高于生活的情境来让学生进入写作状态,其中一种非常有效的方法就是教师自身的示范作用,一个教师就是一本教科书。范维胜老师的评语指出了学生作文中出现的只追求辞藻的华丽而不注重思想内容实质的问题,将学生的写作引导到文字的真实达意,材料与内容的有效结合上来,体现了“生本语文”的朴实写作观。因为作文的过程就是学生体验写作心理、积淀写作经验、体悟写作规律、丰富生活积累的过程,学生的反批以及面批的商榷就是这种过程……如果我们语文老师能将学生普通平常的生活体验内化,并创设一种源于生活又高于生活的真实情境来让学生进入写作或评改状态,以此触发学生本色表达的欲望,引领学生的个性写作,学生的作文一定会具有高雅的情趣。

四、渗透文化:在拓宽学生的学习视野前提下萌发文化的种子

语言文字是文化的载体,又是文化的重要组成部分。学习语言文字的过程,也是文化获得的过程。语文课堂究竟该怎样文化学习才可以既不荒废自己的园地,又播种民族文化的种子呢?最有效的学习方式就是渗透。

我们民族的文化博大精深,究竟哪些可以在我们生本语文的课堂呈现,这也是我们在语文学习渗透时必须考虑的。诸如民族文化中生命根柢与生活况味的爱与美、对远方的向往与对故园的情结、历史时空的纵深和现实生命的丰富等等,这些我们可以在学生的课堂中点染和丰富。例如范维胜老师《祝福》的教学案例:

师:有人评论说“祥林嫂是一个没有春天的女人”。你能从文中找出依据吗?

生1:因为,初春之时,她的丈夫死去。“她是春天没了丈夫的;他本来

以打柴为生，比她小十岁”。

生2：仲春之时，她被卖改嫁。“待到祥林嫂出来淘米”、“那船里便突然跳出两个男人来，像是山里人，一个抱住她，一个帮着，拖进船去了”。“回家之后不几天，也就装进花轿”、“许给了贺家土奥的贺老六”。

生3：暮春之时，痛失爱子。“春天快完了，村上倒反来了狼，谁料到那孩子又会给狼衔去的呢？”

生4：迎春之时，命丧黄泉。“只有四叔且走而且高声地说：‘不早不迟，偏偏要在这个时候。’”那就是祝福迎春之时，祥林嫂离开了人世。

师：你们的分析，使我明白了“没有春天”是一个隐喻，是祥林嫂人生的苦难。那么祥林嫂是一个好吃懒做的女人吗？她为什么不能用自己的双手创造自己美好的生活“春天”呢？

生5：祥林嫂是一个勤劳的人，她“安分耐劳”，“试工期内，她整天地做，似乎闲着就无聊，又有力，简直抵得过一个男子，所以第三天就定局”。她之所以没有“春天”，与她所处的生活环境有关。

师：能具体说说吗？

生5：在中国封建的“伦常”关系中，妇女的地位最低。封建礼教对妇女提出许多桎梏人性的做人原则，如“三从四德”、“从一而终”、“饿死事小，失节事大”，要妇女保持“贞操”，为丈夫“节烈”。所谓“节”，即丈夫死了，决不再嫁，也不私奔，丈夫死得愈早，家里愈穷，她节得愈好。祥林嫂自幼就被这种愚昧的思想浸染，她已成了“节烈观”的忠实信徒。这注定她的悲剧。

生6：在祥林嫂的周围有这么一群人：鲁四老爷顽固、守旧、虚伪；短工们冷漠无情；柳妈自私迷信；众人嘲弄取笑；而“我”又软弱无能。祥林嫂怎么会有“春天”呢？

生5：我还想说的是，祥林嫂再婚后，丈夫死于伤寒，他又要为后夫守节，只能跟儿子阿毛相依为命。这就是“三从”——“未嫁从父，既嫁从夫，夫死从子”中的“一从”：夫死从子。祥林嫂愿为第一个丈夫“守节”，想“从一而终”，未能如愿；第二个丈夫死后，“夫死从子”的封建道德牢牢束缚着她。鲁迅先生通过这一形象告诉人们，旧中国妇女所有的桎梏太多，这正是因为旧中国的家族制度未经改革。而只要这种状况依旧，中国女性的地位就无法改变，所承受的痛苦便永远不会消灭。

生7:你这么一说,我明白了:对于一个只求生存的祥林嫂来说,如果没有婆婆的冷酷,凭她的勤劳和"顺眼",很有可能会在鲁镇的鲁四老爷家干下去,而不至于被卖改嫁;夫死子亡之后,如果不是大伯的无情,她也许会在贺家坳度过自己的残生;再到鲁镇后,如果不是封建卫道士鲁四老爷在精神上的摧残,她也不会精神麻木,"不见伶俐",很可能会在鲁镇苟且生活;如果不是柳妈"善意"的指点,她也不会那么快就走上末路,以至于临死也未能摆脱内心的恐惧……

师:你总结得真好!正如丁玲所说:"祥林嫂是非死不行的,同情她的人和冷酷的人、自私的人,都是一样把她往死里赶,是一样使她精神上痛苦。"她怎么会有"春天"呢!

……

该教学案例充分显示了生本语文课堂老师关注文化的高超智慧。作为生本语文课堂的语文老师,他是不会关注自己课堂表现的精彩,他的智慧表现是关注学生的课堂学习状态。一是关注学生的参与状态:学生是否全员参与学?学生是否还能参与教?二是关注学生的交往状态:课堂是否有丰富的信息联系与反馈?课堂是否有良好的合作氛围?三是关注学生的思维状态:学生是否敢于提出问题、发表见解?学生所提问题与见解是否有独创性?四是关注学生的情绪状态:学生是否有适度的紧张感和愉悦感?学生能否自我控制与调节学习情感?五是关注学生的生成状态:学生是否都各尽所能,并学有所得?学生是否对后继的学习更有信心?如果学生能带着语文走向教师、走向同学,那就是我们教师智慧的高超。

深度思考

十几年来,新课程的推进激起了轰轰烈烈的课堂教学变革,各种新颖的教学模式和课堂教学艺术进入人们的视野。在此期间,"生本教育"这一概念也应运而生。范维胜老师的"生本语文"的本质在于基于学生立场,回到语文的本真,以生为本,运用语文的方法教语文,主张塑造朴实、扎实的语文课堂。范维胜老师在教学过程中落实这一理念,将本真的语文味带入语文课堂,用文化的博大精深呈现语文的魅力,用学生思维的智慧之光点亮语文课堂,让学生的阅读、写作与生活体验联结,在语文学习中感悟到语文的乐趣与魅力。

要想让自己的生本语文在课堂落地生根,作为一名语文教师,作为传授道德观念，教授基本技能与知识，为学生答疑解惑的文化传承者、人格塑造者，更应该意识到提升自我修养的重要性，读书与写作是成长为一个学习型教师不可或缺的途径。范维胜老师认为，学生是教师的影子。很难想象，一个不热爱读书的教师怎么能使自己的学生热爱读书呢？教书人不读书，又怎样去教书呢？苏霍姆林斯基曾说过："一所学校可能什么都齐全，但如果没有为了人的全面发展和丰富精神生活而必备的书，或者如果大家不喜爱书籍，对书籍冷淡，那么，就不能称其为学校。一所学校也可能缺少很多东西，可能在许多方面都很简陋贫乏，但只要有书，有能为我们经常敞开世界之窗的书，那么，这就足以称得上是学校了。"范维胜老师引用了前苏联著名教育家的话，印证了学校的财富智力都源自于教师的阅读，作为普通人应该热爱阅读，作为从事教育研究的教师更应该意识到阅读的重要性，教师获得教育素养的主要途径就在于读书。范维胜老师觉得教师不仅要热爱读书，还要热爱写作。一方面教师要常动笔头，要能在读书中有所思有所悟，另一方面教师自己要能写"下水文"，只有自己"下水"探知深浅，有过经历和体验，才能指导学生写好作文。每一次的写作都是一次发现、创造的过程，如果能在作文教学的过程中将自己的体会与甘苦传递给学生，就能在写作教学过程中更有效地指导学生的习作，教师若能写得一手好文章，学生怎能不心动呢？做人，就是指教师为人处世的风格。学高为师，身正为范，教师的一言一行，为人处世的风格会在潜移默化之中对学生起教化作用，这也体现了教师不仅仅是传道者、授业解惑者，也是一个示范者。学生素养在很大程度上是教师素养的投射，读书、写作和做人恰恰是素养提升尤为重要的三个方面。

因此"生本语文"的实施要求教师有深厚的文学底蕴和丰富的生活感悟力，能将语文在课堂中演绎出韵味和活力。然而在现实中，能达到此类教师素养的教师并不在多数。在"生本语文"的教学中也需思考："生本语文"的课堂注重学生长效的语文素养发展，与学生评价制度中语文学习成果的用时短、收效快问题。这样就可以让生本语文在语文的百花园中熠熠夺目，大放异彩。

参考文献

范维胜.好教师的标准[J].基础教育论坛，2013(2):50.

包建新与“本真语文教育”

名师简介

包建新，浙江省临海市回浦中学副校长，浙江省语文特级教师。台州市青语会会长，台州市中语会理事，浙江省语文学习方式研究会理事，台州学院教师，浙师大硕士研究生实践导师，浙江省高中课程改革学科组成员。曾获台州市教学大比武一等奖、浙江省教坛新秀，台州市青年英才奖、台州市名师、浙江省优质课一等奖、台州市优秀教师、全国中语会“教改新星”等荣誉。著有《语文生活化教学》《语文综合性学习案例教学论》《语文教学设计与案例分析》《包建新与本真教育》等专著。教育理念：教育就是促进学生天赋潜能的生长。

案例背景

包建新的本真语文教育与他的本真教育相联系，是本真教育的重要组成部分。

一个久在一线从事教育的人，会产生这样的感慨：

我们成就了分数，却伤了求知的欲望。

我们成就了知识，却伤了探索未知的渴求。

我们成就了理性，却伤了对世界的敏感。

我们成就了学业，却伤了健壮的身体。

我们成就了严明的纪律，却伤了自由和活泼。

我们成就了不断攀登的毅力，却伤了简简单单的幸福。

我们成就了不怕一次次进考场的勇气，却伤了对活力自然的贴近。

我们成就了朝理想奋进的精神，却伤了美好人性的光辉。

……

——我们追求着学生的成功，却不知其中酝酿着巨大的失败。

教育需要寻求本真的状态。包建新老师就是这样一位寻求本真教育的人，按照他自己的话来说，他是一个孤独而痛苦的教育者。他认为教育就是让学生的潜能无蔽地展开。让学生的潜能无蔽展开的教育就是本真的教育。基于此，包老师不太赞同用“教”这个词来形容教育教学行为，他认为合适的词是“培育”，两者的区别在于：教学，你不会我把你教会；培育，你会的，我创造条件让你生长。从事教育的人要相信每一位学生都具有潜能，但这种潜能常会出现“遮蔽”，遮蔽并不是丧失，而是以潜伏的方式存在，需要教师以不同的方式去激发，使得潜能“无蔽地展开”。

本真一词，单从字面看，人们有许许多多的解释空间，包老师的本真教育之“本真”的内涵来源于道家的“本真”。从道家传统看来，“本”属先天性的，是元气，是宇宙万物之根；“真”属后天性的，是真气，是五行，是宇宙万物生长、发展的要素。“本”与“真”相互作用形成了宇宙万物的兴衰，“本”与“真”的作用协调和谐，那便是“天人合一”的境界。借用它来解释教育的“本真”。对教师而言，“本”是教师的本色，教师的内在气质；“真”是教育环境对教师施加的种种影响，包括各种教育观点和经验。各种教育观点和经验适应了教师的本色，适应了教师内在的气质，它们才会产生积极的作用，否则，对于身处教育具体情境的教师，所有的教育观念和经验都只是自说自话。本真的教师是坚持自己的本色，吸纳教育环境中的“真气”而行。对学生而言，“本”是人的本性，是人的潜质；“真”是学生接受教育过程中与之相关的种种因素。教育就是创造各种教育环境，通过各种教育手段，促进人的本性、潜质不断生长、发展，或者说，教育就是想方设法作用于人的先天本性、潜质，使人不断成长。能不能通过教育改变一个人，关键在于能否找到能够触动其内质的方法，只有教育者的教育行为与被教育者的内质相协调，教育才算达到了理想境界。

就语文教育而言，包建新认为，孩子在学会使用文字这种符号来表达之前，已经先天地存在语言的潜能，语文教育应提供充满趣味的世界发展学生的语言潜能。语文教育需要对学生提出种种语言表达的要求，更需要顺着语言潜能给予他们自主、自由发展的空间。一个人即使没有学校的语文教育，语文能力也有一个潜在发展的过程。人们在生活、学习、工作过程中，要使用语言，在不断使用的过程中，语文能力得到发展，哪怕是不识字的“文盲”，语文的某方面能力，比如说话的能力，也可以达到相当高的水准。语文教育要充分利用这种潜能，而不是一味想着要教给学生什么。学校的语文教育就是创造条件更有效地让学生的语文潜能得到充分的健康的成长。

教育界包括语文教育界，口号太多，二三十年来，不断有新的观点和新的做法出现又湮没，不断有新的口号产生又被更新的口号代替，似乎教育应该做些什么，应该怎么去做还没有定下来，一线的教师被不断要求应该怎样做，不应该怎样做，但立足点总是：教育是希望学生成为什么，而不是充分考虑学生可以成为什么。这样的教育，一个总体上可以说纯真的群体——学生，其天性、天赋的潜能，自然的力量，容易被忽略，甚至是抑制。

语文教育则是愉悦而入迷地读和快快乐乐充满激情的写太少了。读，则一定要读出微言大义，一定要读出一段话、一个句子、一个词语它们都有什么功能，我们不太愿意在读文章这个行为上对学生有所促进，我们更愿意让学生学会如何去谈论文章；写，则一定要立意高远，思想深刻，内涵丰富，语言优美，我们不太愿意通过写让学生的心灵与外部世界对接，我们更愿意让学生觉得自己写出来的文字总是跟目标有很大的距离。我们总是想着“给”，而忽略学生“长”的能量，我们似乎离本来的样子越来越远……

本真的状态才好！

案例赏析

一、本真语文教育的形成

人也许总是活在自己的经验中的。包建新老师提出“本真语文教育”跟他的个人气质和经历有很大关系。

包老师说自己读中学时喜欢看些“闲书”，囫囵吞枣看了四大名著，津津乐道于《水浒传》中108将的排位和绰号；《说岳全传》《封神演义》《暴风骤雨》《铁道游击队》《林海雪原》《一代风流》《何典》等作品都是在读中学时认真看过，还做了笔记的。虽然因为“闲书”看得太多，总成绩不理想，但中学时代看“闲书”

经历影响了他的语文教育，包建新老师喜欢以自己的阅读体验来解读作品，也相信自己真正的语文能力的提高得益于看了许多闲书，语文课上学得的似乎很是淡漠。

包老师回忆他在读大四的时候，学校在第一学期安排实习，为了使实习能够顺利，中教法老师要学生一一试教，试教的课文是《善于建设一个新世界》，是当时人教版高中教材第一册第一篇课文。大多同学都按着一定的模板试教，先导入，激发学生阅读兴趣，再介绍作者及背景，然后解读课文。解读课文包括解读论点、论据、论证方法、层次、结构等。——那时候教学过程分为几步的做法很盛行，有典型的总结被语文教育界极力推崇。轮到包老师试教，他模拟着说，今天我们学习《善于建设一个新世界》，学这篇课文，先要掌握几个成语，然后把成语一一列在黑板上。待成语解释毕，要学生阅读课文中的相关文字，然后讲一讲其中一个成语"滥竽充数"的故事。讲好故事后，让学生阅读相关段落，弄清楚这个故事作者是用来证明什么观点的，然后读全文，理出作者证明这个观点还用了哪些材料，再讨论"这些材料能够有力地证明作者的观点吗"这个问题。全然不顾定式，自己怎么读的就怎么去教，中教法老师对此大为赞赏。一篇课文怎么教，没有什么太多的方法和程式，自己怎么读就怎么去教，这个观念直到现在还影响着包老师。从事多年语文教学后，他依然认为，怎么读就怎么去教，任何好的教学方法都应该在这个基础上选择和确立，一个教师并不需要刻意去学什么方法，哪怕是所谓的先进的方法。方法往往是在内在的教育需要刺激下产生的，内在的教育需要刺激是方法之根。

话虽如此说，但实际教学中却还会遇到各种问题。从教伊始，包建新老师遇到高二语文教材第一课施东向的《义理、考据和辞章》。这篇课文怎么教？可把他困住了。作为学术文章，这篇课文写得可谓通俗易懂，但作为教材，应该教给学生什么？如果分析分析文章的层次、理一理文章的逻辑脉络、概括文章每一次的大意、提炼一下文章的中心思想，按教参所介绍的内容组织教学，那为什么不选更贴近学生生活的文章？如果着眼于文章的内容，学习义理、考据和辞章对于写作的意义，那似乎跟学生的写作实际有不少距离。后来，包老师发现好多文章都会遭遇同样的情况。

一种怀疑的精神很早便已产生，从教二十余年来却常常让它潜伏在那里，因为现实在很多时候需要把它压制下去。2012 年要写《本真教育》一书，包老师审视自己的语文教学，形成了"本真语文教育"的概念。

人们给事物定名称的时候，有的名称直指事物的特性或本性，让人一目了然，比如汽车，一看就知道是要通过燃烧汽油获得动力的车。但有的名称却看不出特性或本性，人们一见之下并不能确定它究竟指的是什么，其特性或本性问题就需要讨论了，这样的名称在讨论过程中容易被泛化，最后莫衷一是。"本真语文教育"就是属于第二种类型的名称，它也可能会让不同的人注入不同的内涵，大家说的都是本真，实际所指却大相径庭。因此，什么是"本真语文教育"这个问题需要说清。

包老师从他的"本真教育"这个概念出发来定义"本真语文教育"。他认为就语文学习而言，"本"是学生学习语文的潜质，"真"是学生接受语文教育过程中相关的种种因素，而本真语文教育就是创造各种教育环境，通过各种教育手段，促进学生语文潜质不断生长、发展。对于一个语文教师而言，他所做的不是给了学生什么，而是帮助学生发展其自身的语文潜能。本真语文教育就是语文教师以帮助者的姿态使学生的语文潜能不断生长的教育，包老师认定这样的教育是语文教育的本相、本性，是语文教育的本来面目。

在讨论语文教学核心问题时，有一个老问题是无法回避的，那便是语文是什么这个问题。虽然莫衷一是，好在有了不少答案：语文是语言文章、语言文学、语言文化、口头语言和书面语言。虽然站在不同的研究背景下，会有不同的答案，不过这些答案也有共同的地方，那就是"语言"。如此说来，下面的理解似乎也顺理成章了：如果语文是语言文章，那么我们是站在语言的立场看文章，与日常的文章看法不同，也与文章的研究不同；如果语文是语言文学，那么我们是站在语言的立场看文学，与日常的文学读法不同，也与文学的研究不同；如果语文是语言文化，那么我们是站在语言的立场讨论文化，与日常的文化讨论不同，与专门的文化研究不同。总之，语文教育是以语言的视角看文章、文学、文化。

那么，本真语文教育比较完善的定义应该这样：顺应学生听说读写的言语潜能，以言语为核心打开文章、文学、文化视野，发展学生言语智慧和言语艺术的教育活动。

二、本真语文教育的实践

实践不仅仅表现为教育教学的行为，更多的是观念与行为成为一体的混沌物。虽然作为一线的语文教师，教学内容常常有不得已选取的情况，但也可以使教学情境更贴近观念。

1. 相信语文天赋潜能

孩子喜欢拿着一支笔，在餐桌上、墙壁上、在别人的衣服上乱涂乱画，他所涂画的东西大人因为看不懂而加以制止，觉得这样弄脏了物品，这是因为没有站在孩子的角度去看问题。孩子涂画的是属于他自己的符号，通过这个符号表达着他心中所想，这个符号其实也是一种语言，大人看不懂那是大人的事情，孩子是用自己的语言表达了对世界的理解，表达着他的内心，这是与生俱来的。不需要任何教诲。我们也经常会发现一个孩子对着一个玩具娃娃"倾心长谈"，如果把这些谈话的内容记录下来，也许大人只能佩服孩子非凡的想象力和语言表现力，这也是与生俱来的。如果认为孩子与玩具娃娃交谈需要有一个教育过程，那自然是十分可笑了。孩子在学会使用文字这种符号来表达之前，已经先天地存在语言的潜能。小学低年级的语文教育让孩子写简短的话，那是因为文字这种符号束缚了表达，不要误认为这时的孩子只能用简短的话来表达。

随着年龄的增大，接触的事物增多，孩子慢慢地"成熟"起来，这种潜能便似乎隐藏了起来，感觉不到它的存在了，而且我们也更愿意提出种种表达的要求催促孩子发展，似乎孩子天生是不会表达的一样。浸染在这种教育之中，孩子自身也"忘却"了语言潜能的存在，在种种表达的要求面前产生了自卑。这不是孩子的错，是我们的教育发生了问题。

语言的潜能隐藏起来，表明它依然存在，而且在不同的年龄阶段都存在着。比如孩子到了初中，我们可能发现他在写作时语言表达不济，但在某个特定情景触发之下，他又是洋洋洒洒，俨然一个成人的姿态。推测起来，入学前的孩子那种天赋的语言潜能是不可能随着年龄的增长而中断的。

我们需要给孩子一个继续发展语言潜能的机会。这个机会在哪里？我们恐怕要从入学前孩子"抓住"了什么机会发展了语言潜能中寻找。孩子发展语言潜能在于对世界的好奇。孩子来到世上就等于来到了一个陌生的世界，出于人的本能，他对这个世界充满好奇，受好奇驱使尝试与这个世界对话，因此，语言的潜能得到了发展。那么，我们是否可以继续提供这样充满好奇的世界？

提供充满好奇的世界发展语言潜能是语文教学的任务。语文教学需要给予孩子种种语言表达的要求，更需要顺着语言潜能给予他们自主、自由发展的空间。顺着语言潜能的教育是语文的教育，也是人的教育，是实现人之为人的教育，是人的发展的教育。

2.寻求师生精神的契合

语文教育是师生心灵的呼应，是心照不宣、心领神会的。

以教古诗为例吧，有教者言，要读懂古诗就要善于抓住诗眼，那诗眼在哪里呢？诗中一些动词、形容词常常会成为诗眼，有时候数词也会成为诗眼，好多诗歌的诗眼甚至是一个虚词。其实，读懂了诗歌才知道诗眼在哪里，诗歌没读懂是找不出诗眼的。因此读懂诗歌是第一位，找出诗眼是第二位，这是读古诗的一条规律，依规律去教，教师才能更好地带动学生的情绪参与学习，形成精神的契合。写作教学也是如此，学生学习写作，并不完全是通过技法的学习和练习来提高写作能力的，甚至可以说，这只是写作能力提高的极小的一方面。其实，写作是学生此时的生活，写作教学要贴近学生的生活，并为学生创设生活，在生活中写作，在写作中更好地生活。因此，追求师生精神契合的过程，也即教育教学不断探索的过程。

教师在选择教育教学内容时，应努力与学生的生活对接，与学生的情感世界对接，与学生的原有知识对接。做到了这些，才有可能在师生精神契合的状态下，一起探索未知，并享受探索的乐趣。教《诗经》中的诗歌，由于年代的久远，语言的差异，学生领略《诗经》中的诗歌之美是有难度的，如果把《诗经》与流行歌曲对接起来，这样就把有相当接受难度的教学内容与学生的日常生活接触的、喜闻乐见的内容对接起来，会收到良好效果。

师生精神的契合需要教师把位置放低，以一个求学者的姿态跟学生讲话，告诉学生，你不明白之处，其实老师也不甚明白，要深入理解，彼此都需要钻研。目的是告诉学生，我们处在同一个平台上。处在同一个平台上，和谐地沟通就有了基础，师生共同学习，就能形成“相互依赖的心理场”。

一个追求师生精神契合的教师，会在意下面的教育教学行为：

备课时，更多地考虑学生对学习内容会有什么感受，哪些地方更容易引起学生的兴味，从什么地方进入更容易使学生接受等等。

跟学生商量教学内容。“今天我们来学习《劝学》，我想先介绍一下背景，然后把全文的意思解释一遍，再讨论文章对比论证的方法，大家看看有没有意见？如果有别的想法，你觉得课怎么上比较好。”

让师生处于信息对称的状态下上课。“今天我们来学习《前方》。对《前方》

这篇文章，我也不太了解，于是我准备看看教学参考书怎么说，我把教学参考书上的有关内容印发给大家，看看我们能否通过这些资料，深入阅读这篇文章。”

当学生提出问题时，常说：“这个问题我也不知道怎么解答，但我们可以一起寻求解答的思路，我们一起讨论要找到这个问题的答案需要具备什么条件，需要我们做些什么。”

……

3.站在与学生相同的位置

又要教《逍遥游》了。包老师说，他前一次教《逍遥游》，教到最后，还是有学生不知道这篇经典文章说了些什么。这一次，应尽量带学生进入文本，达至文本的内核，而不是让文本成为一个独立于学生心灵之外的存在物，让学生去认识、接受。课堂上，包老师先让学生听了《逍遥游》的配音朗读，再自由朗读和齐读《逍遥游》，然后对照注释疏通文字。做了这些之后，包老师开始编故事。他先问学生听读了几遍《逍遥游》后，能否理解这篇文章的内涵，学生回答逍遥的境界就是“圣人无功，神人无己”。但怎么得出这个结论的，学生却很茫然。于是他说：

今天因为要教《逍遥游》，我昨天晚上对这篇文章作了认真地阅读。读了第一遍，《逍遥游》写什么不知所云；读了第二遍，知道了文章的结论，可对文章的脉络依旧朦胧一片，于是读第三遍；读了第三遍，也未见得更加清晰，作者写大鹏究竟何意依然弄不清楚。这时候我也有些倦意，坐在椅子上迷迷糊糊居然睡着了……睡梦中，庄子来到我身边。

“老包啊，听说你为教《逍遥游》而苦恼？”

“是啊。”

“理解《逍遥游》其实很简单的。”

“先生以为简单，我们却觉得深奥得很呢。”

庄子他老人家捻须一笑，“你把这篇文章写到的物与人一一罗列出来，以‘是否逍遥’一一追问，不就得了。”

我正待询问详情，庄子他老人家飘然而去，只有空气中回荡着他的声音：“老包，你会懂的。”

我赶紧拿出纸笔，把《逍遥游》中写到的物与人一一罗列出来，……果然豁然开朗。现在我想请大家也试试。

……

包老师说这一番话，是想让学生知道，别看教师似乎什么都知道，其实跟同学们是一样的，有的文章读了好几遍依然读不懂。他更主要的是希望学生能够采用分析文章描述对象的方法理解课文，故意假托庄子授意，尽量让学生以更积极的态度沉浸于文本中。

4.从学生的认识起点深入

包老师教《长江三峡》有这样一个环节：

本文语言有一个特色，就是运用了好多修辞手法，我们着重讨论比喻手法的运用。先把课文中所有的比喻句都找出来。

比喻句主要有：

(1)这一天，我像在一支雄伟而瑰丽的交响乐中飞翔。

(2)天空上露出一片金色阳光，像横着一条金带。

(3)船如离弦之箭。

(4)涛如雷鸣。

(5)一柱阳光像闪电样落在左边峭壁上。

(6)右面峰顶上一片白云像白银片样发亮了。

(7)绛紫色的山峰，衬托着这一团雾，真美极了。就像那深谷之中向上反射出红色宝石的闪光，令人仿佛进入了神话境界。

(8)两面巨岩，倒影如墨。

(9)近处山峦，则碧绿如翡翠。

(10)山如斧削。

(11)几只木船从下游上来，帆篷给阳光照的像透明的白色羽翼。

(12)有一细石耸立如一人对江而望。

(13)如果说瞿塘峡像一道闸门，那么巫峡简直像江上一条迂回曲折的画廊。

(14)船随山势左一弯，右一转，每一曲，每一折，都向你展开一幅绝好的风景画。

(15)突然是深灰色石岩从高空直垂而下浸入江心，令人想到一个巨大的惊叹号；突然是绿茸茸草坂，像一支充满幽情的乐曲。

(16)船只能缓缓行进,像一个在崇山峻岭之间慢步前行的旅人。

(17)船一下像流星随着怒涛冲去。

(18)当我们驶下崆岭滩时,果然是一片乱石林立,我们简直不像在浩荡的长江上,而是在苍莽的丛林中找寻小径跋涉前进了。

比喻的思维实质是想象;在想象合理的基础上,想到一般人想不到的东西,我们就说这个比喻富有创造性。大家看这些比喻,哪些可以说是现成的、常见的、我们也是容易想到的,哪些是我们不易想到、富有创意的。

学生的说法有些分歧,取基本共同的意见。常见的本体与喻体的对应有:飞快的船——离弦之箭,涛声——雷鸣,绛紫色的山峰衬托着云雾——神话境界,巨岩倒影——墨,峭山——斧削,快船——流星。富有创意的本体与喻体的对应有:游览长江三峡——在一支雄伟而瑰丽的交响乐中飞翔,帆篷——透明的白色羽翼,深灰色石岩从高空直垂而下浸入江心——巨大的惊叹号,绿茸茸草坂——充满幽情的乐曲。其他也基本上是容易想到的。

看富有创意的比喻,除了我们不容易想到这一点外,为什么说这些比喻富有创意呢?

学生直感反应是:它们更加形象生动。

教师追问:难道别的比喻就不够形象生动吗?

经过仔细地品味、讨论,最后形成了这样的认识:这些比喻富有创意,一是它们具有新奇感,二是具有冲击力。把“游览长江三峡”想象为“在一支雄伟而瑰丽的交响乐中飞翔”,三峡的壮美和作者兴奋、热爱一下子扑面而来;把阳光照射下的帆篷想象为“透明的白色羽翼”,秀丽的景象如在目前;把“深灰色石岩从高空直垂而下浸入江心”想象为“巨大的惊叹号”,非常别致、亲切;把“绿茸茸草坂”想象为“充满幽情的乐曲”,给读者广阔的想象空间,浪漫又抒情。

把描写瞿塘峡天空的比喻句归为一类,看看作者的审美倾向有什么特点。

当学生把这些比喻句集中起来后就发现,这些比喻句的喻体大多跟宝物有关,由此可以看出,作者的审美取向:宝物是“美”的替代品。

总体看,这些比喻与文章的总体内容有什么联系?

讨论归结:“在一支雄伟而瑰丽的交响乐中飞翔”是本文的核心所在,可以说是“文眼”。其他比喻都沿着作者对三峡特点的感受而生成,尤其是写巫峡、西陵峡的比喻。

比喻是作者镶嵌在文章中的珍珠，这些珍珠既独立地放出璀璨的光华，同时又推动着整篇文章气韵的流动。

比喻教学只是在比喻句的辨别、本体喻体、本体和喻体的相似点、比喻的效果是形象生动、深入浅出、通俗易懂几方面重复。这些知识对于比喻的鉴赏显得捉襟见肘，难以使学生感受到比喻的奥妙。从思维角度看，区分哪些比喻容易想到，哪些比喻不易想到，可以把作者的思维和学生的思维联系起来；从鉴赏角度看，引导学生关注有创意的比喻（在诗歌创作中，这些比喻被称为"远距离比喻"），可以使学生对比喻的认识更进一层，同时对比喻的优劣认识有了一个相对的标准；从创作角度看，学生可以通过捕捉前人的思维脉络，更好地运用比喻修辞，增强学生运用比喻的自觉意识。讨论有创意的比喻能够达到这样的效果，让学生对比喻语言有更深入的体会。从比喻看作者的审美倾向，意在引导学生透过语言看到"人"，还原语言的本质内涵。讨论比喻句与文章内容的关系，意在让学生明白比喻与文章内容相互谐调，比喻之美才显出光彩。

5. 写作指导：为了"唤醒"

写作指导教学生审题、立意、选材、结构等等固然有必要，但每一个学生的写作能力是潜在的，写作指导更需要"唤醒"。下面是包老师一个写作指导的案例。

来，我们先做个有趣的游戏。

你得准备一支笔和一张白纸，然后找一个闹钟——你的手机里就应该有，把闹钟设置到五分钟之后闹响。准备游戏：围绕着"责任"，你想到什么，把你所想到的一切写在纸上，要求是丝毫不停顿地写下去。不要去管什么章法，也不要考虑语句是否通顺，前言不搭后语也别去理它，字写得好差正误也不去理，不停地写下去便是。挑战一下自己哦，开始写吧！

……

数一数，五分钟不停地写，你写了多少字？速度够快的话应该会有300～400字，一般情况下也会有200～300字。这样的写作可以命名为"任意写作"。

在这五分钟里你不停地写，我也在不停地写，下面是我写的文字：

责任是什么？这是一个很难说的话题，人应当学会负责任，但负责任也是难的,有的责任你负不起,有的时候人家会强迫你负某个责任,其实这个责任不是你应该负的,那怎么办?一种是生气,指责人家把责任推到你头上,这恐怕不好。把不该背的责任背到自己身上,这也许很累,但这能赢得别人的尊敬,不,人家会说你窝囊。受人尊敬人人都希望的,但是几乎人人都不愿意承担责任,好像也不对,为什么会出现这种情况呢?是自我保护还是自私心理?人都有自我保护的意识,但过强的自我保护意识会把人拒于千里之外。

五分钟时间,写了231字,你可能会写得更多。这段话有的起了个话头但没有形成有价值的判断,这表明在头脑中并没有形成相对成熟的思想。比如开头"责任是什么"一句,这本是一个很好的命题,但在任意写作的情况下未能给出答案,那具体写作时顺着这个问题写可能就十分难写,除非在整理过程中对这个问题有了新的想法,否则,就不要硬着朝这个方向写作。把诸如此类未能形成有价值判断的话剔除掉,留下的是你心中的思想,"我笔写我心",写心中的思想,写起来就自如流畅了。据此,上面的话可以整理出如下判断:

(1)人应当学会负责任。

(2)要勇于负责任,敢于负责任。

(3)敢于负责任的人是令人尊敬的。

(4)推卸责任的人往往出于自我保护心理,要予以适度宽容。

(5)因为自我保护意识过强而遇责任就往外推,这种人会成为孤家寡人。

如果把这五句话连缀起来,就形成了认识富有层次、逐步深入的议论文纲要。这个纲要可以做这样的表述:

人应当学会负责任,不仅如此,还应当勇于负责任、敢于负责任,那种敢于负责任的人是受人尊敬的。但尽管这样说,只要不是大的原则问题,对于那些把责任往外推的人也应予以适度的宽容,因为许多情况下这只是出于自我保护而已。当然那种遇责任一味往外推的人,最终只会成为孤家寡人。

自然,为了使讨论的问题显得更简单一些,也可以取其中几点进行讨论,比如把(2)(3)(5)连缀在一起,便可以形成正反对照的议论主干。甚至可以就其中的一点,把它作为一个核心的论点深入讨论。

这是一次打开写作思路的指导,采用任意写作的方式让学生的思想来到前台,从而开拓了思路。打开思路需要思维方法,人们总结出诸如原点思维、多角度思维、侧面思维、逆向思维等等方法来指导他人打开思路。而实际上，只要人积极地思考，自然会采用种种思维方法，虽然他不知道这些思维方法的名称。同时，认识了这些方法，也不能保证思维顺畅，从而得出合适的思维成果。任意写作法让思维处于高度活跃状态，以这种活跃性检验自己头脑中的真实储存，更有实际应用价值。

6.写作练习：延长生命的触须

为什么作文？把这个问题推到学生面前，学生给出了如下答案：①不断练笔，提高写作能力；②学习写法，在考试中拿高分；③其实不想写，应付任务而已。学生的回答令人泄气。那老师又给出了什么答案呢？下面是老师给出的答案：①作文是高考的重头戏，要多练；②听说读写是语文基本技能，读与写尤其重要；③作文课的时间到了，总要安排学生写作文。老师的回答也令人泄气，师生回答实质上是一致的，作文是不得已要做的事情。而包建新老师以为，作文应是出于学生与自己、与世界交流的需要，作文是为了让自己更好地生活，作文就是生活本身，以此来设计作文教学才是理想的作文教学。

那年高一，第一次作文课，包老师在黑板上写下“星星眨着明亮的眼睛——感受自然节律”，以此作为上课的标题。用这样一个非常感性的标题，希望能够唤起学生对自然的想象、热爱、向往，而学生看到这个标题，也颇感新鲜。写下标题后，以下面一番话引导学生，希望能够唤醒学生对自然的感受：

> 大自然不仅多姿多彩，并且灵动多情，她以变幻的姿态、丰富的色彩、美妙的声音、细腻的触感、独特的味道，或静，或动，或浓烈，或疏雅，向我们传递着欢笑或哀伤，跳动或沉思，豪放或婉约……大自然的节奏与我们情感的节奏是多么的合拍。还是举个例子吧。大海的波浪轻轻地拍击着海岸，静夜之下，不徐不急，不轻不重，富有节奏地哗哗地响着，这是我们跳动的思绪，抑或是轻缓的华尔兹。海风加大了，波浪的哗哗声加重了，冲向海岸的浪峰升高了，这岂不是我们激动的胸怀？岂不是我们高昂的斗志？飓风摧动着海浪撞击在礁石上发出巨大的吼声，卷起的浪花四处飞溅。你愿意它是我们的豪迈，还是我们的愤怒与控诉？“自然”是有生命的，自然的生命需要你用心去感受，用情感去培育；“自然”是有语言的，它需要你用全部的精神与之对话。我们应当调动视觉、听觉、嗅觉、触觉、味觉等多种感官去感受自然，与自然交流，让自我的触须变得敏感而细腻。当我们发现阳光能照

进我们的心灵，星星会冲着我们眨着眼睛的时候，“自我”也得到了升华。

在这里，没有给出题目的审题环节，没有作文技法的指导，有的只是人生的体验和人与自然的沟通。

三、结语

了解包建新老师的从教经历，触摸他的语文教育思想和实践，可以形成如下结论：

1. 观念来自对现实的反思

反思能够使人在常规中解放出来，能够使人在习以为常的生存状态中走出来，从而发现新的天地，提出新的问题和新的观念。包老师在教育教学过程中体察到这样一种情形：当教育把一件事情做成功了，往往也把人的另一方面抑制了，而这另一方面对人却往往更有本质的意义。正因为这一点，他更关注人的自然力量，关注人本身的生长动能。语文本真教育的内涵在于对人的语文能力发展自然力的肯定和倚重，从“人”出发观照语文教育使语文教育更贴近心灵，使学生更能感觉到自身的力量。

2. 思想源自对本性的坚持

对现存状态的不满和怀疑是包老师的一个特点。学生时代，对把教学过程分为几个固定步骤的流行做法的不屑一顾和从教后对教学参考书提供的教学内容的怀疑，催生了他的想法。相信一个老师在年轻的时候，刚接触到工作领域，对于自己按照一定要求做的事或多或少会有些疑虑，是这样吗？一定要这样做吗？阅读该教这些吗？该这样教吗？写作该这样教吗？一定要坚持写才能写出好文章吗？……这些问题时常会冒出来，但往往没有坚持追问下去，而包老师却坚持了下来，他认为寻求事物的真相是难的，但不能把握真相的教育，做的恐怕是无用功甚至是颠倒了，因此需要不断寻找。也许借怀疑而生出的思想不一定合乎主流价值取向，但对本性的坚持就是对人生的交代。

3. 实践要有体现理念的自觉

包老师的“本真语文教育”与众不同之处是认为语文教育要“顺应学生听说

读写的言语潜能”,实践的个性也从这一点上显示出来。首先是相信学生的语文天赋潜能,并在教育教学过程中寻求师生精神的契合,这个相信与追求必然会形成一种教学姿态,那便是永远要努力站在学生的立场来思考问题,他认为教师不能以“塑造者”自居,即使“塑造”不可避免,也要从学生的潜能开始。由此出发,包老师在设计阅读教学时,把教师置于与学生相同的位置,尽量不以知识的传播者这个身份站在学生面前,教学的深入也从学生的认识起点开始,不“凭空”施予。而对写作教学,指导是为了唤醒学生潜在的东西,练习是丰富学生的生命内涵,写作教学不是围绕着技法的教授过程,而是学生的生活活动。从教学的态度到阅读和写作的具体教学,都体现着“顺应学生听说读写的言语潜能”这个宗旨,自觉践行理念的教学活动更有魅力。

4. 教育的核心在于对人的充分尊重

包老师的“本真语文教育” 核心是对人的充分尊重,对人的充分尊重也是一条教育的原则。对人的尊重首先是对学生的向善力量的尊重。有人说,教育的目的是促使学生向善,这话其实只说对了一半,从事教育的人应该相信人人都具有向善的本性,甚至是正因为这种向善的本性,教育才被赋予了意义,如果真的以恶意之心面对教育,教育会变得十分可笑。其次是对学生学习权利的尊重。表面看,并没有人去剥夺学生的学习权利,但从深层次看,教学内容不去考虑学生的实际需要,教学节奏超前于学生的心理反应,教学方法满足于教师的自我展现,课堂管理不顾学生的认同程度,凡此种种,都是对学生学习权利的剥夺。尊重人的教育是师生之间的和谐共振。

参考文献

[1]陈金才. 追求本真教育[M]. 北京:首都师范大学出版社,2011.

[2]包建新. 包建新与本真教育[M]. 北京:北京师范大学出版社,2014.

[3]余国江. 本真语文:叶圣陶语文教育思想的核心内涵[J]. 课程·教材·教法,2014(11).

[4]于红梅. 对“本真”语文教学状态的多维思考[J]. 语文教学通讯,2016(3).

体验论

袁湛江与“身心语文”

名师简介

袁湛江，宁波诺丁汉大学附属中学校长，全国著名语文特级教师，宁波大学硕士生导师，浙江省督学，教育部中小学校长国家级培训专家，国务院首批中小学教育督导评估专家，兼任国家教育行政学院、北京大学、北京师大、浙江大学、浙江师大五所高校特约教师校长培训专家。发表论文 100 多篇，编著书籍 20 余种，主持过国家、省、市级课题 16 项，近几年在全国各地讲学 200 余场次。出版专著《说一口漂亮的普通话》是大陆第一部面向中学生的汉语口语训练教程。

案例背景

《语文课程标准》明确指出：“学生是学习和发展的主体。语文课程必须根据学生身心发展和语文学习的特点，关注学生的个性差异和不同的学习需求。”语文教学能促进学生身心发展，语文教学也只有落脚于人的培养，发展学生的全面素质，才能真正完成自己的任务，实现自身的价值。

中国古代的教育可以说基本上是以语文学科为主体的教育，其实质是以人伦教化为核心的道德教育，通过礼乐诗书、经史典籍等“语文教材”的学习，培养温文尔雅、知书达理、有文化有教养的人才。孔子、孟子、荀子、韩愈、程颢、程颐、朱熹、陆九渊、张载、王阳明、曾国藩等是中国文化史上著名的思想家、教育家，也是语文教育家。这些教育家共同的特点就是关注教育者的身心关系，并由之形成传统中国教育的一条鲜明主脉。中国古代教育哲学中主导性的理论，不是笛卡尔式的身心二分理论，而是梅洛·庞蒂式的身心一体理论，这种理论把身心视为不能分割的生命整体。古人倍为推崇的“情”，则是这种生命整体的集中体现。也只有从“身心一体”的观念出发，我们才能够真正理解中国古代“惟情主义”的文化传统，认识到中国古代的种种“修身”理论和工夫的宗旨，以及这种“修身”与礼乐诗书教化之间的必然关联。

现代语文教育是我国现代教育体系中的一个基本组成部分，是我国近代以来效仿西方教育制度建立的现代教育制度的产物。这一制度基本上是以经典物理学所奠定的主客二分的科学思维模式为基础建立起来的，体现了近代工业社会追求功效的观念与科学主义主张机械决定论的特征。其基本特点是以主客二分的立场看待教育的知识内容与学习者的关系，即将知识作为独立于人之外的一个封闭的符号世界，将教育视作通过理性思维的过程认识、接受这个世界的秩序和法则。自夸美纽斯提出“把一切知识教给一切人”以来，这一认识论在西方成为主流教育思想，后继的赫尔巴特、杜威等学者都有新的发展。尤其是“凯洛夫教育学”把这一理论上升到马克思主义教育理论的高度之后，它对我国产生了极为深刻的影响。在这种教育理论下，语文教与学的过程就是以主客对立为基本存在论立场的一种特殊的认识过程，即学生在老师的指导下通过学习语言文字认识外部客观世界的过程。教学的任务就是指导学生掌握这个封闭世界的结构规律从而驾驭这个世界。语文课堂教学成为一种可以被科学地加以控制与调节的模式化公共性程序，语文教育中一切神秘难解、精微古奥、繁复深邃的东西都被严谨而细致的科学认知与分析精神所掩盖，甚至消弭。工具化的语言渐渐失去了诗意的生命活力，蜕变为口号式的、标签化的、凌驾于人精神自由之上的“符号暴力”。

语文教育在重视语文能力开发的同时，也必须关注人的发展，防止语文教育的失衡和异化，这是世界语文教育改革的共同课题，也是整个世界未来教育的发展趋势。教育作为“为人之学”，其“根”在于“身”。当现代教育已经蜕变为“灌输式”教育的时候，即对学生进行观念灌输、心智训练之时，人类教育已经走向了歧路。梅洛·庞蒂在《行为的结构》和《知觉现象学》这两本书中赋予了身体全然不同的哲学意蕴。第一，身体为“灵肉一体”。庞蒂利用实证科学，并运用大量的心理学和生理学的事实证明心灵与肉体的不可分割性。灵肉之间的关系不是西方传统哲学的决定式的，而是一种“模糊”、“暧昧”的关系，“身体”是通过与世界交往从而实现自身的，它是意义的“纽结”，是意义的“发生场”。第二,身体具有“身体间性”。“世界不仅仅是为我的,而且也是为一切在世界中向世界示意的人的[①]”。由于人的身体在结构上和性质上具有“同一性”,任何一个“他人”的“身体”中都包含了一个“我”的身体;反之,“我”的“身体”中亦包含了一个“他人”的“身体”。这种身体间性的推出,使我们之间广泛的社会交往和对话成为可能。人类也才能成为一个相互交流、相互观照、相互理解、心心相通的“共同体”,作为人类相互交往的产物——文化才能成为人类心灵交往的共同记印和符号。第三,身体即为语言和表达。身体具有意向性,使我们在意识开始之前,肉身化的身体已经直面现实世界。我们的思想在表达之前已经内在于我们的心灵之中,或者说我们的身体早在我们的表达之前已经处身于世界之中,在语言表达思想之前,我们的身体已经开始表达我们的思想了。一言蔽之,身体是教育活动的内核,教育离不开身体。“灌输式”教育压制了身体,身体的“缺席”只能使“近取诸身远取诸物”的“切身”体验缺失,由此转为运用“先验—本质—形式”领域的纯概念的逻辑推理演绎建构的知识系统,规划了学生的观念。因为学生个体经验的清除,致使他们缺少那种对世界保持“惊异”的感觉,尽管掌握了许多知识,却少了份“灵性”、“个性”。

身心语文不只是“以心言心”,更是“以身言身心”。教师所向学生展示的不再是单纯的知识,而是包纳了这意义的自己的身体。学生在课堂内学习的时候,并非是的单纯地学习知识,而是在等待着教师身体所呈现的世界的召唤,这一召唤能够激发学生身体所蕴含的体验,这一体验便是学生对世界的知觉,并在自己的身体中发现自己的意识、经验及身份。由此,身心语文是生活语文、情景语文、人本语文,让书本知识回归现实世界,语言文字中所包含的不是本质主义所谓词语的意义,而是一种言语的快感、身体的快感。教师和学生在自由状态下各抒己见,每次在听取“他人”的意见时,都仿佛是在进行一次愉快的身体旅行,在审美享受的同时感到“他者”的美好,最终孕育出“全新的果实”。教育者不是把受教育者视为外在于“我”的对象性存在,而是将其视为与“我”一样的主体性存在。学生不只是一种意识性的“我思”,更是一种“我能”,是一种显现生命活力的能动与受动的一体。没有这种能动,语言的世界只能是一个灰暗的记号与符号的世界。语文教学由此演变成了记忆之学、技能之学、训练之学,从根本上背离了人的精神发展而变成了精神发展的桎梏。

---

① 莫里斯·梅洛·庞蒂.世界的散文[M].杨大春,译.北京:商务印书馆,2005.154.

“身心语文”是对浙江省特级教师袁湛江四十多年语文教育教学经验的总结。在四十多年的语文教育中，袁老师一直深刻反省着主客二分的语文教育观念，检讨着渐渐背离了唤醒人的精神创造性的发展道路，探寻着离人的性情最近的最富哲理启示、生活情趣与审美快感的陶冶课堂，致力于把被静止的知识世界所遮蔽着的鲜活的存在揭示出来，实践着语言的心灵唤醒与生命力量激发的回归之路。随着教学实践的推展，可以看到袁老师在阅读教学、口语教学、文化教学三个方面有着突破性的创设。这一过程的生发，与袁老师个人的治学从教的历程密切相关，同时也体现着袁老师自始至终对于教学对象作为“人”的本体的关注。而袁老师的探索之路也成为语文教学在当代被深入解读的历史表征，显现着当下语文教育改革的一种可能路径。

案例赏析

一、“身心语文”与阅读教学

袁湛江老师出生于华北平原的燕山脚下，地域文化中敢于超越的燕赵风骨与对文化修养不断丰润的追求，为袁老师探究语文之路提供了充盈的动力。袁老师属于“文革”后最初的大学生群体。大学毕业后，他被分配到燕山腹地的一所重点中学——滦平一中任教高中语文。那里生活十分艰苦，但是民风淳朴，学风浓厚。学校集聚了一批优秀的教师，仅是出自北大、清华的高材生就有五六个，此外还有一批人大、师大、外语学院的毕业生。学校图书馆馆藏也很丰富。这些良好的人文环境都成为袁老师青年时期的成长养料。当时袁老师组建的青春文学社，以作文教学为河北省教研室瞩目。1990 年，他被调到全国示范性师范学校——承德师范学校任教，教学《语文基础知识》，同时开设“播音与主持”、“英语口语”两门选修课。这两门选修课广受学生欢迎，门庭若市，这让袁老师对语文课程建设产生了深入思考。

1996 年，袁老师举家南迁，从避暑山庄承德来到江南水城宁波，以人才引进的方式加盟改革开放以后全国第一家教育集团——浙江万里教育集团。万里“自强不息、开拓进取” 的文化激励，灵活的办学机制，给了他第二次创业的激情。他与来自全国 24 个省市教坛精英和谐共事，燕赵文化与吴越春秋珠联璧合，袁湛江老师推开了自己语文教育的深入研究之路。他最初的用力点就是语文教学的核心区块：阅读教学。袁老师通过对阅读方法与习惯的比较研究，探索了既可以大面积提高阅读效率，又能兼顾到个性化解读的规律与途径，提出了“三点式阅读教学”策略。相关的学生阅读训练系列用书，由上海教育出版社出版，在语文界产生了一定的影响。

“三点式”阅读策略是一种探索阅读规律和方法的阅读教学体系。经过多年探索实践，袁老师把学生阅读的目标和阅读教学的流程整合为“三个支点”——“信息点”、“兴趣点”和“质疑点”——以引导学生的阅读，并指导教师的教学。

“信息点”，就是引导学生在阅读文本过程中捕捉并筛选出最有价值的信息。这是阅读文本最基本的要求，是阅读最直接的目的。这一训练过程主要培养学生提高阅读速度、准确把握要点的能力，并试图以此构建学生阅读能力的“最近发展区”。

“兴趣点”，即学生在阅读中发现自己最感兴趣的问题或是最打动自己的地方，并将产生兴趣的原因上升为理性的思考。找到“兴趣点”往往就能激发学生的兴奋点，这是文章阅读的高潮，是充满激情和审美的过程。

“质疑点”，是阅读教学中要关注的第三个点，也是制高点。“质疑点”分为“不解之疑”、“不明之疑”和“不满之疑”三种类型。“不解之疑”就是学生在阅读过程中遇到的不懂的问题，“不明之疑”就是学生似懂非懂、不甚明了的问题，“不满之疑”就是学生在阅读文本过程中提出批判的问题。前两种是教师在阅读指导中首先要解决的问题，最后一种是阅读中最有价值的问题，它往往可以把阅读教学的效果提高到最佳境界。学生的不满，可以是对教师解读文本的不满，也可以是对文本本身的不满。

阅读教学是以文本为载体的多元主体的对话。其历史性和时代性、不确定性和生成性使教师、文本、学生三者之间构成了多元复杂关系，作者、师生与阅读教学中所呈现的隐性社会性主体之间的冲突与交流，形成了意义对话与生成的理解关系。语文课程标准明确指出：“阅读文学作品的过程，是发现和建构意义的过程”，应鼓励学生批判质疑的精神；“尊重学生个人的见解”，应鼓励学生与教师、文本对话，提倡师生之间、生生之间、生本之间的“对话”和“交流”；“逐步培养学生探究性阅读和创造性阅读的能力”，应提倡多角度、有创意的阅读，利用阅读期待、阅读反思和阅读批判等环节，以保护学生的阅读积极性、创造性。但传统阅读教学的模式，明显缺少三方面的拓展：一是缺少对学生阅读思维空间的有意延展，二是缺少对学生阅读心理活动的特别建构，三是缺少阅读内潜智力的用心开发。传统阅读教学往往将固定的知识点及知识结构，以及他人的分析作为理解的逻辑起点与归宿，致力于对文本的“唯一”理解做“圣经”般“宣讲”。而新课程背景下实践开展的阅读理解，也往往没有走向真正意义上的本体论理解观。过度张扬的个性体验使得教师与学生对文本的理解脱离了教育价值与作品精神价值的方向，发散游离的观点衍生出背离主体间对话的精神实质，产生了错位与混乱的意义世界。这些阅读教学的扭曲根源在于我们没有从根本上摆脱阅读教学中二元对立的思维方式。

在袁老师设计的阅读模式中，“信息点”、“兴趣点”、“质疑点”三点是一个有机的整体。“信息点”是最基本层面，体现知识与能力；“兴趣点”是主体层面，是激发学生阅读兴趣的重要切入口，体现审美过程和情感态度；“质疑点”是最高层面，体现思维方法和价值观。“三点式”阅读策略简约却又丰富，兼顾了学生心理特征、教师教学操作、文本解读规律等多方面因素，具有较高的科学性。在这个阅读教学过程中，学生的阅读状态在课堂之外还有两个途径可以进行反馈和调整：第一，教师可以通过“阅读笔记”与学生交流，这样教师对学生的三个“点”掌握到什么程度就做到了心中有数；第二，每周利用一节语文课就本周阅读的内容进行有深度的交流。因为个人的基础和阅读的感受不同，“信息点”、“兴趣（鉴赏）点”、“质疑点”的具体内容都会有很大差异，大家可以在交流中互相启发。教师不再是“传道授业解惑”者的角色，而是平等中的首席，阐述自己的阅读体会，完全是个性化的，不代表课本，不代表标准答案，也不代表真理，而是只代表个人对文本的独特理解。师生之间常常会出现激烈的交锋，而交锋的过程就是交流的过程，师生在据理力争的辩论中梳理或提升自己的理性。当然教师也没有放弃自己的角色，只不过将其作用从显性变为隐性，表现为最大限度地挖掘学生的阅读潜力，尽可能使那些有价值、有个性的观点得到发表的机会，给大家的阅读带来启发，并且鼓励那些不善于表达的同学发表自己的见解，培养他们的自信心。这样的阅读交流，摆脱了传统的课堂教学模式，互动感强，气氛融洽，学习效率高，凸显出潜藏在阅读过程中的人文精神，最大限度地体现对学生个体及其个性的关怀。

以教学鲁迅小说《祝福》为例，当时袁老师就祥林嫂改嫁将头撞了个大窟窿这一情节，指出封建思想对祥林嫂毒害之深，以至于她不自觉地不惜用鲜血和生命为代价去维护置她于死地的封建礼教。话音未落，一位同学举手示意，表示不同意老师观点，袁老师鼓励她说出道理。学生说："祥林嫂历经第一次包办婚姻悲剧之后，已经逐渐觉悟，反抗意识开始萌芽，离家出走到鲁镇打工就是个明证。所以，再次遭遇绑架为婚，拿人不当人，自然会遭到祥林嫂的反抗。她的反抗无非表明：婚姻是我自己的事，如果没有感情的婚姻宁愿没有婚姻，所以她的撞头行为不是守旧而是维护自己尊严的一种反抗。"她的发言赢得了同学的掌声，袁老师也给了她掌声。显然，学生的理解为祥林嫂平添了许多现代女性的思想，其中虽有需要纠正和分析的地方，但在"三点式"阅读教学中，这样有助于深入理解作品中的形象和意义的质疑和思考，得到了尊重与理解。随着教学的深入，学生越来越深刻认识到以夫权、族权等为中心的封建礼教对于祥林嫂的束缚与缠绕。回到作品所处的特定时代，学生又形成新的质疑，重新反思祥林嫂的撞头举动，认识到祥林嫂悲剧性的根源：自溺其中，无法自拔的可怜与可惜。这也是祥林嫂人物形象的典型意义所在，小说鉴赏的要义所在。

也就是说，学生理解文本是体验性理解的过程，透过对对象性文本的点线面的理解，走向更深层次意义上的理解；是以"前理解"为基础的精神相遇历程，表现出体验中的"解释学循环"过程，并不断创生新的意义。"三点式"阅读教学突出了阅读过程中的三大关节点，尤其关注在充分认识文本意义空白与意义未定性价值的基础上，运用"召唤结构"阐释文本意义与丰富文本内涵。以质疑的方法论为取向，正确认识"时间间距"的本真意义，抛弃原有的一切"假象"、"偏见"，从"心"体悟作者，重建"自我理解"。质疑体现了一种多元的视域，不因师生之间的目的性不同、视角和思维过程的差异而表现出观点和思想的不可调和，而是在关系互动下的理解共生。这种开放的互动关系，不仅体现了观点和思想的多元与交锋，更体现了相互理解基础上的意义重构，教师通过对产生的多元意义予以理性指导，在不断接近文本意义的基础上拓展意义的生成与规范。其过程与结果展示了不同视域之间的融合，包括师本、师师、生本、生生与师生视域融合等。在多元视域融合的实现过程中，产生出一种新型的师生关系。"三点式"阅读教学最终指向的是"以人为本"的价值观。

从 20 世纪 90 年代中期开始，袁老师用十年时间连续搞了三轮高中实验，深入探索阅读规律，试图建立一种旨在培养学生良好的阅读习惯与科学的学习方法的阅读范式。从第二轮开始，陆续有一些同人参加了这项阅读实验研究。2000 年以后，全国已经有一百多所学校参加了这项实验研究，业内普遍认为该项训练大面积地提升了阅读效率,特别是对学生个性化阅读空间的开发和向度的把握上实现了有机的融合。王尚文、巢宗祺、张定远等老一代语文专家对该项研究也给予了充分的肯定。袁老师在实践中提炼出来的"三点式阅读模式"在语文教学领域产生了一定的影响。

二、"身心语文"与口语教学

现代语文教学面临着这样一种尴尬的现实:越来越多的学生越来越不会说话。主要表现为:第一,缺少表达的欲望。尤其是在公众场合,需要自发或者自由地表达自己的思想情感时,愿意站出来的是少数人,多数学生只是看客,甚至是无动于衷的看客。第二,缺乏表达的勇气。不愿意站出来说话的一部分人或者大部分人,其实不一定是缺乏表达的欲望,而是自信心不足,因而缺乏表达的勇气。第三,表达能力不足。心慌气短、手足无措者有之,张口结舌、语无伦次者有之,词不达意、自相矛盾者有之,滔滔不绝、空洞无物者有之,文不对题、漏洞百出者有之……凡此种种,不一而足,其实都可以说是语文教学一种身心相离的失败。但目前大多数学校和大部分教师根本就不把学生的说话(口语)能力的培养作为语文教学的一项任务,原因是高考不考。只围着高考指挥棒转而不管学生终生发展的现象引起了袁老师的深刻反思:一方面高考改革迫在眉睫,创新型人才的选拔机制和培养体制呼之欲出;另一方面,我们应该认识到,作为语文教学的主要任务之一,口语表达在日常生活中比书面表达使用频率更高,因此也更重要。既然说话是现代人最重要的交际能力,那么培养学生的说话能力应该成为语文教师的使命。

鉴于语文教学中出现的这些问题,近十年来,作为浙江省普通话测试专家的袁老师又将语文研究的主要精力转移到口语训练上,开发了播音与主持、校园脱口秀以及诵读、复述、演讲、辩论等系列口语选修课,并在2014年出版了国内第一部面向中学生的口语训练教程《说一口漂亮的普通话——中学生汉语口语教程》。

袁老师根据中学生的心理认知规律和汉语口语训练的内在逻辑,按照由浅入深、环环相扣的规律,在高中三年的时间里将口语训练分为六个单元(每学期一个单元),每个单元主攻一个口语训练项目,这样就形成了系统的语文口语训练课程。袁老师的口语训练实验的基本框架是:将最常见的几种口语训练形势依次排列:诵读—复述—演讲—辩论—采访—主持—讨论—诉求。每种训练形式由“目标系统”、“操作系统”和“评价系统”三部分组成,在三个系统的支撑下,构成一个一个相对完整的训练项目。一个项目训练完成,进入下一个训练项目。经过中学三年的系统训练,中学生可以达到比较理想的口语交际水平,如表1所示。

表1　宁波万里国际学校高中语文口语训练实施简表

顺序	内容	目　标	操　作	评　价
第一单元	诵读	1. 姿势正确 2. 语音准确、清晰 3. 节奏合理 4. 感情饱满 5. 表情自然、体态合理	1. 期中以前抓朗读,期中以后抓朗诵 2. 各班要专门拿出一节课,作为朗读和朗诵的引导课,对学生提出明确的相关要求 3. 语文课中重点训练,加强指导 4. 年级分别在期中前和期末前举行朗读和朗诵比赛	1. 朗读人人过关,作为语文期中考试成绩的10% 2. 朗诵人人过关,作为语文期末考试成绩的10% 3. 年度举行朗诵大赛,为优胜者颁发证书
第二单元	复述	1. 忠实于原作 2. 用自己的语言表述 3. 符合体裁和题材特点 4. 内容有逻辑性 5. 体态语言自然	1. 学期开始开设一节复述指导课 2. 在阅读、观看和倾听中注意训练捕捉、筛选信息的能力 3. 掌握速记的常识 4. 学会概括要点 5. 抓住精彩瞬间 6. 体现题材和体裁特点	1. 教师在课堂教学中,通过“及时再现”的方式评价、引导学生的识记方法和口语习惯 2. 面对共同的视听材料,采取分组复述的方式,学生之间互相评论,共同探索复述的方法 3. 通过学期考评的方式,学生分别复述,教师给予点评并打出成绩,作为期末总成绩的10% 4. 评选最佳复述同学
第三单元	演讲	1. 发音正确清晰,语流自然顺畅 2. 表情自然,动作得体 3. 有针对性 4. 有鼓动性 5. 有条理性	1. 学期开始开设一节演讲指导课 2. 课前3分钟演讲:第一轮自由演讲,第二轮限题演讲,第三轮即席演讲 3. 举行年度年级演讲比赛	1. 平时演讲记成绩,三轮总分之和作为期末考试的10% 2. 给在演讲比赛中获奖的同学颁发证书并适当加分

（续表）

顺序	内容	目　标	操　作	评　价
第四单元	辩论	1. 观点明确，条理清晰 2. 语音清晰，语流顺畅 3. 语言简洁，干净利落 4. 反应敏捷，针对性强 5. 引用得体，生动幽默	1. 学期开始开一节辩论指导课 2. 课堂上引导学生敢于质疑，但要言之成理，言之有据 3. 每月在班级内组织一次辩论活动 4. 本学期举行一次年级辩论大赛	1. 辩论赛成绩作为期末考试的 10% 2. 给辩论大赛获奖同学颁发证书并适当加分
第五单元	采访	1. 明确的目的 2. 清晰的思路 3. 巧妙的切入 4. 善于倾听 5. 深度挖掘	1. 学期开始开一节采访指导课 2. 每月看一次经典采访并点评 3. 半个学期组织一次采访活动：第一次在校内，第二次到校外 4. 对典型的采访录播并评奖	1. 根据两次采访成绩纳入期末考试成绩的 10% 2. 对录播入围者给予加分
第六单元	诉求	1. 养成与人分享幸福、排除抑郁的阳光心态 2. 学会倾听与担当 3. 学会变换角度考虑问题 4. 能够恰当的表达思想情感，必要时能够求助	1. 学期开始开一节沟通指导课 2. 保持同学、师生、家长之间的正常沟通，学会利用人力资源排除心理障碍 3. 看一些经典性的谈话节目，起到调节和提高的作用	评选人气指数最高的同学，分析挖掘他们善于与人沟通的优秀品质，发挥榜样作用，引导大家和谐相处

以 2013 年 10 月 24 日袁老师在浙江师范大学附属中学执教的一节口语训练观摩课——“复述”训练指导为例。当时恰逢师大附中举办学校运动会，上课的是由各班没有参加运动项目的同学临时组成的一个班级。课堂上，袁老师并不急于进入主题，而是和学生一起做了一个通过耳语传递信息的游戏，在所有学生都沉浸在游戏乐趣中的时候，袁老师告诉学生，刚才大家所做的游戏，语文口语表达的术语就叫“复述”。可见复述并不陌生，生活中常会用到，这一下就拉近了学习内容与学生之间的距离，增加了亲切感。接下来，袁老师对于“复述”的知识阐述有两个与众不同的特点：第一是在学生活动的基础上形成的对

知识的认识;第二是发动学生自己总结出来,给学生带来一种建构的机会和创造的喜悦。复述的方法是主要教学活动。袁老师选择了浙江省普通高中课程改革文件、古典名著《红楼梦》中林黛玉进贾府片断、当代青年诗人扎西拉姆·多多的一首小诗《班扎古鲁白玛的沉默》等五个不同类型的复述材料,引导学生在不同的复述材料中找到相应的便捷的复述方法,即"抓要点,找特征,寻规律,理思路,看对象"。最后以莫言先生在瑞典皇家学院的演讲片段——我的母亲等两个材料的复述作为练习结束。整个学习过程充满了学生探索的兴趣和发现的快乐。特级教师褚树荣老师评价这堂课:"大处着眼,小处放手,预设与生成兼顾。从教学的主要环节来看,重点放在复述的规则和方法指导上,尤其是方法的指导上,有道理有技巧","不仅仅是一种技术训练,而是基于现代视野、教育情怀和教学现状的课程建设"。

口语是以人自身为载体,直接与他人的交流,是灵魂与灵魂之间神圣的撞击。袁老师所培养的口语能力并不是指朋友们聚会时的海吹神聊,也不是指信口开河做表面文章。而是借助文本媒介与范例的外在文化形态,引发了学生个体生命内部新质的情智活动方式,实现促生动词性知识的课程价值。袁老师的口语教学本质上是一个人性合作——人性产出——人性张扬的过程。其课程论首先表现为身体的在场,师生以人性合作的主体语言实践;二是拒绝"语言学知识"或"言语技能"工具论的物性异化,强调身与心的一体。袁老师口语教学的开发价值还体现在教学资源的拓展上。袁老师赞同美国教育家怀特所说的"语文的外延就是生活的外延",将丰富的现实内容导入语文课堂。当然,这并不意味着教学内容是信手拈来的,而是需要精心选择的。其选择的标准在于能否促成人的情智活动方式的自觉与自为,即主体心灵机制的陈述的、程序的、方法的、策略的、默会的诸情智要素的活动方式对生产主体语言的基本方式、基本规律、基本法则的自觉与自为。它内在于个体生命而自然构成动态的开放体系。

马克思主义认为,"人与世界的原初关系"和"人的活动方式"囊括于人的生存实践,因而真正能够代表"人的活动方式"的,只有生存实践中"生产主体语言的主体生命过程"。"人"不仅仅总是体现、肯定在这一过程之中,而是在这一过程之中被生产出来的——人的各种木质能力的发展,即"生产主体语言的主体生命过程"的发展。从这一意义上讲,袁老师的口语课质的内核就是不断优化建构"生产主体语言的知识体系",从而推动学生作为个体的人的发展,这一探究的实质是将主体语言实践作为语文课程的本质属性。浙江师范大学教授、浙派语文教育研究中心主任蔡伟评价:“该课题以口语交际为语文教学之枢纽,符合母语学习的基本规律,可以说它开辟了一条语文教与学的新途径。这一研究本身就是一种崭新的语文教学模式建构,是一种具有开创意义的语文课程具体形态的设计与实施。它不仅通过大量的口语实践活动提高了学生学习语文的兴趣,提升沟通意识和表达能力,唤醒学习内驱力,而且首创了一种操作性强、便于推广的口语训练系统。”于漪老师赞扬:“满怀激情地培养倾听、口语表达和应对能力,具有文明和谐地进行人际交流的素养,不仅为日后了解世界、融入社会、生存发展拓展了无限的空间,而且可真切品尝到音美以感耳、义美以感心的无穷乐趣。”

为此,袁老师多方努力推动语文听说能力测试纳入高考。当今时代,从理念上来说,“以人为本”的教育观念已经深入人心,个性化教育已经得到越来越多的有识之士的认可,课程的多元化、考试内容和形式的多样化,已经成为一种趋势。从教育实践上来说,听说读写的能力训练一直是语文教学的主要任务,在课程改革深入发展的今天,更多的语文课堂开始呈现听说读写百花齐放的状态。袁老师认为可以借助高考的导向功能,为健康的语文教学鸣锣开道。

三、“身心语文”与中国语文

1904年以前的古代语文课程是一种建立在“儒家政治思想教育的基础之上”的教育,是一种“以教化为基石”、“以教化为立足点”的“教化本体存在”。汉语文教材文化曾是世界上最先进的人类文化,被周边国家及世界各国视为榜样。而随着时代的发展,文化的中心从东方转移到了西方欧洲及美国,“现代化”成为中国的追求,语文教材文化发生巨大转折。首先是文言系统的转折,文言文从教材中心驱赶到边缘地位,其次是“拼音字”运动与西方语法体系的引入对汉语语言及语法体系的影响,再次是经学教材的退出。

语文教育独立设科后,因社会的发展对人的才智要求愈加迫切,以‘教化’为主旨的语文教育,让位于以智能为本体的语言文字教育。这种以智能为本体的语文课程一反传统“重道轻文”的倾向,以语文能力训练、开发智能为本,注重语文在学习工作和社会生活实际交往与沟通方面的工具属性。尤其是受应试教育影响后，语文课程越来越向着实证性和功利性方向发展，几乎成了脱离主观世界的“纯客观”、“纯理性”的课程。这种现象表现在语文教学中，不只是强化、深化语音、文字、词汇、语法等与语言物质外壳相关的理性内容，甚至将一些意识形态方面的非理性的内容如阅读理解、写作等理性化。工具性实际成为一种制约人身心一体发展的强权，引起了人们对“语文教学不应忽视人文教育，应该加强人文性”的大讨论。

实际上，语文教材的去中国化，已带来了系列问题。白话文以它的大众化、口语化贴近生活，贴近群众，有它的文化优势，但同时因口语而粗俗，因大众而劣质的语言现象也日见明显。此外文言能力的弱化导致众多中国文化典籍无法继承，加深了文化的断裂。以拉丁文为模本而开始的拼音及语法体系的建立，弥补了汉语语音切音字的模糊，也明晰了语法体系的混杂。而以表音体系的文字规律来套用表意体系的文字，驱除了文字及语音中蕴含的民族形式，明显出现弊端，一定程度上动摇着中华民族的文化根基。经学教材一直是汉语文教材文化的支柱，尤其是“四书”、“五经”对中国人文精神的养成、民族气节的培养都有着不可估量的作用。可以说，没有了经学就没有中国文化，没有了经学就没有中华民族，驱逐经学的语文教材失去了经史的厚重，常常沦落为某种意识形态的工具。

语文教材文化的特质首先应是中华民族精神与人格的表征。语文比其他任何学科都更应该在学生人格与民族文化、传统的养成上倾注精力，因为学生的思维、情感、意志、价值观等无不受制于语言的习得，文化的习得。首次表述语文课程与文化关系的为 1996 年《全日制高级中学语文教学大纲(供实验用)》，其中阐述：“语文是最重要的交际工具，也是最重要的文化载体。”《语文课程标准》则明确指出：“语文是最重要的交际工具，是人类文化的重要组成部分，工具性和人文性的统一是语文课程的基本特点。”从“最重要的文化载体”到“人类文化的重要组成部分”，新课标凸显了语文课程的文化本体品性，即语文课程既是一种文化载体，也是一种文化的构成。这对语文课程来说，是一次质的飞跃。

袁老师认为：“只有认清‘自己是谁’、‘从哪里来’、‘到哪里去’，才能把握自己的文化特质，才能针对自己的学生需要，制定先进的教育理念与合适的教育策略。”

作为一位特别钟情于中国传统文化的语文特级教师和名校长，他充分运用自己在专业和管理上的威信和影响力，将他对传统文化的承继，作为个性化学校创建的重要抓手。他近几年最用心的一件事是组织全校骨干教师及全国知名学者，策划并实施了以全国中小学教师为主要读者对象的《中华文化百问》一书的编写。该书以国学探究为中心，打破学科壁垒，统筹所有学科的课程研制，实现中小学教师国学素养养成教育的系统化，全力推进普及并深入继承国学精髓的现代化进程。这部书的内容既包括文、史、哲、经，也包括理、工、农、医，还包括礼仪、服饰、音乐、舞蹈、美术、民俗、饮食等不同领域的学问。在呈现方式上，不仅有系统的知识阐述，而且有脉络的梳理和构建，便于读者对相关领域的总体把握；在编排体例上，不仅有互动性的参与，还设计了针对小学、初中和高中不同阶段的学生国学教育活动，为读者的理论学习、思考探索和实践活动搭建了一个对接的平台。这在部书中，传统经史之学置于首要位置，分别为“第一章：思想管窥”、“第二章：史学纵横”。“思想管窥”部分包括“经学光辉”、“老庄道家”、“释家禅宗”、“法家学派”、“哲学纵览”等，“名学纵横”包括“读史备要”、“史籍钩沉”、“历史视角”、“官职演变”、“方志族谱”、“教育史话”等。而这部书的“第三章：文学散步”则与传统教材对中国文学的切入不同，分为“诗词曲赋”、“散文精华”、“小说创作”、“戏曲杂剧”等。对于汉字的解读，也超出了对“拼音及语法体系”的关注，介入了“训诂”、“音韵”等部分内容。其他与语文相关的还有“艺术精粹”、“生活撷英”、“民俗大观”等章节，从中可以明晰地觉察到文、史、哲的大综合传统大语文观，体现的是一个民族文化的全部，而不是它的一部分。策划编写这样一部跨越学科的传统文化精华丛书，不仅需要实力和智慧，还少不了勇气、勤奋和坚持，以及对中华民族传统文化的理解和热爱。

文化必须由教育而产生。任何发明、发现，只有通过教育，才能广泛传播，从而形成群体观念，获得社会共享，演变成文化。文化要实现传承，注定要把教育作为生命载体，从教育中获得活生生的生命搏动，吐故纳新，成长发展。从这意义上看，袁老师新课程改革，并不是一件孤立的事件，它是在中国经济改革几十年，经济迅速发展的基础上，在经济全球化和国际交流更频繁的大环境下，在国人思想日渐开放和多元化的背景下发生的。其《中华文化百问》符合教育、教材发展的历史趋势，符合文化发展的时代要求，既是对高中语文教材的文化拓展，也是对当下中学教育中华文化教育缺失的弥补。

在教学实践中，袁老师更为注重语文课堂如何彰显文章本身的审美价值和文化内涵，建构传统文化气韵生动的课堂对话。以 2006 年 4 月宁波市教育局教研室举办的名师研讨课,袁老师执教的《道士塔》为例。这堂课主要展示的是在品读文本的过程中,如何抓住关键词语,引导学生走进文本,形成与作者的对话。最核心的讨论,即"质疑点"在"谁是莫高窟国宝流失的千古罪人(最可恨的人)"与"我们的民族长期被动挨打任人宰割的根本原因在哪里?"上。袁老师总结学生的四派意见,一是恨王(道士)派,二是恨官(员)派,三是恨洋(人)派,四是其他观点。他请同学们从文章中找依据,并依次发表自己的见解。最终将讨论定焦在"中国的荣耀和耻辱将由这个洞穴吞吐。这是一个巨大的民族悲剧,王道士只是这出悲剧中错步上前的小丑"一句中"洞穴"、"小丑"两个词的解读上。学生们最后形成这样的共识:"如果一个悲剧只是由极少数人造成,那这个悲剧就可能是偶然的。我觉得这个'巨大的民族悲剧'是必然的,不能把责任归到个别人身上。王道士是可恨的,但他充其量只是一个小丑,无法担当毁灭民族文化的罪责;外国掠夺者也是可恨的,但他们毕竟是外在因素;中国的满清官员是昏庸腐败的,但是他们也仅仅是这个社会的一个个表面上的符号而已。""我觉得是整个民族都已经麻木、昏睡了。你看,当时举国上下,无论下层百姓还是上层知识分子,没有一个人意识到这些瑰宝的价值,即使是有知识、有权力的叶昌炽,也不过朦朦胧胧有所感觉。而相比之下,西方那些敏锐、富有牺牲精神的探宝者让糊涂、慵懒的中国人相形见绌!当整个民族都沉沦了,才能够叫一个民族的悲剧!""余秋雨批判的矛头,不仅仅是一些台前的小丑,还有小丑身后的社会制度,以及社会制度生存的土壤——落后的文化意识"。袁老师一方面指导学生获得一种科学的阅读方法,一方面致力于让学生对教材形成独到的见解,并以两者的一体融合,实现对传统文化的重新建构。

袁老师主张经典需要重读。在袁老师《重读经典——关于经典阅读的对话》一文中指出:"重读经典,是对本民族文化的深刻认同,是一个人能够与商业社会保持一定距离而不致完全陷入其中的基本保证。一方面是个体通过文化进行群体认同的过程,另一方面也是文化借助于个体得以实现、延续甚至进一步深化其自身的契机。一种文化如果要绵延不绝地存在下去,少不了一代一代人的用心继承与精心发扬,因此重读经典不仅是个体提升精神状态的需要,也是个体进行民族认同的责任所在。关于生死、爱憎、美丑、善恶的题材既是文学作品写不尽的宏大母题,也是人类对自身命运世代深思省察的永恒命题,所以重读经典一定会常读常新,魅力无穷。"袁老师认为,一个人在阅读经典作品的过程中没有遇到任何障碍一帆风顺地把握原意几乎是不可能的,所以有质疑、有争议、有困惑都是正常的现象，但要对此有挑战的激情和勇气。而正是在重读之中，包括审美情趣、文学修养、传统道德观与价值观、民族精神、家国意识以及个全和民族的使命感在内的等优秀中华传统文化得以内化，从而“诚于中，形于外”，由诚意、正心通向修身，向着身心一体的生命化境回归。

语文教育归根结底是“人”的教育。马克思始终认为人的全面发展是“人以一种全面的方式，也就是说，作为一个完整的人占有自己的本质”。人要成为全面发展的、多维的人，就必须全面而合理地摄取文化价值，消化于生命意识之中，获得人生意蕴的全面体验，丰富生命的内容，陶冶灵魂和人格，从而达到个体生命的全面唤醒。教育的最终目的不是传授已有的东西，而是要把人的创造力量诱导出来，将生命感、价值感唤醒。袁老师语文课堂所包含的文化唤醒，实质是从知识传授转向文化育人，用文化教育的方式促进学生在知、情、意、行等方面的全面发展，将学生培养成具有文化意识、文化眼光、文化品位的人，培养具有丰富的审美情感和健康向上的价值观的“中国人”，培养成具有中国特质文化认知结构和文化创造能力的人。对于中国语文来说，最终通过语文教材与语文教学的文化回归，实现对当下唯知主义风靡下人类“以心控身”的生命异化教育现状的反拨，体现人类对自身的一种和谐而完整的生命追求，一种生命理想的憧憬和热望。而对中华传统文化的关注，旨在从文化本体论的视角赋予语文课程缺失的文化本体地位与文化自觉意识，避免语文课程淹没于当代浩瀚无边、五光十色的多元文化之中，被动地充当复制、传递文化的工具，最终导致自身文化本体的迷失。

四、结语

袁湛江老师的“身心语文”不在于讨论身心关系的哲学思辨，而是强调“身心一体”的语文教学价值指向。人类之身不仅是一种既定的血肉之躯，更是一种使生命欲望、生命意图付诸实现的现实活动，即一种生命意向的具体体现。身和心都统一于“人”这一概念之中。由此，“身心语文”把教育者与被教育者看作是一个有血有肉的存在，是身心如一的完整的个体，是作为一个实践主体，在自己的生活过程中实现自己的本质。对于语文教学来说，超越知识、技能等往往以现成的、固化的面目出现的外在内容成了学习的目的，转化为人生存的一种过程，人与世界相处的一种方式。在这个过程中，个体的思考、体验及其自由表达成为学习的核心，学生的思想、理念、想法必须借助于身体或身体的行动、动作才具有直接的现实性。学习不是学习者个体自我封闭的思考，而是处于“学习共同体”中的学习者在关注外界的人、事、物中感受人的社会性，实现意义的社会协商与建构过程。“身心语文”强调课程的“人文合理性”，高扬受教育者的主体人格，以“对话”作为基本实现方式，寻求师生在认知领域的“共生共存”的和谐状态，最终指向人的精神世界的丰富性和独特性，恢复人的创造性，恢复世界的复杂性，使学习成为个体解放的力量。

由此，“身心语文”是一个文化、人化的动态开放体系，把人置于实际生存的世界之中去体验、反省、批判、创造。“身心语文”指向阅读教学，去掉了贪高、求全、程式化的成分，以适应学生的发展需要。“三点式”阅读常常以“中心开花”、“后发制人”、“一字生辉”等多样方式，引导学生积极参与，创造阅读教学的最大价值。“身心语文”指向口语教学，其特点是对智能和技能培训的超越，注重非智力因素的培养。人的信念与意志、正确的价值观、对自我的觉察能力，以及对自己的发展愿望等，成为言语生命自我实现至关重要的关切因素。常常选择一些学生感兴趣的、贴近生活的话题，采用灵活的形式组织教学，打破课内外的界线，创造良好的语境，使学生随时在感受语言和言语，在潜移默化中习染渐悟，从中“习得”，逐渐成为一个说话有思想、有内涵，表达有技巧、有策略的“文质彬彬”的人。

“身心语文”赋予了语文课程意义生成的开放形态和自主建构的生命形态。因为对人的高度关注，“身心语文”最终必然向文化课程开拓。而由于“身心语文”听从的是自身的文化要求，不是其他外在的要求，所以它遵循的是语文自身内部的文化规律，而不是外部的社会控制法则。选择传统“中国语文”的回归，既是赋予了语文课程内在的、自主的文化品格，文化主体地位与文化建构属性，同时也是语文课程在多元文化的格局中，走向文化反思、批判与建构之路，最终指向有着共同文化基因的“文化中国人”的培养。

参考文献

[1]张学智.中国哲学中身心关系的几种形态[J].哲学研究，2005(5).

[2]陈弦章.中国语文百年的文化思考[J].漳州师范学院学报(哲学社会科学版)，2004(2).

[3]张再林.中国古代哲学中的身心一体论[J].中州学刊，2011(9).

[4]潘庆玉.试论语文教育的存在论方式[J].教育研究,2008(1).

[5]曹明海,张秀清.语文教育文化过程研究[M].济南:山东人民出版社,2005.

[6]曹明海.语文教学解释学[M].济南:山东人民出版社,2007.

[7]约翰·杜威.民主主义与教育[M].北京:人民教育出版社,2001.

[8]高伟.生存论教育哲学[M].北京:教育科学出版社,2006.

[9]冯建军.教育哲学[M].武汉:武汉大学出版社,2011.

[10]王荣生等.语文教学内容重构[M].上海:上海教育出版社,2007.

[11]李海林.言语教学论[M].上海:上海教育出版社,2000.

[12]潘新和.语文:表现与存在[M].福州:福建人民出版社,2004.

[13]莫里斯·梅洛·庞蒂.世界的散文[M].杨大春,译.北京:商务印书馆,2005.

郑可菜与“活动式语文”

名师简介

郑可菜，浙江省特级教师、温州市享受教授级待遇中学高级教师。上海师范大学访问学者，浙江师范大学教育硕士。第五届“四方杯”全国语文教学能手选拔一等奖获奖者。2015“国培计划”示范性工作坊浙江高中语文坊主持人、浙江师范大学特级教师工作流动站导师、温州大学教师教育学院硕导、温州市名师工作站主持人、温州市语文学习研究所副主任，“一师一优课”部级评审专家、温州市职称评审专家、温州市优质课评比一等奖获奖者、市教科研青年标兵、市“551 人才工程”第二层次培养对象。主持教育教学实践与课题共 5 项，获市级一等奖 2 项，主持省教研课题 1 项。在省级以上刊物上发表论文 60 余篇。主编课程教材 3 本入选浙江省普高网络推荐选修课程。

案例背景

现今，中小学课堂的教学，普遍地存在以下现象：

（1）教师“教”的活动相对丰富、多样，而学生“学”的活动十分单调、呆板。学生的“学”，主要是听老师讲、看多媒体播放、回答老师的问题。所谓“小组讨论”基本上是一两个同学对另一两个同学按老师的要求“说”几句话。学生的思维结果和思维过程的表达，往往处于“配合”、“回应”教师的层面，没有碰撞、整合，更有甚者，学生只是教师“表演”时可以随意处置的“道具”，没有进行相应的思考。

(2)囿限的线性思维。教师提出一两个问题，诸如“表现在哪里”、“请结合具体语句来分析”，学生的思维结果和思维过程的表达，便在这个设定的框架里“配合”、“回应”教师，表现为“找课文”、“谈感受”来印证教师的观点，没有多层面的碰撞、整合。教师的设问指向性非常明确，学生虽然有思考，但是思考必须是朝着老师预设的答案，沿着老师规定好的路线来进行的。教师的教学行为呈现为“告诉式”：“说明方法，有九种：举例子、打比方”、“这篇文章的行文思路：由‘看到’到‘想到’”……凡此种种，抹去了学生作为阅读主体获得的文本体验和创造性，消解了学生阅读思维的生成。

(3)关注教案推进的“流畅”。“学生的‘潜意识’暴露不够，特别是“相异构想”没有显现出来，更没有得到及时、有效的解决。教师只是告诉学生什么是正确的，并没有关注在这些问题上学生是怎么想的。[①]”以至于，我们经常看到这样教学成为常态：教师心中只有教案，没有学生。不管学生理解到哪个层次，教师只是按照自己课前事先设计的教学程序来一步步推进，课后自我感觉“上得很流畅”。

这种课堂教学行为，在很大程度上，能够折射出“以学生为本”、“以学习者为中心”的新课程理念并未真正落到实处，教师的教学理念其实并没有实质性变更。或者可以说，教师接受了理念的新名词，而课堂教学的结构其实并没有发生大的变化。

这种现象的实质就是教师很少从学生的需要、兴趣组织学习内容，很少关注学生在学习过程中的感受，很少关注每一个学生的现实处境。“我们都是往往一味从自己的心思和愿望出发，我觉得重要，作为学生，你也就一定应该认识到它的重要性；我很用心地讲了，你就该很好地领会。这种心理表面看是成人中心，而成人中心，说到底也是自我中心，个人中心，是一种专制的性格，而不是民主的性格。[②]”

“教师想教什么，教师实际在教什么，学生实际学了什么，教学内容的这三个有所区别的层面以及它们之间复杂关系[③]”这种悖论性焦虑尚未引起足够的关注，一线的教师除关注事实层面的教学内容的落实，关注技术层面的目的、手

---

① 张人利．后“茶馆式”教学——提高课堂教学质量的实证研究[J]．人民教育，2011(5)．
② 肖川．教育的力量[M]．长沙：湖南教育出版社，2008．
③ 王荣生．教的根本目的是帮助学生学[J]．语文学习，2009(9)．

段外，对价值层面没有“自觉”的意识，没有关注教学的思维方式、价值取向。

案例赏析

一、“活动式”语文教学的萌芽

胡东芳在《谁来改造我们的课堂》一文中描述了当下课堂的经典情形：“在中国的课堂……这样的画面犹如到了军营一般。在让人感到神圣与威严的同时，也感到巨大的压抑和束缚。”学生面对一个强大的客体世界（课程、教材、教师）全然无力，教师的居高临下和学生的谨小慎微形成了巨大反差，教师游刃有余的霸权式操作与学生的规范式话语形成强烈对比。我们的课堂教学，总的特点是“封闭式”，把学习看作是知识的吸收过程，如同海绵吸水一样，或者把儿童看成是一张白纸，你在上面画的都会留下印迹，简单理解成“我讲了”，“你一定会，你一定懂”，教师的口头禅“我都讲三次了，你还不懂？”“我讲过了，你们居然还做不出来……”即是最好的印证。许多学生只会机械地模仿、复印，思维没有得到培养，即使得了高分，但却不知如何运用知识，解决生活中的问题。

教学实践中，郑可莱老师意识到，要改变这一系列的课堂教学行为，当务之急要廓清课堂教学的旨趣。课堂教学的重点是什么？当然是学生。学生学习成效由何而来？学生是以个体经验（经历和体验）为基础、以自己的视界、自己的认识思维来创建“现实”，学习过程是积极主动建构、创生的过程。解释学所谓“前见”（解释主体在理解对象之前已经存在于头脑中的意识结构）就是最好的例证。没有个体经验的认同，任何被个体的智慧拒之门外的知识体系都是盲目的。换句话说，学习的过程缺少了学生心灵的参与，学习便成了一种技术性的操作，成了完全外在于自我的沉重任务，学生无法从中体验到美好和愉悦，教学的有效性、学生个体的发展便无从谈起。所以，更确切地说，课堂教学的重点是“学情”。“一个孩子的降生，是对这个世界的新贡献。因此，对孩子不仅要爱，也要敬畏，要珍惜他们内心的感受、他们的意见、他们的原创，帮助他们把这些潜力挖掘出来、贡献于世界。[①]”

---

① 薛涌．今天我们怎样教孩子？[N]．文汇报，2009-06-29．

因而，教师在教学设计时是否首先关注学生，是否已尊重学生内在需要，是否已考虑到教学内容对学生来的“适宜”、“合理”、“正确”，是否能得到他们经验的体认，是衡量课堂教学是否有成效的唯一标准。阅读的主体是学生，阅读不是学生被动接受文本信息的过程，而是学生主动建构知识的过程。这种建构是他人无法取代的，是由内向外的生长，而不是由外向内的灌输。因此，阅读活动设计要从学生出发，考虑学生阅读体验，尊重学生生命，立足学生发展。

郭思乐在《教育走向生本》也提出：“我们所做的，全都要通过儿童自己去最后完成。一旦我们省悟这一过程的必然性，就会明白教育过程的主人和主力，原来是儿童自己，我们只不过是儿童自主发展的服务者和仆人。”教师高度尊重学生，彰显其“经验”，归还其“话语权”，把以往教学中主要依靠教师的教，转变为主要依靠学生的学的课堂，而教师的作用和价值，应当体现在最大限度地调动学生的内在积极性，组织学生自主学习上。

相应地，教学评价用“以学论教”分析方法，侧重学生在学习任务上所表现出来的思维结构，焦点集中在学生学习结果的“质”，而不是回答问题的“量”，关注的是学生思维的广度和深度。

当然，强调教学的旨趣为学生经验认同，其指向绝不是教师自身人格的奴化或侏儒化。这样的结果必然出现如王荣生先生在《语文科课程论基础》中所说：“‘阅读对话’就会滑向读者（学生）的独白篡位，而‘教学对话’由于无节制地放纵学生的‘你的理解’、‘你的理由’、‘你的生活体验’、‘你的看法’，也会失落‘知识建构’的原本意义……以致许多教师甘当‘伙伴’而忘记了‘教’的专业角色。教师们不敢‘讲授’、不敢‘分析’、更不敢‘训练’，似乎期盼学生在或紧或松围绕课文所涉及‘话题’的交谈中，能自发地生成阅读的能力——阅读的知识、技能、策略、态度。①”

二、“活动式”语文教学的实施

1. 推进“以‘学的活动’为基点”的课堂教学

要改变一系列的课堂教学行为，从教学设计的关注点，到教案的样式，从课

① 王荣生．语文科课程论基础[M]．上海：上海教育出版社，2003．

堂观察的侧重面，到课例研究的方法，从好课的观念，到教师专业发展的方向，转变为“以‘学的活动’为基点”，包括：

(1)教学设计的关注点转移(“学”的活动构成教学设计的主体)。

(2)具体的学科和课文“学”的活动的设计和教学组织。

(3)教案样式的改变，如学案、工作纸、教学目标(教学结果)的描述方式。

(4)教师备课关注点的转移(关注学生的学习经验)。

(5)教师“教”的活动的改变(注重随机性、生成性)，组织“学”的活动相应的教学技术(沟通的能力、课堂交流的组织)。

(6)课堂观察的侧重面转移(观察学生的学情)及观察技术的形成。

教师从文本出发，设计填表、画图的语文活动，极大可能发挥学生的主动性。“教的目标主要不在‘懂’而在‘会’，教的内容也就不应该是‘认知’，而应该是‘体验’。①”要填好表画出图，学生需要通过信息的特征、时间、背景等基本元素，迅速找到自己所需要的信息。这样就把读文本变成一系列曲折的探究获得结论的思维过程，涉及分析、判断、评价、比较、对比和检验等思维能力，而且它不是一种单向度的求同思维，是有多向度的求异思维的呈现。

读文本主要是以有梯度的语文学习活动作为课堂教学的环节，比如，设计“画一画”、“比一比”和“填一填”等“学习活动”来引导学生读懂文本，形成阅读能力。这些活动设计不是让学生关注文本本身，而是通过一个个“活动”先行引导，使之关心、关注小说文本，当学生要解决或完成比较、补白等学习活动时，其必要的自主性、主动性学习行为就是读懂、读好文本，这样，就把教师的“教”，转变为学生的“学”，并最大可能让每个学生都主动而有质量的参与到学习中来，使之真切体验，激发深度思维，促进有意义的学习。

阅读教学活动教学设计实践思考：

其一，尊重阅读“前理解”，设计适切性活动，促进深层理解。阅读“前理解”，是指学生自主阅读后最早获得的原始理解，是最为直接真实的不带成见没有受到其他同学影响和教师干预的自主体验。这种理解来自学生已有的生活经验、文化修养以及阅读时的顿悟。阅读过程不是被动接受文本信息的过程，而是基于阅读“前理解”，对信息进行加工、改造和重建的过程，阅读教学的核心是尊重“前理解”并促进其深层理解。然而一些教师无视学生阅读“前理解”，或

---

① 李海林.“搞活动”是语文课堂的基本教学形态[J].中学语文教与学，2009(9).

在学生尚未进入文本便急于出示答案，或绑架学生去感受教师的理解与体验，缺少对学生阅读文本后的自我感知与情感判断的关注。因此，教师应尊重学生阅读“前理解”，选择适合学生最近发展区的学习内容，设计适切性的语文学习活动，从而促进学生深层理解。

其二，立足阅读“问题”，设计探究性活动，促使深度思维。阅读“问题”，指的是学生初读文本时的疑问。探索源自问题，问题引发探究。洪宗礼先生曾说：“教师应该在教室的有限空间里，启迪学生积极思考，从而打开他们创造思维的门扉，把他们引进积极思维的王国。”质疑来自阅读体验，质疑本身就是学生发现问题、思考问题、提出问题的思维过程，具有独特性和创新性。因此，阅读活动设计应立足学生阅读“问题”，要尊重和培养学生的问题意识和批判精神，鼓励学生自主地发现问题，自能地分析解决问题，自动地总结问题，提高实践探究能力。如此，不仅能迅速地激起学生穷根探源的兴趣，还可有效突破教学难点，促使学生深度思维。

2. 基于“相异构想”的课堂教学

学习不是简单地“刺激——反应”的过程，学生也不是简单地“输入、储存”教材和教师提供的信息，而是主动地将原有经验和新信息进行对比、分析、批判、选择和重建知识结构的过程。研究表明，在正式学习有关知识以前，学生头脑里并非一片空白，而通过对日常生活中一些现象的观察和体验，形成了一些非科学的概念、经验和特有的思维方式。专家们将学生在学习科学课程之前形成的这类概念称为前科学概念或简称为“前概念”，把学生围绕“前概念”建立起来的一种特有的错误思维结构称为“相异构想”或“不同的概念框架”（Alternative Frameworks）。

当有关教学中的现象或问题的刺激作用于学生，新的知识与其原有的知识结构和思维方式相符时，就被同化、吸收并储存，但若与学生已具有的“相异构想”不同时，便使知识失真和畸变，被排斥，甚至又以错误的“构想”形式表现出来，再继续影响到以后的学习。所以，上文提到的“上次错的，这次又错啦！”“我都讲三次了，你还不懂？”的实质是教学中一个普遍问题：教师没有剔除学生原有的“相异构想”。

学生在头脑中产生的“相异构想”是各式各样的，对同样一个问题，正确的结论或答案一般只是一个，而错误的则可能五花八门。因而，教学中清除一种

“相异构想”要比传授一种知识(从无知到有知)困难得多。许多教师虽然知道学生存在着各种各样的错误认识,但认为只要把正确的概念传授给学生,学生的错误认识就会自然地被纠正过来。殊不知,学生先有的“相异构想”是不容易抛弃的,因为它是一个人对于某种知识领域中的客观事物已经形成的概念、规律、思想方法、逻辑素质的总和,它顽固而错误地影响着一个人学习行为的理性趋向,阻碍着正确知识的接受,也错误地“同化”着一些新知识和新材料。

基于这样的认识,教学做如下的努力:

其一,充分暴露“相异构想”。由于不同学生的原有经验和建构方式不同,对相同内容所取得的学习结果也不尽相同。以积极的态度对待这种差异,可以丰富我们的教学资源。学生头脑中的“相异构想”既是相异的,又是隐而不露的,所以教师必须善于创造一种课堂气氛,像桑德尔教授那样设置虚拟的情境、设计练习、针对性问题,让学生有机会表述自己的思想和见解,使学生积极参加教学活动,通过交流讨论,暴露自己“相异构想”。

不仅如此,教师还必须善于帮助学生厘清思想,使他们那些朦胧的意识变成明确的,可用语言表达的清楚的观念,使隐蔽的“相异构想”揭示出来,然后与所学习的正确知识进行比较,再予以清除。

其二,有效厘清“相异构想”。与学生进行思想交锋,绝不能依靠教师的单边活动“告诉”、“灌输”,德国学者克林伯格指出“教学方式中起相互作用的对话是优秀教学的一种本质性的标识①”,郭思乐先生所力倡“教师应是生命的牧者,而不是拉动学生的‘纤夫’”等都是侧重以生为本的教师观,这是新课程背景下的所有教师的共识。桑德尔教授设置的种种情境就是为了揭示学生原有的观念和思维方式,这是实现概念转变的前提。把学生原有的知识经验作为新知识的生长点,引导学生从原有的知识经验中生长新的知识。因此,研究学生原有的观念和思维方式,弄清其对学习和理解新知识会造成什么样的障碍与影响,是实现概念转变的前提。

由于学生“相异构想”的顽固性和多样性,教师要设法给学生一个巨大的“震颤”、“激荡”,以动摇其顽固“信念”的基础 。同时要设法诱导学生暴露其原有的认知框架,组织讨论乃至争论,让学生清楚而深刻地发现“相异构想”产生的原因及其荒谬之处,最终借助于学生的本能力量的调动,形成教学的新的动

---

① 李海林.“搞活动”是语文课堂的基本教学形态[J].中学语文教与学,2009(9).

力方式和动力机制。

3.为思维而教

就实用类文本教学尤甚。实用类文本因抽象、理性的思维等特点，大多数学生对其阐释事理、传递信息、表达观点不感兴趣，对学理性突出的学术论文尤甚。教学中要创设多种言语实践活动抓住文本的重点，引发学生兴趣的“应用”，又不脱离语言的内核，以体现实用类文本的应用性与实践性。实用类文本是阐释事理、传递信息、表达观点的，因此多运用抽象思维和各种概念进行分析、判断和推理，往往表达得抽象、理性和严密。因而实用类文本教学，迥乎散文类文本教学的“注重审美体验，陶冶性情，涵养心灵①”，实用类文本教学需要阅读感知，更需要理性思辨，其重点是关注学生学习中的问题及其解决，侧重思维能力的培养。

实用类文本教学内容大致有概念的辨析、文意的概括、价值的判断、论说方式的把握等。具体有：

(1)结合文句，概括文中重要概念的内涵。

(2)能结合上下文，理解文中关键语句的含义。

(3)概括文章主要内容要点。

(4)概括作者主要的思想感情、观点态度和价值观。

(5)对文中的情感、态度和价值观进行评价和内化。

其中，第(5)方面的教学内容在实际教学中往往被忽略。

对于人的思维能力，美国心理学家斯腾伯格提出“三元思维②”理论，他认为可以分为三种：一种是分析性思维能力，一种是创造性思维能力，一种是应用性思维能力。从三元思维理论的角度看，我们的实用类文本教学往往只关注分析性思维能力的培养(实际上是教师的分析思维能力)，而忽略创造性思维能力和应用性思维能力的培养，以至于实用类文本阅读目标多为充分理解作者通过文本阐述的概念，少有对其观点态度内化、评价。

以三元理论应用我们作以下内容上的对应设计(见表1)。

---

① 教育部.普通高中语文新课程标准[M].人民教育出版社，2003.

② 斯腾伯格.思维教学[M].赵海燕，译.中国轻工业，1998.

表 1

	分析性思维	创造性思维	应用性思维
教学内容	1.结合文句，概括文中重要概念的内涵 2.能结合上下文，理解文中关键语句的含义 3.概括文章主要内容要点	概括作者主要的思想感情、观点态度和价值观。(创造性地整合理解运用)	对文中的情感、态度和价值观进行评价和内化。

课堂教学要创设自主品读、合作讨论、诵读体会、质疑探讨等多种教法策略，以理解文本的基本内容，掌握文体特征、评价文本的主要观点，思考和判断文化的交流与碰撞。并以此文为例由“这一篇”而至“这一类”，在“设计意图”中阐明实用类文本的教学路径，侧重思维的培养，增进理解性阅读、批判性阅读、创造性阅读、应用性阅读等。

三、典型课例设计与分析

课例设计 1　用“学习活动”优化小说教学——《礼拜二午睡时刻》教学设计[①]

【教学目标】

(1)通过画时间轴、文字与封面比较等活动，概括小说故事情节，关注小说的人物、环境；

(2)通过多重删改文文比较，学生参与式直接认知“节制”与“放纵”表达，深入探讨“节制力量”；

(3)由“小偷”所加的引号而理解作者高妙的叙述策略，并通过情境设定补写“我”若是小镇一员的做法，去标签化而趋多元化理解主题。

【教学步骤】

活动Ⅰ:经典比较，初识“情感处理”

(1)读《外国小说欣赏》的目录，了解书本的架构，理解编者的意图。《礼拜

① 郑可莱.用“学习活动”优化小说教学——《礼拜二午睡时刻》教学设计[J].中学语文教学.2017(4).

二午睡时刻》在第七单元话题——“情感”。

(2)比较两大名著经典语段的情感表达，交流感受。

经典1:《罗密欧与朱丽叶》第二幕　第二场　维洛那　凯普莱特家的花园

罗密欧(朱丽叶自上方窗户中出现)轻声！那边窗子里亮起来的是什么光？那就是东方，朱丽叶就是太阳！起来吧，美丽的太阳！……那是我的意中人；啊！那是我的爱；唉，但愿她知道我在爱着她！……瞧！她用纤手托住了脸，那姿态是多么美妙！啊，但愿我是那一只手上的手套，好让我亲一亲她脸上的香泽！

经典2:《红楼梦》第九十八回　苦绛珠魂归离恨天，病神瑛苦洒相思

黛玉直声叫道“宝玉，宝玉，你好……”说到“好”字，便浑身冷汗，不作声了。

[明确]《罗》通过标点、感叹词的运用真挚而激烈地忘我地、感性地表达，情感表达充沛与放纵。《红楼梦》节制的、含蓄地表达反而更要求读者的参与，正是因为“好……”，读者可以根据自己的理解演绎无数的可能:“好狠、好傻、好让人心寒”。“节制与放纵”并非如教材里所言“节制胜于放纵”这一定论，其运用因具体情境、人物性格而各尽其妙、相得益彰。

活动Ⅱ:画时间轴，理解“重构再现”

(1)故事历时多久？画时间轴并用简洁的语言概括每个时间的主要内容(见图1)。

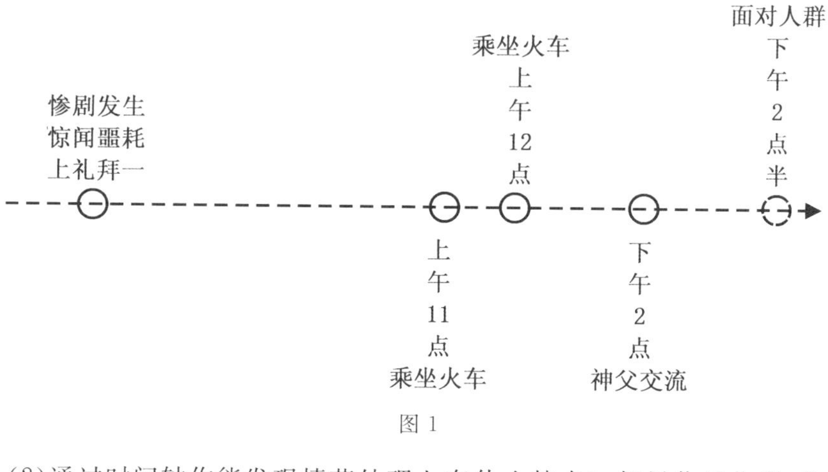

图1

(2)通过时间轴你能发现情节处理上有什么特点？如果你是作家，你会重点描写哪个时间节点的情节来表达人物的内心情感？马尔克斯为何舍此取彼？

请借助莱辛的话语来理解。

“艺术最美妙的时刻，是达到顶点前的顷刻，因为一旦将情感推至顶点，就再也无路可走，前进就意味着下滑。”——莱辛

[明确]“上礼拜一”是插叙部分。小说不是单纯的历时性线状叙事而是通过“重构”再现故事。叙述时间变形，截取“午睡”时刻，尤其是从“上午11点”至“下午2点”叙述时间被延展停滞，以渲染母亲的情绪。

可能会重点描写的两节情节：上周惊闻噩耗和礼拜二午睡时刻时面对人群。这两个情节点整个故事的情感的爆发点与高潮所在，但是作者有意避开，反而更能突显出情感的蕴藉、人物的张力。情感处理的节制首先来自小说内容的节制。

活动Ⅲ：文画比较，把握“叙述节奏”

比较1：中文版封面与小说有关描写吻合吗？

(1) 母女形象比较(见图2)。

图2

母女二人都穿着褴褛的丧服。

那位妇女眼皮上青筋暴露，身材矮小孱弱，身上没有一点儿线条，穿的衣服像件法袍。要说她是小姑娘的妈妈，她显得太老了一些。

小女孩用湿漉漉的报纸把鲜花包好。

[明确]中文版小说封面母女形象与文字不符:1. 文中是孱弱、老、穷的妇女带着十二岁的女儿,而封面妇人年轻、修长。2. 母女二人都穿着褴褛的丧服,而封面中母女衣服未见"褴褛"。3. 封面中是盛放的鲜花,文中用湿漉漉的报纸把鲜花包起来枯萎的花。

(2)客观环境描写比较。令人窒息的煤烟气,贫瘠龟裂的土地,荒凉的旷野,小镇热得像个蒸笼,荒凉的车站,车站地上墁的花砖已经被野草挤得开始裂开,锈住的车窗,车站上空无一人,沾满尘土的棕榈树和玫瑰丛,光秃秃的空地,一股又干又热的风。

[明确]中文版封面背景与文字不符:封面画背景色彩明艳、基调明朗,而小说叙述基调郁悒压抑,渲染出的是酷热、神秘、肃穆、凄冷氛围。作者对景物的渲染一方面表现了社会的状况,另一方面渲染了一种很沉重、凝重的气氛:写火车的用"慢腾腾",写母女的用"昏昏沉沉"等这样一些词语反反复复地渲染了一种沉闷的凝重的气氛,暗示祭拜之事的艰难、祭拜者极度压抑的悲痛。文字叙述节奏阻滞、迟钝。

比较 2:中文版封面与西文版封面(见图 3,图 4)。

图 3

图 4

[明确]西文版封面突出了母女面色的凝重,也突出了"矮小""老",但中文版留"背影"而不呈面部表情,正如文中叙述的节制一样,留人读者无尽的空间。

【设计意图】利用封面是否吻合母女二人的形象、中文版封面与西文版封面的"找不同",引起学生兴趣,引导学生细读文本,关注小说的人物、环境,为下面话题教学做好铺垫。

活动Ⅳ:文文比较,探讨"节制力量"

比较1:祥林嫂—本文"母亲"(理解丧子之痛的母亲情感表达)

鲁迅《祝福》:

"我真傻,真的,"祥林嫂抬起她没有神采的眼睛来,接着说……

"我真傻,真的,"她说,"……"她接着但是呜咽,说不出成句的话来。

"我真傻,真的,"她开首说……

[明确]同样是儿子的意外死亡,鲁迅笔下的祥林嫂情感是外显的,倾诉表达她失子之后几近崩溃的彻骨之痛。祥林嫂没有号啕大哭、歇斯底里,表现一定的节制的力量。《礼拜二午睡时刻》也很节制,却是一种内敛不外显得极度镇静。

比较2:母女对话的情感表达(思考为什么作者没有加母亲神态类的词语)

[原文]"把鞋穿上!"她对小女孩说。……妈妈递给她一把梳子。"梳梳头!"妈妈说。……"你要是还有什么事,现在赶快做好!"女人说,"往后就是渴死了,你也别喝水。尤其不许哭。"

[改文]"把鞋穿上!"她对小女孩(呵斥着)说。……妈妈递给她一把梳子。"梳梳头!"妈妈(厉声)说。……"你要是还有什么事,现在赶快做好!"女人(皱着眉头)说,"往后就是渴死了,你也别喝水。尤其不许哭。"

[明确]去祭拜亲人反而不允许女儿哭泣,母亲反常语言的背后是对于小镇冷漠人群的一种无声对抗。整个小说母亲的叙述一直是非常平静的语言,没有一个字标明她的悲悯或是痛苦。括号中的词语可以被省略的原因在于读者可以通过标点、通过语段中的话语理解人物态度的生硬。

比较3:探讨儿子被当作小偷打死的母亲的情感表达(见表2)。

学生讨论:比较对话1,小说越节制越好吗?比较对话2,改版与原文中母亲情感表达有什么变化?

表 2

	原　文	改　文
对话1：与神父妹妹	“我有急事，”妇女固执地说。 她的声调很平静，又很执拗。 ……“火车三点半就要开了，”母亲说。 她的回答很简短，口气很坚决，不过声音还是那么温和，流露出各种各样的复杂感情。	“我有急事。”妇人说。…… “火车三点半就要开了。”母亲说。
对话2：与神父	“卡络斯·森特诺。”女人重复了一遍。 神父还是听不明白。 “就是上礼拜在这儿被人打死的那个小偷，”女人不动声色地说，“我是他母亲。”	“卡洛斯·森特诺。”女人无奈地重复了一遍，声音有些哽咽了。 神父还是听不明白。 “就…… 就是……上礼拜在这儿被人打死的那个小偷，”女人泣不成声，“我…… 我…… 我是他母亲。”

[明确]对话1：改版过于节制乃至模糊，读者无法判断母亲当时的情感。“我有急事”可以用哀求、愤怒、悲伤，原版强调“平静与执拗”其实表达了母亲刚硬外表下脆弱的心灵，越是表面上的平静，反而越让我们读出了文字背后的不平静。对话2：改文将悲痛、痛苦直白地、感性地表达，削减了隐忍的力量。原文中“母亲”镇定安详，平静、执拗，“两眼直直地盯着神父”、“毫不迟疑地，详尽准确地做了回答”、“不动声色”话语斩钉截铁而平静节制。适当的隐忍与节制，更容易打动人心，更有震撼力。

活动Ⅴ：探讨补白，理解主题

(1)情节探讨：脸红的为何是神父而不是母亲？哪个情节更合理？

[原文]那个女人忍住悲痛，两眼直直地盯住神父。神父的脸唰地一下子红了，头上也开始冒汗了

[改文]那个女人忍住悲痛，两眼低垂，脸唰地一下子红了，头上也开始冒汗了。

[明确]神父的脸红是他的善良，富有同情心。因为代表上帝的权责的神父未能超出庸常的善恶观给母亲以抚慰，而是与小镇居民一起要对母亲做道德的审判。母亲是高贵而自尊的，她的镇静隐着里巨大的悲痛。改文把“神父的脸红”改成“那个女人脸红”，“母亲”多了愧疚，少了直面的勇气，削弱了“母亲”抵

抗庸常善恶判断的自尊而高贵的形象。

(2)为什么诸多研究资料对“小偷”一词加引号？揣摩相关情节理解小说的主题。

二十八年的独身生活在她身上产生的恐惧感使她不但能够想象出门在哪里，而且能够准确地知道门锁的高度。她两手举起枪，闭上眼睛，猛一扣扳机。这是她生平第一次打枪。……死者的鼻子被打得粉碎，他穿着一件花条的法兰绒上衣，一条普通的裤子，腰中没有系皮带，而是系着一根麻绳，光着脚。

[明确]此为马尔克斯魔幻现实主义手法的表现。情节可谓“神奇”：“没有开灯”寡居的老太太举起老旧的手枪“闭上眼睛”却打中“鼻子”。“腰中没有系皮带，而是系着一根麻绳，光着脚”是饥寒交迫的路人是乞讨者还是“小偷”？小说没有把事实确定性地呈现出来。正是由于马尔克斯有意在小说中隐退自己的判断，小说的主题也变得更加多义：既可以理解为超越一切道德伦理的伟大深沉而厚重的母爱，也可对沉睡在封闭与愚昧中人们的讽刺，还可以理解为宗教对现实社会的无力拯救。

(3)找出小说中各类人物对“小偷”评价的原话。假设你是小镇人们中的一员，会如何看待母女俩？试在空格处填上自己的做法。你认同“人们＝愚昧冷漠自私”吗？小说的主题还有可能会是什么？

因为事情真相的不确定，小说呈现不同的人对“小偷”的多元价值判断：

母亲：“他是一个非常好的人。”(非常好的人)

女孩：“他没有办法，把牙全部拔掉了。”(他是坚强的人)

神父：“您从来没有想过要把他引上正道吗？”(他怎么就成了“小偷”？你怎么不教好他？)

镇上的人们：
①神父一看大街上乱哄哄的反常样子，心里顿时就明白了。他悄悄地把大门关上。
②神父一看大街上乱哄哄的反常样子，心里顿时就明白了：____________，他悄悄地把大门关上。

若“我”是小镇上的居民，“我”：____________。

[明确]“他们是来看小偷的母亲和妹妹”神父顿时就明白了人们是过来看热闹的，这种是“围观”是自以为善的人们的猎奇。假设我们为小镇人们中的一员，很有可能也围观者。这是人性，被打死的年轻人被贴上一个“小偷”标签，成为一个“恶”的符号，连神父也没能超出庸常善恶的评判，认为母亲没有“把他

引上正道”，每个人都难免道德判断的惯性。人们不等同于“愚昧冷漠自私”，恰是作者叙述事实本身的不确定性呈现出了丰富的人性，因而读者切忌标签化、概念化的阅读。

【课例分析】

1.关于教学内容的选择

这节课以“情感节制”这一话题知识来定位教学，这是基于人教版《外国小说欣赏》编排的角度来展开的，它体现了这一篇小说文本最核心的价值。这也是这堂课的基本的教学目标。

前半部分是围绕人物、情节、环境等小说的基本知识，进行前期的学情勘察。设计的预习作业是：

(1)用蓝色的笔圈画出情节发展中的时间词。并用一句话概括故事的情节。

(2)用黑色的笔划出环境描写的词句，并圈出形容词。

(3)用红色的笔画出母亲的神态、动作等词。

(4)借助网络资源了解加西亚·马尔克斯和他的拉美魔幻现实主义。

要求学生分别用蓝色、黑色、红色的圈画出各种词语，它的操作性很鲜明。这三个预习作业，扣住的恰是小说的基本知识，情节、环境、人物，对这些基本的内容作了一个反复的勘察，我们可以看到，在第一板块学习中，教学内容基本上就回应着前面的预习作业来展开。

第一个抛出的问题就是“故事历时多久?”并用画时间轴的方式来理清回顾了小说的基本情节。第二个学习活动是要求朗读画出的环境描写并加以概括郁悒压抑基调。再利用封面是否吻合母女二人的形象，这呼应预习中关于人物的教学内容。教学内容选择是小说的基本知识，人物、情节、环境，而且引导学生关注“一望而知实际却一无所知”的文字，这为后面再打开话题知识作了很好的铺垫。

第二个大板块进行以话题知识为中心的教学。其教学重点是话题知识“情感”，而这一课的教学重心是“节制”，本课的教学环节中一个个“教学点”都是为重点服务的：列出《外国小说欣赏》的目录，让学生知道这一话题知识在整个《外国小说欣赏》教学中的地位；用《罗密欧与朱丽叶》和《红楼梦》经典文段中“节制与放纵”的比较等，对话题知识简要的呈现都是后面的教学环节的展开做铺垫。

后续展开的所有知识体验与教学引导学生鉴赏把握"节制"这种情感处理手法，它不仅是母亲的人物性格上感情的节制，而且是课堂明确指出的作家高明的写作技巧上的节制。要让学生体会到写作永远应该是自己冷静而让别人激动的事情。要读出这种情感的节制和作家的节制，就要求读者也是高明的，学生成为高明的读者，需要教师的智慧。这是这堂课中一个难度较高的教学内容。

2. 关于教学活动的安排

这堂课教学活动可谓是纵横开阖，丰富多样，是教学活动的盛宴。

从纵向来看，与《罗密欧与朱丽叶》《红楼梦》《祝福》《项链》《巴黎圣母院》这些文本展开比较分析，来深化学生对文本的理解，提升学生的比较分析思维。

从横向来看，本课的语文学习活动铺排，有续写，有填空，有图示、画时间轴，有图文对读、文文比较等。核心教学内容的教学活动是对有中文版封面的图画展开的与文本之间的比较、揣摩。在此基础上，郑老师又出现第二幅图——英文版封面，让两幅图对话，两幅图再与文本进行对比、对话。这样的教学梯度设计很巧妙，活动性也很丰富。

这堂课既展示了语文活动的"丰富性"，又展示了教学活动的"语文性"。我们知道，课堂最忌许多丰富而热闹教学活动与"语文"无关，但是本设计的教学活动都恰体现了"语文性"。当然，由于教学活动的丰富性和教学内容的多样化，很可能也会在不同学情的基础上会构成一些隐忧。这本身就是一个两难的问题，根据学情的情况，我们可能做一些适当的调整。

课例设计 2 《与朱元思书》活动体验教学设计[①]

【教学步骤】

1. 画一画，感受意境美

(1)由题设疑：文题《与朱元思书》是什么意思？

[明确]吴均写给朋友朱元思的一封信。

(2)整体感知：全文已经散佚，我们现在看到的已不是当时的完整信件，所

---

① 郑可莱.《与朱元思书》活动体验教学设计[J]. 语文建设，2012(11).

剩下的部分重点在写什么呢？为其拟一个合适的文题。

[明确]写富春江沿途的绮丽风光，更像是一篇优美的游记散文。可拟《奇山异水》《天下独绝的山水》《富春江的山水》《山光水色》等。

(3)画“奇山异水”。这封作者写给朋友朱元思述说行旅见闻的信，用丹青妙笔为我们绘制了一幅明朗绚丽的百里山水画卷。试以《与朱元思书》为脚本，来画一幅《富春江的山水图》。把作者描述的景物都一一画出来，用你的咫尺小画纸展现千里富春江的山水。

(4)互相交流展示画作，用课文原句阐明自己的画面内容。推举优秀的画作，贴在黑板上展示。

[明确]第一自然段总写富春江奇特秀丽的景色。(可不入画)第二自然段写“异水”。(画水，画水中游鱼以显清澈明净，画江水奔流、猛浪翻滚，画江上小舟，顺流而下，画舟上作者等)第三自然段写“奇山”。(画山、树、泉水、鸟、蝉、猿等)

(5)吴均笔下的山水，不仅有形有色，还有声。凝思想象画外之音，交流感受。

[明确]①有的泠泠作响水声，有的嘤嘤成韵鸟鸣声，有的千转不穷蝉叫，有的百叫无绝猿啼。②泉水声、鸟鸣声、蝉声、猿声混杂在一起，似是一种非常喧闹、非常嘈杂的景象，却是一种幽静美妙、和谐悦耳的山水天籁乐章。③山间自然音响，既反衬山间俱寂，又让人们感受到了自然界生命的律动欢乐。

2.填一填，感受志趣美

(1)面对这奇伟瑰丽、美妙和谐的山光水色，作者的心情如何呢？有什么感慨呢？结合课文中具体的语句，来说一说：“面对富春江的‘奇山异水’，作者________________了!”同桌合作交流填词语。

[明确]①“惬意”、“从容”等。(“从流飘荡，任意东西。”)表现作者纵情游赏、享受自由、无拘无束、无牵无挂的轻松和怡然自得。

②“陶醉”、“喜不自胜”、“流连忘返”等。(“鸢飞戾天者，望峰息心；经纶世务者，窥谷忘反。”)既烘托山水的“独绝”，又蕴含作者对功名利禄的鄙弃，对官场政务的厌倦，表现超出世俗追求的宠辱皆忘的精神境界。以暗写方式申明自己高雅的志趣、高洁的情怀。

③“欢快”、“自在”等。(“泉水激石，泠泠作响；好鸟相鸣，嘤嘤(yīng)成

韵。"等)以我观物,景中寓情。

(2)以声传情。将这种心情和感受通过朗读传达出来,交流评析听读的感受。

[明确]注意语意舒缓,深情赞美和向往,在朗读中把文本的思想感情和自己的阅读感受恰当地表达出来。

①"从流飘荡,任意东西"一句,想象作者独立舟头,重读"从"、"任"二字,以缓慢的语速、潇洒舒放的语气吟哦出顺流而下的自由陶醉之感。

②"鸢飞戾天者,望峰息心;经纶世务者,窥谷忘反"二句,语速渐快,语气渐强,延长重读"望峰"、"窥谷",接着舒缓语速语气读"息心""忘反"以表达惊美忘俗之情。

(3)六朝时画家宋炳说,观山水的目的在于"澄怀观道",澄怀方能观道,观道适以澄怀,审美主客体的交融。富春江的灵性感召了作者,作者以达至澄澈空明的心境来看待山水世事,内心便映照出自然的情韵,自己也就有了悠然自足之人生态度。作者接受了自然的洗礼,自明本志,当他把自己所见所闻所感写信告诉好友朱元思,信的用意可能会是什么呢?

[明确]含蓄地流露出了对友人的规劝之意,不要汲汲为"世务"。

3.背一背,感受音乐美

(1)自由朗读课文,要求读准字音,读准句读,读出感情。看看文章形式上有什么特点?

[明确]骈体文是一种讲究形式的文体,全文多为四字句,五字句、六字句后半部分大量运用对偶句,句式整齐、琅琅上口,音韵和谐。"泉水激石,泠泠作响;好鸟相鸣,嘤嘤成韵"、"蝉则千转不穷,猿则百叫无绝"既突出了语言本身的形式美,更加强了所描写音响的天然韵律美。

教师重点辅导三个句子的读法:①天\山\共色。②水\皆缥碧,③鸢飞戾天\者。

(2)放声背诵。教师引导背诵方法:熟读,分解,组合。在熟读的基础上理解文意,根据文意分解背诵,然后将全文组合起来背。《与朱元思书》分解为总写"天下独绝",分写"异水、""奇山","异水"又可再分解为"水色、水清、水急","奇山"背出各部分后再组合起来,背出全文。

(3)小组背诵竞赛,教师对活动中的学生参与程度及其成效进行综合评价。

在前3分钟背出任一片段的小组加5分，将全文背出的小组再加5分。然后在后3分钟，教师来随机抽查，背出的同学给该小组加5分，背不出的给该小组扣5分，评选出优秀小组和优秀个人。

(4)配乐门德尔松的《E小调》，随作者一起咏叹赞美山水，齐诵全文。

【课例分析】

从文本出发，设计三个有梯度的语文活动："画一画"、"填一填"和"背一背"。这种教学形态，让学生在活动中读懂课文，掌握知识，形成能力，并最大可能让每个学生都参与其中。

学生对文言文普遍觉得陌生和艰涩，通过"画一画"活动，把简单的、枯燥的读懂课文内容的教学，变成一个有意思的"画画"活动，因为学生要画出来就必须看懂课文每一句写的是什么，该画什么东西，画在哪里。"填一填"教学活动，意在让学生熟悉课文内容的基础上，进一步领会作者情感内涵，走进作者的内心世界，明晰作者鄙弃功名利禄，厌倦官场政务的高洁志趣。并引导学生通过揣摩朗读的轻重缓急来把握文本的思想内容，获得自我独特的理解、体验和感受。"背一背"是为了达成当堂背课文的教学目标，开展竞赛式地背诵课文的活动。在背诵之前先介绍一定的方法，促使学生能够积极有效地完成任务。活动面向每个学生，调动全体学生积极参与，使大多数学生在竞赛中都能取得好成绩，从而体验成功感。

三个活动中，将朗读贯穿始终，将活动体验建立在学生与文本对话的基础上。

课例设计3　以学为本，"活动"引路——《兰亭集序》教学实录①

【教学实录】

1. 导入(猜数字)

师：今天我们一起走进1660多年前的一个不朽的春天，去追慕风雅之事、风流之人。先请同学们猜一组数字"41、37、342"。

生：41个人。

① 郑可莱，位世英. 以学为本，"活动"引路——《兰亭集序》教学实录及点评[J]. 语文教学通讯，2017(7).

生：342个字吧。

生（迟疑）：37首诗？

师：对，一共写了37首诗，这篇文章就是对这37首诗写的一个序。这是一篇奇之又奇的文章，我们先来说说它的轶事，它有许多的“倒错”和相悖：比如，为37首诗写的序，人们都不看诗而序。

生：不看序看他这个书法，因为书法太有名了。

生：不看正稿而看草稿。

师：世传王羲之微醺之时的醉书，酒醒之后几次再写的书稿都不及这一草稿。

生：无法看真迹而看摹本。

师：哪怕是摹本，也不知道经历了几世几代多少人的手里，凡《兰亭集序》空白处乃至字里行间都盖满了收藏者的印章。书法实在太负盛名了。其实，文字也是绝世之作。今天我们就来读读文章。

2. 梳理文脉（画曲线）

师生展示：默读全文，圈出情感词，理解情感脉络并“画”出曲线图（见图5）。

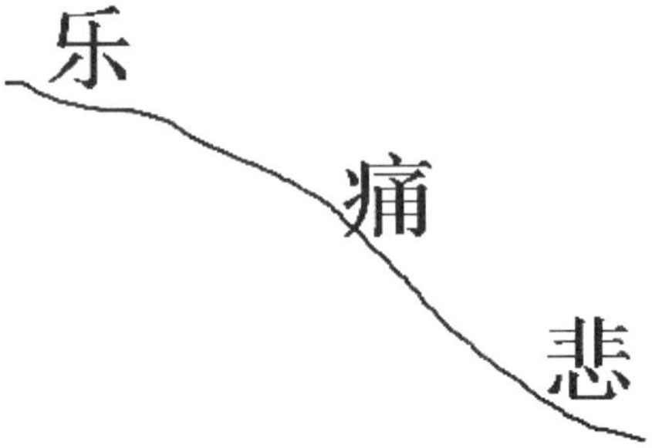

图5

生：从情绪的高点“乐”而越来越低沉，由“痛”到“悲”。

师：是否真是这样的情感走势呢？读完全文我们回头来探讨这个问题。

3. “乐”在情致化的山水（填空、题画名、比较译文）

师：我们套用“永和九年，岁在癸丑，暮春之初，会于会稽山阴之兰亭，修禊事也”把我们今天学习这篇文章可表达成：

__________年，岁在__________，暮春之初，会于__________，习文也。

生:2016年,岁在丙申,会于里口山之阳、渤海之滨,习文也。

师补充纪年法、阴为“山北水南”等常识。

请同学根据第一段的文字给这幅图画起个名,并在书页边上把它写下来(见图6)。

图6

生:《修禊事图》

生:《四十一人图》

生:《流觞曲水图》

生:《群贤戏水图》

师:答案不是唯一的。后世许多画家向往兰亭雅集,如唐伯虎、文征明、赵孟頫……都画过类似的《兰亭修禊图》。杯之所致,诗之所出,何等的雅事!

师:比较林语堂译的英文译文:

Here are tall mountains and majestic peaks, trees with thick foliage and tall bamboos.

Here are also clear streams and gurgling rapids, catching one's eye from the right and left.

师:比较英文和中文两个版本,你觉得中文表达有什么特点呢?

生:有节奏,特有韵味。

生：有整句和散句。

师：骈散结合。大家注意品味“修竹”和“tall bamboos”不同的意味。

生：“修竹”不仅强调高，好像有点风骨。

师：暮春时节，江南正是姹紫嫣红的时节，所谓“桃花红，梨花白，菜花黄”。

南朝·梁·丘迟《与陈伯之书》：“暮春三月，江南草长，杂花生树，群莺乱飞。”

师：但是花团锦簇、花红柳绿皆不入其文，王羲之为何不写“翠竹”、“碧流”而只写“茂林修竹”、“清流急湍”？

生（齐答）：象征高雅。

师：都说文字是心灵的风景，字里行间确有一种高雅的、淡雅的格调。也可见他的性情、情趣的高雅。

宗白华《美学散步》：“晋人向外发现了自然，向内发现了自己的深情。山水虚灵化了，也情致化了。”

师：“自然”可见心见性，在晋以后山水成了中国文人精神之所在，成了理想之所在。山水于晋人有特殊的意义。在这次雅集上的三个人的传记上有这样的文字，请揣摩其共同点。

（投影）《晋书·谢安传》：“寓居会稽，与王羲之及高阳许询、桑门支遁游处，出则游弋山水，入则言咏属文。”

《晋书·孙绰传》：“居于会稽，游山放水，十有余年。”

《晋书·王羲之传》：“羲之既去官，与东土人士尽山水之游，弋钓为娱”。

生：都喜欢游山玩水。

师：这种“游山玩水”是他们把自己投放在自然中，酣然忘我，强调“目击道存”式对自然的体悟。文章当中是怎样解释他与山水之间的关系，表达他对自然的感受呢？

生（齐读）：仰观宇宙之大，俯察品类之盛，所以游目骋怀，足以极视听之娱，信可乐也。

4.“痛”中的理性思考（填空、比较）

师：仰观俯察，万物盎然，山水成了精神之所在，成了理想之所在。那么，晋人为何不积极求仕呢？晋人为什么要把自己的生命安顿在山水中呢？

生：魏晋有战患。

师：魏晋是中国历史上特别黑暗的时代。战患频繁，西晋、东晋、南北朝四百多年间社会局势混乱，礼崩乐坏、频有哀祸。以王羲之的著名的两个帖子《频有哀祸帖》《丧乱帖》为例：

《频有哀祸帖》："频有哀祸，悲摧切割，不能自胜，奈何！奈何！省慰增感。"

《丧乱帖》："丧乱之极，先墓再离荼毒……痛贯心肝，痛当奈何！奈何！……哀毒益深，奈何！奈何！"

师：王羲之留给后世的著名的书法作品，是他的信笺、便条，大多是关于这种离乱之痛的，乃至千年以后，我看到这个文字，犹觉得痛彻心扉，惊心动魄。再加上政治上的"大清洗"，《晋书·阮籍传》说"天下名士，少有全者"，在社会看上去很潇洒的人，可能无端地受死。所以许多士子由汉儒追求建功立业转而追求"自己"：

钱穆《国学概论》："世乱，生命涂炭，道义扫地，志士灰心，见时事无可为，遂转而为自我之寻究。"

师：这种"自我之寻究"即表现在课文的第二段的晋人的两种典型的生活方式中，是什么呢？

生："或取诸怀抱，悟言一室之内；或因寄所托，放浪形骸之外"。

师："悟言一室"如盛行清谈，喝酒，嗑药——嗑五石散。"放浪形骸"乃如率性而任诞，典型如阮籍拒做司马氏的女婿而大醉三个月，刘伶纵酒等。

师：王羲之所"痛"为何呢？

生："及其所之既倦，情随事迁，感慨系之矣"。

生："向之所欣，俯仰之间，已为陈迹"。

生："况修短随化，终期于尽"。

师：情乃迁，事为陈，人会尽。人就算是一百岁的高寿，但从整个宇宙的浩瀚来看，一百年只是刹那须臾。何其痛啊！

师：三句话总括起来理解，他在感叹什么？试着把李泽厚的这句话补充完整：

李泽厚《美的历程·魏晋风度》：____________是古往今来一个普遍命题，魏晋诗篇中这一永恒命题的咏叹之所以具有感人的审美魅力而千古传诵，也是与这种思绪感情中所包含的具体时代内容不可分的。

生：人生短暂。

生：生老病死。

师：人生的无常。一切都会过去、幻灭了。这是文学的母题，自古到今都慨叹，但魏晋时期特别强烈。鲁迅说“悲凉之雾，遍披华林”，如：

“善万物之得时，感吾生之行休。”

——晋·陶渊明《归去来兮辞》

功业未及建，夕阳忽西流；时哉不我与，去乎若云浮。

——晋·刘琨《重赠卢湛》

师：叹生命不永、无常与第一段“乐”有什么关系呢？

生：人生短暂，所以要及时行乐。

师：我们来读一读这两段，体会一下情感的变化，尤其注意在语调、语速上体现出这种情感变化。（师生共读一二段。读第一段，学生明显声音高昂，语速较快，尤其在“天朗气清”开始升调，“信可乐也”音调拉长；第二段，“夫人之相与”声音渐缓，“感慨系之矣”音调拉长，“终期于尽”声音低沉。）

5.“悲”中的执着努力（比较、补白）

师：人生短暂何不秉烛夜游。因有人生短暂之痛而及当下之乐，为何又“悲”呢？我们先看书法“悲夫”有涂改，苏东坡眼睛很亮地把它找出来，认为未涂前是“良可悲也”，也有人认为是“大可悲也”（见图7）。

师：为什么涂而改之？句式比较一下。

生：悲到没话说，便强烈地感叹。“悲也”是判断陈述，“悲夫”更表达他悲不可抑的情感。

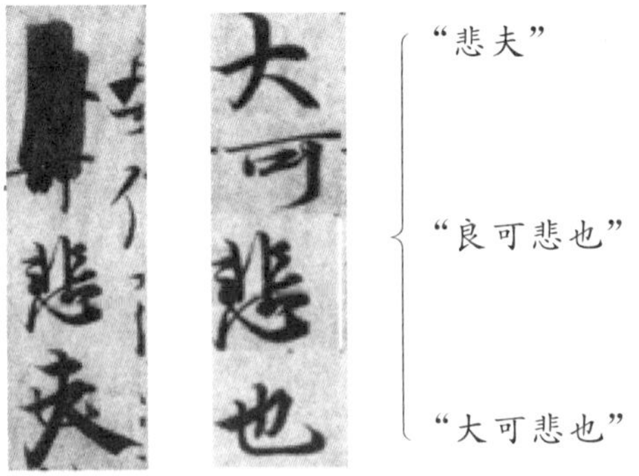

图 7

师：悲到极致。所“悲”是什么呢？王羲之认为把死和生看作一样是虚妄的，根据上下文，揣摩他未表达出来的“真意”，我们来补上一句。

固知一死生为虚诞，齐彭殇为妄作，而晓＿＿＿＿＿＿＿＿＿为真意也。后之视今，亦犹今之视昔。

生：死必临。死生非一，彭祖和殇子非同也。

生：活得有意义，及时行乐为真意也。

生：生比死要重要。

生：活的时候要有所作为。

师：这是他的生死观、生命的宣言。所悲为当时士子持道家“一死生”来对待死和生，浑浑噩噩地活着；所悲今昔千古未免“人终期于尽”之“痛”。这段文字情感表达的曲折，一方面有对于放浪形骸地否定，又有对人生的积极而为的信仰，更像是理智和情感、理想信仰与现实之间的博弈。难怪金圣叹说评他“古今第一情种”，也有人评价“消极其表，执着其里”。

李泽厚说：“在表面看来似乎是如此颓废、悲观、消极的感叹中，深藏着的恰恰是它的反面，是对人生、生命、命运、生活的强烈的欲求和留恋……它实质上标志着一种人的觉醒，人对自己生命、意义、命运的重新发现、思索、把握和追求。”

师：像刘亮程在《今生今世的证据》里面说的那样：“对于这样的世界，我证明我曾经来过，我用我的方式来为这虚无的人生做一些执着地努力。”王羲之人生执着的努力表现在哪里？

生：“故列叙时人，录其所述”。

师：记下来今天诗、雅事，让后世的人知道我今天的感慨。

6. 重理文脉，读后感悟（画曲线、接龙填句）

师：现在来看之前画的情感脉络曲线图，是否切合文意？

生：表面看上去是悲的，但是在所痛里面有理性的、思辨的思考，认识到生命的无常而努力地活。

师生共同将曲线修改为（见图 8）。

师：王羲之在书法上的执着努力，正是践行了他的生命观。

师：作为“后人”的我们今天“视昔”，学习这篇课文，你有什么感受呢？请接一句：兰亭已矣，＿＿＿＿＿＿＿＿＿！

生：物是人非。

生：悲夫叹哉。

图 8

生：风流已去。

生：王羲之不朽，王右军永在。

师：元人徐再思《人月圆·兰亭》中说“山山水水，诗诗酒酒，古古今今”，唯文字永恒，精神不朽。

【课例分析】

1. 立足“不懂”，定位学习目标，找准文本的解读角度

学习目标从哪里来？众所周知，课标、学情与文本。课标规定的是大方向，文本提供达成目标的个性资源，学情才是定位目标的根本。从学生的课前预习学案中可以看出，疏通文义、熟读成诵，学生基本做到了，但对于“作者在文中表达了怎样思想感情？”这一问题，很多学生没有作答，他们说能找到情感脉络词，但“不知道作者到底想说啥”，也就是说，学生读不懂文章背后的东西。教师以学生的困惑与不懂作为学习起点，由此确定学习目标，即知人论世，由时代关照文本。要达成这一目标，很大程度上取决于教师对文本的解读深度及广度，尤其是最终对解读角度的选择上，这决定于教师对文本背后资源的占有度，更决定于教师对学情的把握度上。从这堂课来看，教师对于文本的解读角度，显然不仅定位在“文本的情感是什么”，而是进一步将其定位在了“为什么会有这样的情感、怎样把握文本的情感”上。所以，纵观其课堂，你会发现这样一条思维的线索：为什么这篇序会有那么大的后世影响（序文的综合价值）？为什么作者在写景中用的是“茂林修竹，清流激湍”而非“茂林翠竹，碧流急湍”（序文的文字魅力）？为什么他们将自己的生命安顿在山水当中（序文的写作背景）？为什么说“固知一死生为虚诞，齐彭殇为妄作”（序文的思想内涵）？教师借活动的形式将学习内容一点点引发、展开、呈现，最终将其串起来，学生就因此找到了解读这篇文章情感的钥匙。

2. 依托活动，真切体验，激发学生深度思维

李海林老师曾指出：“搞活动”是语文课堂的基本教学形态。所谓搞活动，就是设计一系列读、写、画、做等动脑、动口、动手的活动，让学生主动参与到学习中，在亲身的体验中学习，领悟。为了让学生走进文本，深切体验其中的情感变化，教师打破以往单一的朗读、问答模式，采取了一系列小活动，如猜数字、画曲线、题画名、比较、填空等，用各种方式引领学生进入文本。活动是载体，是形式，体验则是目的。那么，体验什么呢？一是语言（或表现手法），二是情感。分析两例：第一例，对第一段中“此地有崇山峻岭，茂林修竹，又有清流激湍，映带左右”这一写景名句的鉴赏，教师采取的是不同文字形式的多重对照方式。先是与林语堂的英译文字形成对照，在比对中学生很容易就感受到中文的整齐美与节奏美；然后通过“修”与“高”的古今对照，进一步体验古典语言的韵味与含蓄；再通过“修竹、清流”与“翠竹、碧流”的对照，点醒学生对观景人心境、情操的思考，从而自然得出“文字是心灵的风景”的这一认识。设置情境，让思维动起来，让体验真起来，让语言活起来，这是学习和品读语言最好的方式。第二例，课堂上有两处填空续写下句的设计，一是“固知一死生为虚诞，齐彭殇为妄作，而晓____________________为真意也”，二是“兰亭已矣，__________________________”。这两处设计，看似填写词句，实则考查学生对文章情感内涵的把握，它引导学生从文章整体出发，提炼学习内容，表达自己的体悟。从学生的课堂表现看，这一设计很好地达成了目的。

3. 旁征博引，知人论世，开启形象解读的新思路

《兰亭集序》文字洗练，字字珠玑，但对于高一学生而言，要透过简洁的文字体会其中的生死观，则有一定难度。歌德曾说：“经验丰富的人读书用两只眼睛，一只眼睛看到纸面上的话，另一只眼睛看到纸的背面。”如何引导学生看到“纸的背面”呢？在本节课上，教师援引了较多的史料、故事、诗歌、评论等内容，比如用王羲之的两个名帖来形象展现魏晋战乱带给时人的哀痛，用传记、故事来生动体现晋人恣意山水、放诞无羁的性情，用名家点评来辅助学生对主题的理解等等。这些补充的资源不仅没有给人堆砌之感，反而丰富和增加了文本的形象性，畅通了对文本内涵的理解。如果说文本呈现了冰山之一角的绮丽之美，那么教师用多种方式引领学生潜入文本之后，探究的就是水面之下的冰山

之体，从而能够完整感受冰山之姿，真正地领略冰山之美。所以学生课后才会有这样的体悟："读一篇文章，要从作品背景深入分析作品表达的思想，主动思考而不是被动吸收"，"山水永恒，活在当下，奋发努力。这堂课激发了我对古文、兰亭、王羲之的兴趣"。

"世上不存在唯一的最优教学程序，只能从学习者的具体情况出发，设计与之相称的理想化程序。"（布鲁纳《关于学习的学习：一份会议报告》）评价一堂课，不是看教师讲了多少，而是看有多少学生的思维活动起来，有多少学生的情感投入进去，又有多少学生因此产生了对文学的兴趣。所以，立足学情研究，精心设计有效的学习活动，引领学习适当的内容，给学生看得见的收获，这应该是我们追求的目标。

参考文献

[1]张人利. 后"茶馆式"教学——提高课堂教学质量的实证研究[J]. 人民教育，2011(5).

[2]肖川. 教育的力量[M]. 长沙：湖南教育出版社，2008.

[3]王荣生. 教的根本目的是帮助学生学[J]. 语文学习，2009(9).

[4]薛涌. 今天我们怎样教孩子？[N]. 文汇报，2009-06-29.

[5]王荣生. 语文科课程论基础[M]. 上海：上海教育出版社，2003.

[6]李海林. "搞活动"是语文课堂的基本教学形态[J]. 中学语文教与学，2009(9).

[7]教育部. 普通高中语文新课程标准[M]. 北京：人民教育出版社，2003.

[8]斯腾伯格. 思维教学[M]. 北京：中国轻工业出版社，1998.

[9]郑可莱. 用"学习活动"优化小说教学——《礼拜二午睡时刻》教学设计[J]. 中学语文教学. 2017(4).

[10]郑可莱.《与朱元思书》活动体验教学设计[J]. 语文建设，2012(11).

[11]郑可莱，位世英. 以学为本，"活动"引路——《兰亭集序》教学实录及点评[J]. 语文教学通讯，2017(7).

郭吉成与“语文学习活动课程”

名师简介

郭吉成，浙江省正教授级高级教师，浙江省特级教师，浙江省“浙派名师名校长”实践导师，浙江师范大学教育硕士实践导师。浙江省特级教师协会理事，浙江省中学语文教学研究会理事，浙江省写作协会理事，全国语文学法指导委员会常务理事，湖州市中学语文教学研究会副会长，省人民政府基础教学成果获得者。浙江省第九、十批特级教师评审委员会组成人员，湖州市有突出贡献的专业技术拔尖人才，全国优秀语文教师。多年担任浙江高考作文评卷分组组长。个人著作和主编《本真语文教学与教例剖析》《新课标高中论述类作文写作指导》《走入真实情景的教学研究——专题课例研究》等20余部，在省级以上刊物发表教学论文600余篇，其中15篇被人大复印资料全文转载。

案例背景

语文，是与社会生活结合得最为紧密的学科。“纸上得来终觉浅，绝知此事要躬行。”“读万卷书，行万里路。”“博学之，审问之，慎思之，明辨之，笃行之。”古人的读书经验告诉我们，只有语文教学与生活实践相结合，语文课堂才找到了它的源头活水。

叶圣陶老先生说过：“咱们为了生活上的需要，从小就学习语言”、“生活就如泉源，文章就如溪水，泉源丰盈而不枯竭，溪水自然活泼泼地流个不停。①”

语文教学引导学生关心当代文化生活，尊重多样文化，提高文化品位。高中阶段课程设置除了国家课程外，地方课程设置应富有文化内涵和时代气息，注意联系当代社会和科技文化发展，联系学生生活。《普通高中语文课程标准(实验)》明确要求：“要密切联系社会生活，加强课内外的沟通，注意开发现实生活中的语文教学资源，在生活中学语文、用语文。”语文教学的资源是极其丰富的。自然风光、文物古迹、风俗民情、国内外的重要事件、学生的家庭生活，以及日常的生活话题等，都可以成为语文教学的资源。因此从选修课程设置的情况来看，语文课程的设置应根据本地区的实际情况，积极构建并开发语文学习活动课程，使之适应课程改革的需要。

顾之川说过：“体现大语文教育观，打破过去只在语文课堂上、只通过语文课本学语文的思维定式，力求沟通课堂内外、学校内外的联系，培养学生较强的语文应用能力、一定的审美能力和探究能力。②”《普通高中语文课程标准(实验)》的“课程的基本理念”中指出：“应增进课程内容与学生成长的联系，引导学生积极参与实践活动，学习认识自然、认识社会、认识自我、规划人生，实现本课程在促进人的全面发展方面的价值追求。高中语文课程，应注重应用，加强与社会发展、科技进步的联系，加强与其他课程的沟通。”在“课程目标”中指出：“能在生活和其他学习领域中，正确、熟练、有效地运用祖国语言文字。……注重跨领域学习，拓展语文学习的范围，通过广泛的实践，提高语文综合应用能力。……学会多角度地观察生活，丰富生活经历和情感体验，对自然、社会和人生有自己的感受和思考。”在“课程资源的利用与开发”中指出：“高中语文课程要满足多样化和选择性的需要，必须增强课程资源意识。各地区都蕴藏着自然、社会、人文等多方面的语文课程资源，应积极利用开发。”

由此可知，构建语文活动实践课程，是深化课程改革的方向。语文教师应高度重视课程资源的利用与开发，充分发挥自身的潜力，参与选修课的建设，创造性地开展各项活动，增强学生在各种场合学语文、用语文的意识，多方面地提高学生的语文素养。

语文学习本身具有很强的社会性和广泛性。仅仅靠有限的课内学习是很

---

① 中央教育科学研究所.叶圣陶语文教育论集[M].北京：教育科学出版社，1980.

② 顾之川.人教版教材简介[J].中学语文教学，2004，12.

难真正有效地提高学生的语文素质的。语文教学除了要继续抓好课堂教学之外，更要重视课外的广阔天地，重视课内向课外的延伸拓展，还应把封闭式改为开放式。因此，中学语文教学要摆脱山穷水尽的尴尬境地，谱写“柳暗花明”的新篇，真正提高学生的语文素质，就必须打破传统的语文“小课堂”学习的局限，引导学生走进生动丰富的社会生活中去拓展语文学习的“大课堂”，以大语文课堂去构建学生语文素质的互动网络。

也正因为有鉴于此，许多有识之士已成为语文学习活动课程建设的探索者、实践者。湖北特级教师张孝纯在20世纪80年代提出了“大语文教育的主张”，大语文教育实际上就是语文学习活动课程的具体实践。浙江省特级教师、正教授级高级教师郭吉成老师也早在1998年就开始在这方面做着具体的实践与研究工作，提出了“构建语文活动课”的构想。2000年他将这一设想具体到课题的研究中去，申报了课题《拓展高中学生语文学习空间的研究》，并被列为省级课题。在课题中郭吉成老师提出了语文学习除了课堂语文学习外，还有社会语文学习、生活语文学习、家庭语文学习等语文学习内容。这是郭吉成老师通过课题来实践语文活动理念的第一步。随着研究的深入，这一理念得到进一步的落实。2004年郭老师把语文活动课提升为“语文学习活动课程”并在全校实施，形成了比较完整的语文活动课课程体系，2007年他用这一研究成果申报浙江省人民政府奖，经专家评审，获得省人民政府二等奖。

案例赏析

一、语文学习活动课程的萌芽

语文是鲜活的，这是郭吉成老师对语文的本质以及他教语文的核心内容的认识。也正是基于这样的认识，才有了郭吉成老师的“语文学习活动课程”的构想与实践。当然这一认识的形成还得从他的学生时代的三件事说起。

读小学时，郭吉成老师腿肚子上生了一个毒疮，手术后在家疗养。郭吉成老师的邻居是“文革”初期一位造反派头头，这位邻居经常带人去抄家，也因此抄到了类似《苦菜花》《迎春花》《红楼梦》《水浒传》等名著。可由于是文盲不识字，他就把书偷偷地拿到郭吉成老师家给郭老师看，然后让郭老师讲给他听。

那个年代，书是非常稀缺的，像这样的名著更是少见。郭老师因腿部手术不能走路，有书看可解闷，也就高兴地接受了这项“任务”。白天父母出去干活，他一个人在家看书。晚上那位邻居来他家，他就给这位邻居讲白天从书中看到的故事。就这样，在那个年代，郭老师托这位邻居的“福”读了许多的书，虽然那时不懂得读书的真正价值，但郭老师从书中读到了许多生动有趣的故事，懂得了许多别人不知道的事，郭老师的知识面因此大大地拓展了。从此，他爱上了读书，爱上了语文，同时也爱上了讲故事。他把从书中读到的东西讲给别人听，就这样一直讲到他读大学离开村庄。虽然，这是一种无意识的喜爱，但郭老师说，今天想来，这应该是他与语文的初缘，也是他后来在语文这个教育岗位上所形成的“生活化语文教学”思想的原始动因。郭吉成老师说：“读书让我认识到了语文不是一个概念，语文是实在的，它需要多读多说多用，读说听写，是语文素养与能力形成的关键。”

郭老师的人生中的第一次“重大”的写作是在他读初中的时候。那时，他在农村一所初中读书，因为“文革”，语文课实际上更多的是学“毛选”。他的班主任兼语文老师范有鹏先生是一位 50 多岁的老师范毕业生。范老师在语文教学上有一套。语文课的时间会带学生去野外观察，春天看柳树发芽，夏天看河水暴涨，秋天看树叶飘零，冬天看山上积雪。观察后还让学生写一些小文章传看，郭吉成老师的作文常被当作范文。有一次学校要举行活动，他被校长指定代表全校同学在大会上发言。那次写作，距今已有四十多年了，记忆中所保留的痕迹，更多的是发言本身，而非发言稿的写作。郭老师说：“隐约记得，我在从写字本上撕扯下来的两页皱巴巴的纸片上，按校长的意图用铅笔浓浓地写下的一些文字，其实更多的是校长用红墨水笔勾画的成片的文句。具体的内容，除了开头一句‘全国上下莺歌燕舞，革命形势一片大好’和最后一句‘好好学习天天向上，誓将革命进行到底’至今记得外，其他的话语已经淡忘，应该多是革命口号的罗列与排比。记忆犹新的是发言当天一长片平房教室前的泥土操场上全校师生黑压压的人头、自己的怦怦心跳和满头大汗以及通过高音喇叭扩散在天空中的明显颤抖的稚嫩嗓音，当然还有经久不息的掌声。虽然那次的演讲稿自己是‘被写作’的，但因其意义的重大而给我留下了终身印象。”多年以后，当郭吉成走进大学中文系，走上语文教学这条道路上后，他才从中切身地感悟到了两点：一是语文学习本身的价值不在乎你学了什么，而在于你是怎样去学、去用的；二是写作本身似乎并非是目的，而只是一种途径，通过它来传递某种强烈的情绪，感染别人，这种情绪应该是自我的、真实的。这个感悟一直影响着郭吉成的语文教学观和作文教学观。

1972年夏天，郭吉成读高二，农村“双抢”(抢收抢种)。因他是村里唯一的高中生，生产队长将每三天编写一张8开油印“双抢”快报的任务交给了他。当时他认为凭他的语文水平，完成这个任务是不成问题的，就欣然接受了。但没想到，出了两期并没有达到他所希望出现的效果，看“战报”的村民寥寥。他问生产队长原因在哪里，队长委婉地说：“你写的东西文绉绉的，去田头走走吧。”于是，白天他走到了田间体验村民的劳动情景，劳动间歇时听村民聊天、说笑；晚上回到家他试着用顺口溜、三句半、小故事的形式把村民们的“双抢”情景、好人好事表现出来，小报的内容变得自然真实，生动鲜活。村民们喜欢上了这份8开的油印小报，油印数量比原来翻了倍。郭吉成老师说这件事对他的影响十分久远。自此他知道了语文是与生活紧密关联的，真正的语文不是虚空、抽象的语文知识和语文概念，更不是玩弄几个词语。它是真实的，有生命的。这种思想一直影响到他今天对语文教学境界的不懈追求——在本真语文教学的情境中生活化地教语文。

以上三件事，对郭吉成老师喜爱语文及语文教学，乃至形成语文教学思想影响很大。这让他体会到，无论是学语文，还是教语文必须有“三有”：小学时他知道了学语文要“有积累”，只有多读，多说，才能学好语文。初中时他懂得了学语文要“有自我”，有自我才算是会学语文。高中时他明白了学语文须“有生活”，有了生活，语文学习才是生动、鲜活的。此后，在他自己的生活、工作中，无论是学语文还是教语文，核心准则始终是中小学时代悟出来的“三有”。这“三有”是郭吉成老师以后在语文教学中提出的语文活动课的思想基础。

顾黄初先生指出：“语文是在生活的广阔天地里频繁运用的重要工具，要教学生掌握好语文工具，我们的思想就要向广阔的生活审视。”“语文教学的改革，关键在贴近生活，这是‘根’。[①]”刘国正先生说：“语文，天然地是与生活联系在一起的，语文学习，在整个社会生活中无所不在。牵牛要牵牛鼻子，与生活的结合，就是语文教学的牛鼻子。[②]”

语文教学要与学生心灵相沟通，语文课堂要与社会天地相接壤，摆脱“应试

① 顾黄初．语文教学要贴近生活[J]．文教资料，2008，17．

② 刘国正．大语文教育论集[M]．北京：人民教育出版社，1995．

语文”的束缚，使学生利用课堂上的“知”，到生活中去广泛的应用，在用中学，在学中用。以此提高学生语文学习的兴趣，提高语文教学的效率，提高学生的语文素养。这就需要我们构建语文学习活动课程，在“语文教学‘生活化’，学生生活‘语文化’”方面进行探究。

二、语文学习活动课程的构想与实践

语文学习活动课程体现的是大语文的教学思想，它是对语文通用教材中所学知识的延伸和拓展，属于校本选修课程。基于这样的认识，郭吉成老师认为，语文学习活动课程的顶层设计思路应该是以自主探索为核心，以具体的兴趣活动为载体，以语文素养和能力提升发展为目的，以过程评价为尺度。在这一思路的指导下，他主张语文学习活动课程既要重视知识认知，又要强调活动建构与能力的提升。

从语文教学的实践出发，郭吉成老师将语文活动分成了六种类型，并在实际的教学中不断地完善，使其初步形成了相对较为完整的活动课程体系。下面简要地介绍郭吉成老师的语文学习活动课程的六种类型与实施方法。

1.课内外结合型

课内外结合型，即紧密结合学科内容，将活动内容与语文学科的教材知识学习结合起来，从学科学习中寻找活动内容。郭吉成老师将活动模式的空间既设定在课堂内，也扩展到课堂外，使语文学习的内容从课内扩展到课外，形成大语文学习的模式，并通过省级课题《拓展语文学习空间的研究》来具体落实。

这种课内外结合型的语文学习活动是教师根据教材教学的必要性和可能性来设计的，其好处是，在达成活动目标的同时也深化了学科知识的理解与掌握。比如“对《红楼梦》的认识”、“怀古咏史诗的研究”就是这种活动模式。前者是高一年级学生学了必修教材中编写的《红楼梦》(《林黛玉进贾府》)后，教师设计的一项实践活动；后者是在学了咏史怀古(《念奴娇·赤壁怀古》《永遇乐·京口北固亭怀古》)的诗作后，教师设计的一项活动内容。这种实践活动的设置都是与教材学习内容紧密相关的，是对课内知识的拓展。之所以称这种活动模式为活动课程，是因为它需要学生通过上图书馆，或通过上网来查阅资料文献，并通过小组团队结合的方式来完成的。它与课文学习的内容紧密结合，但又不限于教材内容，整个活动分两步走，课内知识学习与课外知识拓展相结合，具有很强的学习实践性。

2. 专题研究型

专题研究型，即根据语文学科教学内容，对课程教学中某些相关的教学内容进行组合，形成若干专题，由学生自由选择，组成研究小组，按专题研究的方式进行课内外结合的探究活动。郭吉成老师认为这种课内外结合的活动模式，专题性强，研究性强，目标性强。经过长期的实践，事实证明，这种类型的语文学习活动可以让学生通过探究式的研究对课程教学中可发散的或未能展开的内容，在实践体验中进一步感悟、深化。如由郭吉成老师和语文组的老师一起设计的“民俗文化探源活动”。民俗文化是中华民族优秀传统文化的重要组成部分，是民族文化的根基。这一学习活动，进一步引导了学生关注发生在身边的耳熟能详的民俗文化现象，更直观地体验民俗传统文化的魅力，增强了学生的爱国情感和民族自豪感，培养了学生进行语文学习活动的能力和深入思考的习惯。中国是“世界竹子之乡”，漫长的种竹、用竹、咏竹、画竹的历史赋予竹丰富、深厚的文化内涵。搜集关于竹的诗词典故、成语名句，能够让学生对祖国的灿烂文化有更具体的认识和了解，增加文化意识和文化素养。安吉是中国十大竹乡之一，竹和竹制品以各种形式深入到我们的生活，根据这样一个事实，在学了《南州六月荔枝丹》后，郭老师专门设计了“品悟家乡竹文化主题学习活动”，在活动中引导学生从已有的知识出发，利用安吉丰富的竹业资源和因此深入人们生活的特点进行开发整合，在增长见识的同时也增进了学生的家乡情。

郭老师的“专题研究型”语文学习活动，着眼于身边的身边的人、事、物、文化。他认为，这样做可以把语文学习、文化传承和丰富多彩的现实生活结合起来，让学生用文化的眼光去看待民俗的文化和现实鲜活的物象，帮助学生从其生活世界中发现学习感兴趣的主题和内容，从中产生新的认识与发现。

3. 创意实践型

郭吉成老师在多年的语文教学实践中深刻地感受到，语文学习不仅仅是知识的学习，还应该是在知识学习的同时，将知识运用于实践中，进行创意性的语文学习活动，基于这样的认识，他积极地在语文教学中探索着，开展了“创意活动型”的语文学习形式。这类活动的特点是创意成分突出，成果呈现快捷而直接。它注重由模仿到创意的转化环节，对活动成果的评价突出创意成分的展示。如“旅游广告词创意”、“对联创意”、“课本剧创意”等就属这类活动模式。这类活动集知识与运用于一体，实用性强，与生活紧密结合，同时也可以服务于高考（如高考语言运用题的考查），很受学生的欢迎。

4. 社会调查访问型

这是一种语文直接走向社会的活动，即组织学生走向社会，进行社会调查，让学生通过社会调查活动了解社会、了解生活、了解自然。郭吉成老师认为，让学生走向社会，是语文学习的重要组成部分。走向社会学习语文，对学生语文能力的培养是多层面的，如生活交际能力、口语表达能力、语言即时应答能力等，这对提高学生关注社会、关注自然的认识能力均有很大的帮助。郭老师认为，这是真正地实践“语文的外延与生活相等”的大语文学习理念。在组织社会调查访问型的语文学习活动时，他让学生的自行确定调查内容，按小组形式进行。如“城镇居民节日消费状况的调查”、“民工子弟学校访问”、“中南百草园旅游业发展现状的调查”、“黄浦江源生态保护现状的研究”等主题活动就是在学生广泛讨论的基础上形成的。

5. 信息采集型

郭吉成老师一直认为，语文教学需要广阔的教学空间，需要开放性。生活是语文的源泉，也是语文能力形成的土壤。因此，在教学中，他在让学生利用课堂很好地学习、理解、消化语文知识的同时，还十分关注学生语文学习的心理需要，创造性地开发、配置课堂外的各种学习资源，让学生利用电视、网络语言资源进行语文学习，收集整理网络语言、广告语、现代流行语以及根据主题从报章中搜集相关信息等，有针对性地将语文的学习引向生活。这是郭老师对语文教学的一种创造性的思路开拓。开展信息采集型活动为学生创造性地学习语文开辟了广阔的空间，更重要的是学生在资源整合的创新性学习平台中不断地探究实践，逐渐形成了信息采集的能力和语言能力，提高了语文素养，为自身的可持续发展打下了坚实的基础。在具体的做法上，郭老师将活动的重点放在学生的亲为上，将学习与实践结合起来，将阅读与写作结合起来，激发兴趣，改变学生的学习方式，突出学生的主动学习和主动获取，变教师“授人以鱼”为“授人以渔”。

6. 读书交流型

郭吉成的语文教学非常重视学生的阅读。他认为，一个不读书的人不可能走得很远。读书对一个人极为重要，他本人就是一位读书的得益者。因此，在他语文教学中，读书交流活动是教学的一种常态活动。这种活动设计为自由阅读与定向阅读两种。自由阅读要求学生在课余时间内或阅读时间内进阅览室进行阅读，阅读内容或阅读材料不作任何的限制，由学生自由选择。这样的阅读方式自由度高，灵活性强，学生阅读的自主性强。定向阅读则由教师依据教材内容或年级段阅读的要求规定阅读内容，鼓励学生读整本书。如向学生推荐30篇中外名著、200首中国古代诗歌等。定向阅读可以进一步提高学生的阅读品位，通过文质俱佳、人文价值与审美价值兼具的名作的阅读和内化，整体提高学生的语文知识水平和阅读写作能力。在阅读过程中，他要求学生或摘抄卡片，或写评点，为了使学生对读书过程中所做的努力能够得到及时的反映，也为了激发学生的读书兴趣，他不时组织读书交流活动，给每个学生提供锻炼和展示才能的机会。

三、对语文学习活动课程的实践

多年的语文活动课程的实施，使得郭吉成老师在语文学习活动课程的建设上，形成了自己独特的认识。他认为语文学习活动课程是学生语文学习的延伸，它的主阵地是在课外，因此，在实施过程中他主要顾及的是学生个体的兴趣、经验、情感，从学习者的心理层面和认知层面上实现思维结构、价值结构的综合。他还认为，语文学习活动课程学习注重的应是学生对知识的“探究”与“创新”，强调的应是学生的“个体本位”、“实践本位”，而不是“知识本位”。也正是基于这样的考虑，郭老师突破教学的封闭状态，创设一种开放、动态、主动、多元的语文学习环境，将知识与经验、理论与实际、学习与活动有机地结合起来，让学生在丰富、自主的自然体验、社会体验、文化体验、生活体验等实践活动中学习语文，并从中学会发现问题、分析问题、解决问题。

在语文学习活动课程的具体实施中，郭吉成老师十分重视活动内容的确定与选择，对每一个活动内容从探究活动课题的来源、信息渠道、施教对象，到研究方式、解决问题、结果或收获、表达形式等都强调开放、多元、主动和创造性。

在活动过程中，注重学生语文探究精神的培养，每一项实践活动都由学生自主提出问题，自主求证，自主获取结论，探究性贯穿整个课程。在探究的过程中有两种可能，或成功，或失败。无论是成功还是失败，郭吉成老师都予以肯定，因为郭老师认为这样的探究类似科学研究或设计活动，但更强调一种体验、一种过程和形式，学习是最终目的，探究是学习的载体，不以获得有价值的最终结论为主要目的，这有利于学生在语文实践活动中培养一种求真求实的科学态度和严谨的学习习惯。因此，郭吉成老师肯定的是一种探究的精神。从这里，我们可以看到，郭吉成老师的语文教学思想，追求的是一种语文学习的本质，以及学生语文素养在实际生活中的提升与发展。

语文学习活动课程的内容来自社会、科学、生活和自然。基于此，在活动过程的设计中，郭老师鼓励学生走向社会，走向自然，走向生活，引导他们主动发现问题和积极主动解决问题。他认为实践是学生获得知识体验的重要途径，尝试、应用已有的知识比学习新知识更为重要。因此，将一切活动都作为学生的一种学习形式，是郭老师大语文教学思想的又一种体现。他组织的语文学习活动课程是以活动的形式展开的，是以通过语文学习活动，促进学生的学习作为主要目的的。因此，我们从他的活动的设计上(见后面的具体案例介绍)，可以看出他充分地考虑到了课程的学习特点，一方面将实践活动的内容与国家通用教材作了紧密的联系，做到活动内容是教材学习的拓展与延伸，让学生在语文实践活动中有兴趣地、愉快地学习知识，补充知识，完善知识；另一方面，在活动的过程中鼓励学生综合运用各种语文知识，努力建构不同知识之间的联系模块去解决问题，创造新的内容，在充满了自主学习的过程中不断完善自我语文知识的学习与能力。也就是说，郭老师的语文活动课程的学习是将语文学习放在一定的社会和生活情景之中的，在情景中学语文，在情境中建构语文知识，在情境中提升与发展语文素养。这也是郭老师一直“情景语文”教学的思想基础与组成部分。

四、典型语文学习活动课程课例设计与分析

课例设计 1　浸润其俗，体察其蕴：民俗文化探源

【背景介绍】

本课例设计为语文学习活动课程中的“文化研究”专题。该探究性学习以

综合性实践活动方式开展。

民俗文化是中华民族优秀传统文化的重要组成部分,是民族文化的根基。引导学生关注发生在身边的耳熟能详的民俗文化现象,可以更直观地体验祖国传统文化的魅力,增强学生的爱国心和民族自豪感,提高学生进行社会实践活动的能力和深入思考的习惯。而安吉丰富多彩的民俗文化资源则为民俗文化探源活动的开展提供了可能。

【活动目标】

(1)感悟中华民族博大精深的传统文化,了解、探寻民族文化传承与发展的过程。

(2)提升实践活动能力,激发探究民俗现象的兴趣。养成探究中学习、体验中学习、终身学习的习惯。

(3)真正实现语文学习生活化、实践化,弥补现有课程体系中民俗文化知识明显不足的缺陷。

【活动内容】

安吉(乃至湖州地区)先秦时期属吴越之国,是长江流域文明的发源地之一,自古以来就有人们在这里繁衍生息,秦代故障郡的郡治即在安吉,加之又地处交通要道,人流密集,历史上又经历了几次较大规模的移民,故文化传统源远流长,留下许多独特的民间习俗,而这种代代传承的生活方式又往往被现代人所忽视。

民俗文化活动带有鲜明的地域特征和季节特征,据此可成两种方式来探源。

(1)按民俗文化的地域性特征分组探源。安吉是多民族地区,从历史延革来看,又是一个移民众多的地区。境内居民以汉族为主,兼有畲族等少数民族。各种方言区种群杂有:安吉本地人,安庆人,河南人,"上八府"(宁波 、绍兴、台州等)人,温州(平阳)人等。在这众多民族、多方言种群的背后,是各自不同(甚至是大相径庭) 的生活习性,这就为我们开展民俗文化探源活动提供了厚实的基础。

(2)按民俗活动的节令性特征来探源。民俗文化活动的节令性特征也十分突出。许多民俗活动往往是围绕着一个大的节令展开,比如春节前后民间文化中就有丰富多样的习俗。

较大的节令性民俗活动主要在农历的春节、元宵节、清明节、上巳节(三月初三)、端午节(五月初五)、七夕(七月初七)、鬼节(七月十五)、重阳节(九月初九)、冬至、除夕等节令举行。

民俗活动包括各方言种群不同的生活习惯、饮食文化、服饰文化、婚丧嫁娶、消费观念、人际交往的礼节等等。

体验、感悟从这些民俗文化中折射出来的文化内蕴,不仅能了解我们生存环境的生活史、社会变化史、文化史,而且有助于我们树立更为科学的文化观。

【活动方法】

(1)组织形式。鉴于民俗文化鲜明的地域性、动态性等特征,对民俗文化的探源活动不可能、也不应该以课堂学习的方式进行,必须用更为开放、自主的实践调查活动方式开展。

活动的组织形式大致可分为两种:

①小组调查方式:采用自由组合的方式,人数不拘(一般在 3～5 人)。

②个人单独行动方式:多适用于对家族文化习俗的溯源。

学生一般利用课余时间(节假日、周末等)开展活动,可以是以社会调查型的形式,也可以是以专题研究型的方式。

(2)活动方法。

①实地调查法。鉴于民俗活动大多以群体的行为和口耳传承的方式进行,因此获取民俗活动资源的最有效方式即是实地调查。用这种方式,学生可以从亲友或乡邻中获得大量鲜活的资料,从而对民间习俗有一个感性的认识。

②史料钩沉法。如前所述,安吉因特定的历史地域环境,历代传承下来的民风民俗极其丰富,而且在传承过程中又有许多变革和创新,因此除了从现实生活中了解民俗文化的今天,还必须从古代的典籍文献中去了解民俗文化的过去,从而对某一民俗文化现象建立完整的认知体系,拓展其深度和层次感。

③比较研究法。就文化的特性而言,除了它鲜明的传承性外,还有它的动态性,而导致文化的动态发展的原因很多,多种文化习俗间的交流乃至碰撞也是重要因素。因此对同一民俗现象不同历史时期内的变迁情况作比较,对不同地域、不同民族(种群)的同一民俗现象进行比较均有助于我们加深对民俗文化社会学价值的认识。

④内蕴提炼法。了解、感知民俗文化现象本身肯定不是我们活动的真正目的之所在。透过民俗文化现象的表象去体察我们这个民族数千年传承下来的生存方式及其文化内蕴等才是目的。要引导学生以科学的认知方法,对民族的

传统文化进行思辨，从生动直观的民俗文化现象中抽象出其内蕴的文化特质，学会鉴别精华糟粕，把握我们民族文化的脉搏。

此外还有问卷法、讨论法等。

【活动过程】

(1)激趣。可从生活中的民俗文化现象引入，亦可从教材中的民俗文化现象引入。

语文教材中随处可见丰富多样的民俗文化现象。如鲁迅的小说《祝福》就出现了多种民俗：祝福、捐门槛、避讳等。汪曾祺的《胡同文化》中也提及了许多的北方民俗。

(2)探源。组织活动小组。开展实地调查。查阅典籍，充实资料。

(3)思辨。在第一手实地调查，获取感性认识的基础上，对诸多民俗文化现象中蕴含的文化因子进行思辨剖析。比如对那些具有地域性(种群性)特征的民俗现象可侧重于发掘它所附载的地域文化精神与品格，诸如台州人的坚韧，温州人的敢闯，嘉兴人的儒雅，东阳人的吃苦耐劳，绍兴人的聪明机智等等。对那些节令性的民俗现象侧重于其社会学价值。

[例]春节民俗文化探源活动简案：

①过年习俗的渊源(搜集整理相关故事及传说)。

②丰富多彩的春节民俗活动(搜集整理)。

服饰：正月初一穿新衣，流行红色等。

饮食：吃年夜饭(一定要全家团圆，要吃鱼)，初一吃糕团汤(高升)、馄饨(兜财)等。

居室：贴春联、贴福字、除尘。

守岁：放爆竹、发红包(压岁钱)。

交往：拜年(走亲戚，给长辈请安)等。

③春节民俗文化活动人文内蕴。

辞旧迎新→对美好幸福生活的追求。

阖家团圆→浓郁的家乡(亲情)情结。

亲情传递→华夏民族向心力的标志。

结论：春节民俗文化活动是多民族交往的纽带、载体。

【课例分析】

(1)利用课余时间引导学生进行民俗文化探源活动，能够让学生直观地感受到民俗文化的博大精深，进而领悟华夏民族文化的深邃内涵，有助于学生道德价值体系的完善。民俗活动大多反映了一代代传承至今的人类对自然、社会的探求过程，也体现了不同民族（种群）的地域文化精神，乃至伦理道德标准等等。这种薪火相传的民俗文化遗产无疑给学生提供了一把打开民族文明史宝库的钥匙，其教育价值不容低估。

（2）能体现语文学科的人文性特征，真正实现语文学习生活化、实践化。开展民俗文化探源活动，还增强学生的实践活动能力、自主学习能力，打破传统教学中把书本知识作为唯一载体，教师是唯一知识授予者的定势，使学生在兴趣的驱动下，充分发挥自己的动手、动眼、动脑能力，主动地去探究。学生参与活动的主动性、积极性会得到调动。在这过程中他们的创新精神、探究精神会得以滋长，能很好地实践新课标的教学理念。

课例设计2　品千年竹韵　悟竹乡新风:品悟竹文化

【背景介绍】

本课例设计为语文实践活动研究中的“社会实践专题”专题。该探究性学习以综合性实践活动方式开展。

“华夏竹文化，上下五千年，衣食住行用，处处竹相随。”中国是“世界竹子之乡”，漫长的种竹、用竹、咏竹、画竹的历史赋予竹丰富、深厚的文化内涵。让学生通过搜集关于竹的诗词典故、成语名句，使他们对祖国的灿烂文化有更具体的认识和了解，以此增加他们的文化意识和文化素养。安吉是中国十大竹乡之一，竹和竹制品以各种形式深入到我们的生活，引导学生从已有的知识出发、用文化的眼光去看待现实鲜活的事物和现象，会使学生产生新的认识与发现。

【活动目标】

（1）在社会实践中，提升语文探究学习的能力；

（2）在实践活动中学习搜集、整理资料的方法；

（3）将语文学习和社会调查结合起来，在生活中学语文，在生活中学会认识和发现。

【活动准备】

活动前可以用竹的盆景、图片、诗句布置教室，营造浓厚的竹文化氛围。老师应先适当介绍有关竹子的知识，引发学生进一步探究的兴趣。

该主题活动有两项主要内容：一是学生自行搜集整理资料，二是学生实地参观考察。前者老师应了解学校图书馆阅览室的有关与竹相关的藏书情况并适当介绍一些书目，联系好电子阅览室确保学生能上网搜索，同时明确资料交流、整理的具体要求。后者应选择合适的考察对象，确定时间、交通方式、考察的形式，并指出具体要求及注意事项。

【活动过程】

(1)介绍知识，激发兴趣。补充相关知识：我国养竹、用竹的历史悠久，早在7000多年前，我国先民们便将竹用之于书写、衣着和娱乐。宋代苏轼曾云："食者竹笋，庇者竹瓦，载者竹筏，炊者竹薪，衣者竹皮，书者竹纸，履者竹鞋，真可谓不可一日无此君也。"可见，竹进入中华民族的生活中，在各方面发挥了巨大的作用，深刻地影响了中国的文字、科技、文艺和日常生活。

"未出土时便有节，及凌云处尚虚心"。竹子坚韧挺拔、虚心自持的品质常作为君子人格的写照，"居有竹"成为文人雅士追求住所的最高境界，被认为是精神上一大享受。更重要的是竹子虚心、有节、不畏霜雪的外观特性与我国传统的伦理道德和审美意识相契合，进而成为中国传统美德的物质载体。

中国人对竹有特殊的感情，古往今来，诗人、画家、摄影师都在以不同的艺术形式表达自己对竹的爱慕之情，竹子汇聚了丰富多彩的文化内涵，中国文化浸透了竹的印痕。循着竹的踪迹，我们可以探知博大精深的传统文化的一角。

(2)交代活动主题，明确步骤要求。本次活动是以竹子为切入点，通过搜集资料了解传统文化的一个方面。用文化的眼光看竹与竹制品的发展变化，关注身边的竹文化。

具体步骤和要求：

①通过书籍和网络广泛搜集有关竹的成语、诗句、典故和作品，并做好摘录。

②整理资料，分小组分类汇编交流，更好地认识竹文化。

③分组实地考察，记下自己的感受，补充具有本土特色的竹文化知识。

④带着文化的眼光看生活，在实践中了解竹、竹制品、竹产业的发展，体味其中包含的文化内涵。

(3)搜集、整理资料。首先要求学生主动地阅读，广泛地占有资料。分组汇编整理资料时，先讨论分类，确定组长，学生自由到组长处交稿并登记。如按用途分为竹工业品、竹工艺、竹美食、竹乐器、竹运动等；按文化形式分为成语、诗词、典故、绘画书法等。咏竹的佳句还可分为写竹的姿态，写竹的性情，借竹以抒怀，用竹以咏志等。整理好的资料以印发、张贴的形式交流，好的诗句还要求熟读背诵。

(4)实地考察。根据当地的资源情况及学生实际，考察分两组进行，时间定在周末。一组到较远的安吉竹子博览园考察，它是集竹文化、竹工艺于一体的中国竹子博物馆，与亚洲规模最大的安吉竹种园完美结合，是融科研、生产、生态、旅游等诸多功能为一体的竹类大观园。一组到较近的“谈竹庄”等几个较有名的竹工艺品、特产商店，竹产品工厂考察。

外出考察之前，教师应强调考察过程应注意的问题，如听、看、记、问等细节问题，同时要让学生明白这不是一次一般性的游览，而是一次感悟文化、提高认识的语文探究学习主题活动，要用文化的眼光细心观察，并做适当的记录。

(5)感悟、写作。活动结束后，要求根据自己的参观考察补充自己搜集来的资料，同时抓住自己感触最深的某一方面，写一篇感悟竹文化的文章或调查论文。

最后让学生明白：安吉的竹文化在竹博园、谈竹庄有较集中地体现，但远不是全部，考察活动的结束并不是感受竹文化活动的结束，而是用文化的眼光看竹与我们生活的开始。竹资源是安吉最主要的资源之一，竹产业也在安吉蓬勃发展，遍地开花，平时在生活中要做有心人，细心观察、认真思考、善于总结和发现。文化眼光不是一般目光，它必须具有文化意识和文化素养，这需要我们不断地学习、锻炼和培养。

(6)交流展示。让学生将自己的文章或论文以小组方式进行交流展示，选出优秀的作品汇编成绩。

【活动建议】

可以与《胡同文化》的教学、拓展联系起来，让学生明白只要用文化眼光来看，我们的衣食住行吃都汇聚了一定的文化内涵，如民居文化、服饰文化、案头文化、药文化、食文化、酒文化、茶文化等等。如果我们用这样的眼光来看待生活的一切，才会真正感受到中华文化的博大、丰实与深邃，才会感受到身边的点点滴滴都与民族传统文化息息相关。

本探究性主题活动难度不大，要充分体现学生的主体地位，让学生唱主角，老师作为一个参与者与组织者，做好事先策划、分工落实、过程调控、评价导向等工作，确保活动有序、有效地进行。该活动可在课内安排两课时，分别为活动前的介绍知识，激发兴趣，明确要求，和活动后的总结交流，中间环节在课外进行，视活动进程安排一周左右的时间。该活动的成果，可联系地方刊物、报纸选发一部分，或在校刊，班刊开辟专栏连发，让学生领略活动的价值和意义，领略成就感。

【课例分析】

社会的发展对语文课提出了更高的要求。新课标要求改变课程实施过于强调接受，死记硬背、机械训练的现状，倡导学生主动参与、乐于探究、勤于动手，培养学生搜索和处理信息的能力、获取新知识的能力以及交流与合作能力。主题活动就是一种实践的、开放的教育活动，倡导一种把语文学习、文化传承和丰富多彩的现实生活结合起来的学习方式，使课程生活化，学习生活化，使知识的积累与经验的感受、情感的投入与思想的收获结合起来，使知识的学习、语言的锻炼始终伴随着责任感、文化意识、道德意识等人文精神提升。

生活是无穷的源泉，生活即教育。“川原五十里，修竹半其间。”家乡丰富的竹资源，悠久的种竹用竹的历史，蓬勃发展的竹产业，频频举办的竹文化节为开展本次主题活动，引导学生进行探究性学习提供了无限的契机。由于竹一直处在历史的、民族的、地域的、人文的等环境中，必然浸入这些因素，成了一种区域文化的载体，具有文化的价值。竹对于我们，已不只是可以欣赏、可以利用的植物了，“一枝一叶总关情”，它还是一首无字的诗，一曲奇妙的歌，是中华民族品格和情操的象征。“感悟竹文化主题活动”通过搜集、积累资料，实地考察，使长期积淀的人类文化和现实获得的文化信息相溶合，使学生把书本知识的学习和直接经验相结合，弥补了当前基础教育课程脱离学生自身生活和社会生活的倾向，为学生开辟了一条与他生活于其中的世界交互作用、持续发展的渠道。让学生在体验与探究中不断成长，在参与和融入社会中不断成熟，在认识自我中不断完善，同时增加对自己生长和生活的环境及其文化的了解和热爱，引导学生热爱生活，用文化的眼光看待生活，并学会健康愉悦地、智慧而富有创意地生活。

课例设计3　走进“大观园”:《红楼梦》人物研究探究活动

【背景介绍】

本课例设计为语文实践活动研究中的“文化研究”专题。该探究性学习以学科结合探究方式开展。

高中语文教材编入了多篇名家作品，这些名家作品对陶冶人的情操，培养人的思想，养育人的心灵，提升人的素养有着十分重要的作用。但目前在中学语文教育中，由于受到应试教育的影响，没有充分地利用这些作品去养育人的精神。大多情况下，只是按部就班地进行课文肢解式的教学，造成了教育资源的浪费。本课例设计的目的就是在于引导学科教育从单纯的应试教育中走出来，借以名著名篇，作教育资源整合，以达到学科资源的最佳教育效果。

《红楼梦》是我国封建社会的百科全书，以贾宝玉、林黛玉的爱情悲剧为中心，描绘了贾、王、史、薛四大家族由盛到衰的过程，深刻暴露了封建统治阶级的奢靡丑恶，揭示了封建社会必然崩溃的历史命运。书中塑造了众多血肉丰满、个性鲜明的人物形象，成为不朽的艺术典型。这些栩栩如生的人物形象在读者的心中留下了难以磨灭的印痕，如宝玉、黛玉、宝钗等等，可以说是家喻户晓。这部代表了我国古典小说最高成就的伟大作品，理应让我们的高中学生去了解、赏析，接受它的熏陶。学生对作品中的一些主要人物也是比较熟悉的，他们有比较浓厚的兴趣去接近这些人物，我们教师的任务是引导学生提出对这些人物的个性化看法。

【活动目标】

(1)学会拓展性学习，学会利用资源进行整合，充分发挥学习资源的最佳效用。

(2)激发读书的热情，培养个性化思考问题、发表见解的能力。

(3)了解专题研究的思维方法与行动方式，为将来作专题研究提供感性认识。

(4)提高小说人物形象的鉴赏能力，并培养依据资料独立研究的能力。

【活动方式】

紧密结合学科内容，将活动内容与学科教学结合起来，从学科学习中寻找活动内容，是该探究性学习活动的基本方式。

本专题应在学习课文《林黛玉进贾府》的基础上开展。

【活动设想】

通读原著，根据自己选定的人物，在通读的基础上对书中有关部分进行详读，从中摘取有关材料。到图书馆或网络上查找资料，找出与自己所选定的研究人物有关的前人论述以及当代一些名家的论述。对所查找到的资料进行比较筛选，对他人的论述进行深入思考和比较选择，并逐渐形成自己的观点。然后与老师或同学进行讨论，修正自己的观点，将自己的观点撰写成文。

【活动难点】

因《红楼梦》是一部皇皇巨著，篇幅很长，涉及的人物和故事情节众多，阅读起来得下一定的苦功夫。再者《红楼梦》达到了中国古代小说的巅峰，因此对于还缺乏系统审美鉴赏文学作品能力的高中学生来说，有较大的难度。高中学生学业较重，没有太多的课余时间，所以时间安排上也有一定的困难。

【活动过程】

活动的主体框架以高中学生的认知规律为基准，合理安排各个环节，引导学生逐步深入《红楼梦》中的人物，畅诉自己个性化的观点。教师作为此次活动的策划者，应当对整个过程实施计划了然于胸。整个活动大致由以下几个部分组成。

(1)通读原著。《红楼梦》是一部世界级的文学名著，艺术价值难以估量，篇幅也达到了一百二十回，但这并不影响它在群众当中的广泛流传。尤其是八十年代电视连续剧《红楼梦》播映之后，《红楼梦》可以说是达到了家喻户晓的程度，贾宝玉、林黛玉、薛宝钗、刘姥姥等人物形象为大家所熟知。不过当代的高中生对《红楼梦》及其中的人物形象已远比不上他们的父母辈甚至爷爷奶奶辈，因为当今社会环境中“诱惑”太多，诸如网络游戏、QQ聊天等，不少学生深陷其中而不能自拔，而且当前的整个社会又充斥着浮躁的气息，再加上繁重的课业负担，当代高中生已没有多少时间用于读“书”，尤其是像《红楼梦》这样的大部头。所以读原著在这个时候显得更为重要，可以积累直接的阅读体验和第一手的资料，避免人云亦云，畅谈自己独到的对某些人物形象的看法。

《红楼梦》是一部有着一百二十回的长篇小说，篇幅很长，所需的阅读时间肯定较长。考虑到高中学生的实际特点，可以把通读原著的任务布置在暑假期间。

要求学生不管以前是否读过，至少通读两遍。然后确定自己比较感兴趣的一个人物，集中阅读原著中关于这个人物的部分，并做好阅读笔记或批注，写下阅读感受。

(2)聆听讲座。高中学生已有了初步的鉴赏小说中的人物形象的能力，但对于这样一部有着四百多人物的大部头的巨著，他们还是会感到为难的。这个时候，教师就应做好引导工作，引导学生按照既定目标去一步步实施。利用多媒体网络资源，查找有关名家研究《红楼梦》的资料，在他们研究《红楼梦》中有关人物的方法和思路可以给同学们以启示。教师应在同学们积累了一定的资料之后，根据自己的认识、理解和研究，确定贾宝玉为对象，结合原著中具体的文本和自己的阅读体会，全面而客观地阐述自己心目中的“贾宝玉”形象，并印成讲义发给学生，给学生一个可资模仿和借鉴的具体实在的研究模式。

(3)查找资料。在通读完原著和听了专题讲座之后，借助老师的启发和引导，结合自己的阅读兴趣，确立研究的对象。这个人物可以是主要角色，也可以是次要角色。研究对象确立之后，就要利用各种媒体查找自己所需要的材料。如到学校图书馆检索、查找，到阅览室查找，或是通过网络在网上查找等等。对前人的论述和当代一些名家的论述进行深入的思考和比较选择，逐步确立自己的观点。在这一过程中，要多思考，多与同学、老师交流切磋，以免偏颇。

(4)讨论交流。学生在查找资料，逐步形成自己的认识后，应适时与同学交流，提出自己的初步研究成果，征求同学的意见。这个环节很重要，不可忽视。应该让学生明白与人交流、善于听取与整合他人的意见是取得研究成果的必要途径。

(5)定论成文。在确立了研究对象，查找资料并与同学、老师交流的基础上，逐步确立自己较为独到而带有新意的观点，避免人云亦云、拾人牙慧。研究《红楼梦》这部巨著的人有千千万，已出版的研究论著也可以说是汗牛充栋，全国还专门有一本刊物研究《红楼梦》，每月一期。如果我们的学生只是拘囿在前人或专家的论述当中，没有自己的理解和观点的话，充其量只是充当了“传声筒”的角色罢了。因此，在这次活动中，特别强调“个性”，也就是一定要有自己的见解，哪怕相对于别人是相当幼稚的观点也都是可贵的。在这一步中，教师应帮助学生定好题，并帮助他们修改、修正，直至最后定稿。

(6)成果展示。

下列方式可以选一种：

①组织专题讨论会；

②板报展示；

③成果汇编成册

④校刊发表；

⑤推荐给有关刊物。

【课例分析】

受当前整个社会浮躁风气和急功近利主义的影响，高中学生课业负担繁重，他们已远离了人类的精神家园，远离了曾经熏陶和感染了一代又一代人精神世界的文学名著，终日迷失在浩如烟海的题海中，找不到彼岸。当今学生文化底蕴的缺失已是一个不争的事实。如此恶性循环，他们会在不知不觉中远离了丰富多彩的文学世界，远离了曾带给他们以美好的想象的语文天地，俨然“苦行僧”。据调查，当代高中生的语文水平和文学作品鉴赏能力大不如前，这在整个社会经济迅速发展的今天是不协调的。物质条件的改善不应以丰厚的精神底子的缺失为代价，如果真是这样，那我们就无法判定社会是在发展前进还是在倒退。

因此，组织学生阅读中国古典文学名著原著并深入思考和研究，让他们在此次活动过程中喜欢上我们的先人为我们留下的宝贵的精神财富，是该课例设计的努力方向。应该说，中国古典文学名著鉴赏活动教育意义巨大，但对今天的高中学生来说，毕竟有较大的难度。它需要较长的时间去通读原著、查找资料、思考讨论，需要有较强的文学鉴赏能力，需要有独立的观点。此次活动对培养学生科学的读书方法，克服浮躁功利的叙述情绪，鼓励学生不怕困难、不怕吃苦，激发他们的静心做学问的斗志应该有重要的价值。

课例设计4　留意生活　快乐语文：广告语、网络语鉴赏活动

【背景介绍】

本课例设计为语文学习活动课程中的“语言学习”专题。该实践活动性学习以学科结合探究方式开展。

当今我们生活在一个广告和网络的时代。广告和网络已经成为当下人们生活的一个非常重要的组成部分。本专题的实践探究活动的设计目的就在于引导学生留意身边的生活，融合到生活中去，认识语言文字在社会沟通、信息交流、文化传承过程中的重要作用，注意观察生活中出现的各种文字语言现象，思考从现实中提取出来的文化现象。

【活动目标】

(1)利用电视、网络语言资源进行语文学习，有针对性地将语文的学习引向生活。

(2)为创造性学习开辟广阔的空间，在资源整合的创新性学习平台中不断探究实践。

(3)逐渐形成信息采集的能力和语言能力，提高语文素养，为自身的可持续发展打下坚实的基础。

【活动重难点】

开展该活动的重点，是强调学生的实践活动，改变学生的学习方式，突出学

生的主动学习和主动获取，教师要从传统的课堂传授方式转变到与学生同步进行探究性学习活动，变“授人以鱼”为“授人以渔”，让学生掌握方法，激发兴趣，主动学习。难点是在密切关注、认识、了解网络语言、广告语、现代流行语的同时，组织学生搜集整理这些语言，积极引导学生正确使用这些语言，学会如何分场合分对象地合理使用语言，提高学生的交际能力。

【活动过程】

(1)活动铺垫。在学生进行实际操作之前，教师首先要让学生明白开展这项活动的目的和意义，鼓励学生以极大的热情投入到这次活动中去。并且让学生理清活动过程：做好操作前的一切准备工作，然后班级同学分成几个小组进行分工操作，最后班级汇总整理，形成结论。

(2)讲座指导。

①介绍多媒体网上搜索引擎，如百度、谷歌、雅虎、搜虎等。教给学生搜索的方法，如关键词、句的搜索，主题和相关内容的搜索，让学生知道怎样快速便捷有效地搜索到自己需要的信息。

②介绍网语知识。网络语是网络交流中使用的一种新兴的媒体语言，不只是限于网络流行语，网络语是人们在计算机网络领域中所使用的自然语言，说得宽泛一点就是一切与计算机网络有关的语言形式，其中有专业术语如鼠标、内存等，网络交际语如美眉、菜鸟等。但不管定义如何宽泛，网络语都不会代表21世纪语言发展的方向，网络语还不具备这样的地位，因为它的使用一般只是限于网上，而且即使在网上，很多时候这种语言形式都不是主体。不管网络如何发展和普及，人类交际的主体场合都不会是网络。而且网络语的出现是全球性、世界性的现象，不只是汉语面临的，在其他发达欧美国家也很难预测出“网络语言代表了21世纪语言发展的方向”这样的未来现象。当然，网络语对各国语言的影响不小，甚至可以说形成了一种“冲击”，但它不会成为主流。

(3)实践过程。这个过程课在外完成，但策划者要加以指导。学生分成两组，一组搜集经典广告语，一组搜集网络流行语。学生根据事先的准备，可从以下几个方面着手：

①采用回忆复述的办法。中学生很喜欢看电视和上网，其中不少广告语、网络流行语他们都能背出来，而且有些在生活中也经常用到，让学生把印象深刻的广告、网络流行语复述出来。

②随时留意采录的办法。布置学生周末回去留意电视、报刊广告或社会广

告语，并择优做好记录。

③网上搜索。周末利用一部分时间通过网络搜索引擎分头进行搜集，做好详细的记录。

④调查。制成一张表格，在其他同学中进行调查，范围广，收效快。

(4)整理交流。学生搜集达到一定的数量时，组织小组内学生进行交流、分析和整理，从内容、思想、语言的角度对材料加以筛选、分类，去粗取精，并且写下鉴赏评析文字。这个部分由学生自己独立完成，教师做好点拨工作。

(5)鉴赏总结。每个学生写一份鉴赏小结，可以是对材料中搜集的网络流行语、广告语的鉴赏分析，探讨其利弊，也可以是这次活动的感受和体会。

(6)成果评价。学生的活动成果可由班委以黑板报的形式展览，也可以把学生的文章汇编打印成册，作为这次活动的存档资料，或者择优在班刊中刊出。

【组织方法及活动建议】

活动安排课内和课外两部分时间。课内安排四课时：第一课时为活动铺垫和动员。第二课时是讲座。第三课时是学生整理交流。第四课时是写作小结。课外时间主要安排在周末，三到四周的周末，每个周末抽出两个小时时间，主要用于查找记录资料。学生写作的鉴赏小结评比主要侧重于学生的收获，可由班长和学习委员主持评比、统计并且公布结果，主要是以鼓励为主。教师的主要工作是事先策划，讲座指导，落实分工，布置任务，过程调控，评价导向等。具体的实践活动由学生来完成。

在整个活动的进行当中，要强调从语文的角度出发，利用电视、网络资源来学习语言，实事求是地分析鉴赏语言，积极引导学生正确使用语言，组织学生收集整理网络语言、现代流行语，学会如何分场合分对象地合理使用语言，提高交际能力。生活是语文学习的源泉，“世事洞明皆学问，人情练达即文章。”因此，我们应当具备一双慧眼，开发身边的语文课程资源，寻找生活与语文教学的结合点，让生活成为学生学习的教材。

另外要注意，网络语言精华糟粕、规范语不规范同时并存，教师在活动过程中应该引导学生加以甄别。

【课例分析】

长期以来，我们的语文教学受传统教育观念的影响，困于校内，困于课堂，困于教材，学生的学习得不到发展，能力得不到培养。特级教师朱昌元先生在《语文教学空间现状扫描》一文中也讲到，语文教材选编的偏狭、课堂教学行为的局促和教学评价的单一，严重影响了教学空间的拓展，学生的能力培养受到限制，语文素养很难形成。

新课标中建议语文教学“要密切联系社会生活，加强课内外的沟通，注意开发现实生活中的语文教学资源，在生活中学习语文、用语文”。新课标的这一理念，告诉我们语文学习内容再也不能仅仅局限于语文教材了，语文学习再也不能仅仅等同于语文学科学习了。“语文学习的外延和生活的外延相等。”生活处处皆语文。语文特级教师、“大语文教学”的倡导者张孝纯先生也提出“语文与生活同在，凡有人类生活的地方都有语文，都有语文的实践和学习”这一观点。

现在因为电视和电脑的普及，一些优秀的广告语已进入人们生活的视野中，并对人类的生活产生了一定的影响。个性化是网语语体的另一个标志性特征。它改变着人们的思维方式，扩展了人们的思维空间，造就了现代人的开放意识，培育了一代新人的自主和创新的个性，因而受到年轻人的青睐。学生通过对这两种比较感兴趣的语言的学习，可以充分认识到语文与生活的密切联系，了解语文学习的资源和运用语文的机会无处不在，无时不有。同时可以借此引导学生多角度地观察生活，发现语文世界丰富多彩的表现形式，写出自己在生活中学习语文的独特感受和真切体验。另外学生也初步了解了查找资料、运用资料的方式，逐渐形成信息采集的能力和语言表达能力。而这次活动也就达到了预期设定的目标。

参考文献

[1]中央教育科学研究所.叶圣陶语文教育论集[M].北京：教育科学出版社，1980.

[2]顾之川.人教版教材简介[J].中学语文教学，2004，12.

[3]顾黄初.语文教学要贴近生活[J].文教资料，2008，17.

[4]刘国正.大语文教育论集[M].北京：人民教育出版社，1995.

徐桦君与“学术性小论文写作”

名师简介

徐桦君，全国模范教师，享受国务院特殊津贴。浙江省功勋教师、特级教师、正教授级高级教师，浙江省写作学会副会长，浙江省青少年科技创新教育研究会副会长，浙江省新课程改革选修课程专家指导小组成员，嘉兴市中学语文教学研究会副会长，嘉兴市中小学实践活动教学研究会副会长，“国家培训”专家库专家导师，浙江省“名师名校长培养工程”专家库专家导师，《浙江教育报》教师培训专家库专家导师，浙江师范大学教育硕士导师，浙江省名师工作室主持导师，嘉兴市十大突出贡献科技人才，嘉兴市“南湖百杰”，浙江省人民政府基础教学成果奖获得者，自 1999 年以来一直担任浙江省高考作文评卷分组组长。

案例背景

写作的本质是什么？从写作功用的角度看，写作可分两种：“应试”写作和面向生活的真实写作。“应试”作文目的是得到一个高分，在写作时追求用语的华丽、情感的外溢，体式多为记叙性或议论性散文，即“小文人语篇”（王荣生语）。面向生活的写作是为了应对生活和工作需要的写作。正如荣维东教授所说：“真正的写作应该是基于生活、工作、学习以及精神、心灵的需要而产生的一种真实语境下的表达和交流，它总是针对特定的读者、环境，为着实现特定意图的言语表达行为，是有机的结构体和意义表现物。它是着眼于真实意义表达和交流的真实写作，是能够唤起写作主体全身心参与的有意义的社会交往和意义建构行为。"这才是写作教学的目的——帮助学生建构适应生活、工作以及精神、心灵需要的写作能力。从写作过程的角度说，走向生活的写作要尽可能营造或者明示写作任务的语境要素：写给谁、为什么写、写什么、在一个怎样的情境下提出的要求。一句话，写作应该是在真实或逼近真实生活的语境下的书面表达和交流。写作情境、写作行为、写作过程，与未来生活真实写作形态基本相符。这样才能调动起学生的写作兴趣。

反观目前的高中语文写作教学，存在着这样一种怪现象：大家都认为写作极其重要，但在实际教学中，很多教师又不愿意在作文教学上花时间和精力。有老师认为写作"没法教"，也有老师"害怕教"，所以干脆就不教了，还有老师觉得作文教学只是为了应付考试，所以还是用以较少的时间教会学生写格式化的考场作文来得实际。造成这种尴尬状况的原因之一就在于"我国写作课程内容'类型单一、模糊笼统、陈旧僵化'①"。我国目前的写作目标的表述是指向能力或者素养的目标，缺乏具体的过程写作目标和写作内容目标。"内容目标往往较为具体、直接地涵盖着乃至规范着课程与教学内容②"，它和过程写作目标共同规范着为什么写、为谁写、写什么和怎么写等具体的内容。而"能力或素养目标"更多地强调写作者要具备的能力，是结果性的，没有指出为什么要写、该怎么写才能具备能力的内容、路径和要求，因而不便于课程开发与教学使用。

为了突破困局，一批语文课程与教学论方向的专家以及部分优秀的一线语文教师，积极开展写作教学理论和写作教学实践的探索。徐桦君老师也是其中的一位。二十多年来，徐老师不断思考、不断实践，借鉴欧美国家特别重视的研究性写作模式，开展了以指导学生开展"学术性小论文写作"为载体的高中写作教学改革研究。通过"学术性小论文写作"的实践研究，还原了写作本质，确定了写作教学改革的载体，归纳出面向生活的写作的实施路径。徐老师基于"学术性小论文写作"的高中写作教学实践，面向生活，以小课题研究为载体，以项目写作为抓手，以思维培养为核心，在关注写作过程的同时，更关注写作的真实情境、学生的写作动机、写作的社会功能交际功能。这与荣维东教授在《交际语境写作》中提出的写作教学理论经历的三种范式转换理论不谋而合。

---

① 荣维东.基于交际语境的写作内容框架构想[J].新作文：中学作文教学研究，2016(10).
② 荣维东.基于交际语境的写作内容框架构想[J].新作文：中学作文教学研究，2016(10).

案例赏析

一、“学术性小论文写作”理念的肇始

1. 写作教学的现实之困

从1989年至1998年，徐桦君老师连续10年任教高三语文。高三作文教学的主要工作就是依据前一年的语文会考与高考题目进行反复操练，没有体系，只讲套路，学生无趣，教师无味。高三如此，高一高二情况也类似，教师出题目，学生写作文，教师批改讲评，缺乏系统教学。写作是培养学生创新思维与能力的重要途径，高中写作教学如果仅仅停留在应试的层面，围绕作文打圈圈，学生作文水平难以提高，更别说写作水平了。这样的高中写作教学一定要改革。

一方面，观念和理论指导塑造着教学实践。在价值取向上，传统的道统主义写作观盛行，对文章道德的重视程度远超对实用写作技能的重视。在写作知识、写作技能上，教师重视经验主义，忽略了写作的科学和技术属性。在写作理念上，我国写作课程内容陈旧、课程目标不明，理念僵化。以上三点导致了实践上的经验主义和功利主义，也导致教师写作教学思想的模糊。写作教学上的不作为、乱作为现象也就出现了。另一方面，应试主义大行其道。应试套路、作文模式、考场作文研究一片“繁荣”。这样的现实，令写作教学举步维艰。现在的作文课，真的变得与“写作”越来越远，甚至成为对抗“写作”的怪东西①。

必须改。怎么改？在对写作的本质、写作课程内容、目标和应试作文体现的虚假写作倾向进行深入的梳理分析后，结合新课程改革后实施的高中研究性学习模式，借鉴欧美国家特别重视的研究性写作经验，徐老师提出了以指导学生开展“学术性小论文写作”为载体的高中写作教学改革的思路。

2. “学术性小论文写作”的理念之创

学术性小论文(也有教师称之为研究性作文、科研小论文等，以下简称小论

① 王荣生.我国语文课为什么几乎没有写作教学[J].语文教学通讯.2007(12B).

文),是指中学生对生活中的某些事物、现象、问题进行比较深入的思考、研究和探讨后阐述其成果的有一定学术性和理论性的文章。从性质上说,它属于学术性论文范畴。但它选题较小,内容较浅,篇幅较短,没有成人论文那样强的学术性和理论性,所以称之为小论文。从内容上说,它与中学生写的一般议论文相比,具有写作容量较大,内容较难,使用材料较多等特征,且在概括、归纳、逻辑推理等方面,均有较高的要求,所以称之为论文。从文体角度看,它既包括议论文体,也包括项目设计之类的说明性文体。可以这样说,小论文是一般议论文写作训练的延伸和发展,又是科学研究论文的起步和准备。

依据不同的分类标准,学术性小论文可以分成不同的类别。但从中学教学实践和实际操作看,主要是以下几种类型:文献综述、专题研究论文、调查报告、观察报告、考察报告、实验报告、技术发明报告。

开展"学术性小论文写作"研究的有效载体是高中生小课题研究。小课题研究(在国外称小文题研究、小项目课程),是 20 世纪 80 年代以来面对知识经济的挑战,国际社会比较普遍认同和实施的一种新的课程模式。小课题研究的成果之一就是学术性小论文。学术性小论文的写作对于突破传统的教育观念与方法,冲破应试教育的模式框架,深入实施素质教育,提高学生的写作能力,培养学生发现、分析、解决问题的能力与动手实践及创新能力,有着不可估量的作用。徐桦君老师从 1997 年开始从事这一方面的研究和探索。至 2005 年,研究和探索进行了二轮,取得了理想的成绩。以小课题研究为载体的学术性小论文写作教学实践理论体系基本完备,相应的研究成果《小课题研究指导教程》一书由上海教育出版社于 2005 年出版。

通过"学术性小论文写作"的实践研究,徐老师进一步还原了写作的本质:写作是在生活、工作、学习以及精神需要的基础上产生的表达和交流行为,它有真实的语境,针对特定的读者。徐老师找到了"学术性小论文写作"教学改革的载体——小课题研究,总结了小课题研究的策略,归纳出面向生活的"学术性小论文写作"写作实施路径:面向生活,以小课题研究为载体、以项目写作为抓手、以思维培养为核心,形成了对写作教学的认识,在关注写作过程的同时,更关注学术小论文写作的真实任务情境、学生的写作动机、写作的社会功能交际功能。

二、“学术性小论文写作”教学的实施

1. 以小课题研究为“学术性小论文写作”载体

小课题研究是学术性小论文写作的形式、载体。小课题研究的目的是开展以学术性小论文写作为主的表达与交流活动。小课题研究的内容即学术性小论文写作的内容。有了小课题研究这一载体，学术性小论文写作就成了有源之水。

（1）学术性小论文写作的内容。学术性小论文写什么？学术性小论文的写作内容是没有边际的，套用美国著名教育家克勒斯涅克的“语文学习的外延与生活的外延相等”的说法，生活有多灿烂，学术性小论文写作内容就有多丰富。从指导学生实际写作方便来看，徐老师提出，要紧紧抓住“六个关注”。

一是关注语文教材。语文教材是学生在学校接触最多的书，是人文知识与文化知识积淀厚实的宝库。把学生引入语文教材就有无限丰富的内容可供写作。从切入教材层面说，可以提出探究问题，如《荷塘月色》篇末的男女采莲嬉戏图暗含着朱自清怎样的思想情感等。可以多元解读教材，挖掘文本深层意义。如对课文词语内涵的深入挖掘：柳宗元“始得”的山水境界试解；如对课文内容空白的反复揣摩：《祝福》中鲁四老爷“然而……”省略含义的再探究；如对课文人物形象的自我感悟：试析《鸿门宴》中项羽的“憨”；如对课文经典名篇的复读重构：杨绛《老王》中的“幸”耶？“不幸”耶？的另类解读；如对课文主题意义的多维解析：小议西南联大教授的“喜感”与“隐悲”。还可以对照比较求同辨异：如苏轼的豪壮与辛弃疾的悲壮辨析，司马迁的“觅活”与屈原的“寻死”比较。再从延伸教材层面说，课后可以根据课文内容，派生出有延续性意义的问题让学生继续探究，如试析古典诗词中“秋”声的文化内涵；也可以引导学生就某一文化现象，某一文学现象，某一学习语文中的发现等进行探讨研究，从而得出某种结论，形成一系列的学术性小论文，如当代知识分子的“乡土情结”，我国古代的贬官文化等。

二是关注社会热点、焦点。当前，社会正处在改革中，大到世界、国家，小到社区、乡村，新问题、新矛盾层出不穷，许多新情况、新问题，有待于正确地认识和解决，不论是在社会科学领域还是在自然科学领域，亟须研究解决的问题可

谓应接不暇，这些问题就是学生小论文写作的内容。如树叶对 PM2.5 飘尘净化作用及机理的探究，农村医疗制度改革对农民健康意识的影响研究，大气如海、淳朴似盐——试论海盐精神的时代意义，都是徐老师的学生在小论文中探究过的题目。

三是关注地方的特色产业。凡是地方的特色产业，往往形成一定的规模，且一定有为这一特色产业服务的管理部门与技术队伍。学生的小论文写作与本地的特色产业结合起来，实践场所容易找，新的技术信息也容易得到，因此也容易成功。比如海盐县圩城、富亭、武原等乡镇街道的葡萄种植非常发达，远近闻名，农业经济局与乡镇有专门的技术指导站。徐老师就指导学生将小论文写作与这一特色产业结合起来，每个学期都成立了许多主攻方向不同的调查探究兴趣小组，一个学期下来，各小组均取得了良好的调查探究效果，有的调查研究报告如《我家的葡萄为何能挣大钱？——探究蝇蛆粪在葡萄生长中的作用》《纯元牌葡萄进入上海超市的奥秘分析》还在省及全国的科技创新大赛与研究性作文大赛中获了奖。

四是关注地方的历史文化传统。每个地方都有自己的历史文化传统。徐老师紧紧抓住海盐县悠久的历史文化做文章，每年都会引导学生沉浸在这些地方特有的历史文化传统里调查探究、体验感悟，写出一篇篇亮人眼球的小论文，如《海盐滚灯文化研究》《海盐灶头画的艺术价值》《新四军北撤经澉浦路径考证》《南北湖形成探究》等。另外，徐老师还指导学生寻访乡土名人贤士。把这些乡土名人贤士变为小论文写作的课程资源。在假期中引导组织学生前往名人故居参观，并通过现场采访、资料查找、书信联络等手段，收集名人故事和名人作品，这些对学生来说都是一种深受教育的社会实践活动与小论文写作的极好素材。

五是关注地方的发展与变化。改革开放以来，全国各地经济突飞猛进，变化日新月异，每个地方都有她发展与变化的成就、理由、特色与前景展望，这些同样是学生小论文写作的课程资源。如农村文化科技站应该建到每个村的急迫性与重要性分析，社区老年人家庭健康服务需求分析及智能化产品设计畅想，保护农村生态环境的建议对策，明天的海盐紧固件行业应该往哪发展探讨、农家乐餐饮业瞬间兴旺带给我们的深层思考等，都是徐老师的学生已经做过的小论文题目，且都取得了良好的效果。

六是关注校园。校园是学生的“第二家庭”。学生通过校园生活来获得知识、培养心智、提升能力、健康人格。校园里有学生的喜怒哀乐、奇问妙思、梦想追求。校园是值得小论文写作大大开发的一块资源宝地。如中学生网络成瘾现状调查及干预对策研究，教室微环境实时监控及自动改善系统的构想，回家作业是“包袱”还是加油站的思考，青春期性教育的利与弊，这边的呐喊在墙那边听得到吗？——我们与父母的代沟等都是徐老师指导的学生在校园这块肥沃土地里培育出的小论文的艳丽花朵。

(2)学术性小论文写作的三个转向。一是由只重视“读”语文转向动手“做”语文。传统的语文教学都只重视“读”语文，强调以读带写。学术小论文的写作强调采用“做”语文的方式，要注重让学生在亲自动手、动脑、学习语文的过程中，在教师指导下亲自去观察、实验、记录、收集、整理、讨论、比较、分析、体验、感悟……这样获得的体验是直接的经验，获得的资料是第一手的资料，获得的知识是亲知而不是闻知，是有血有肉的知识，有实质意义的知识，这种知识可用性才会高。“读”语文所获得的知识，不一定产生力量。只有在“做”语文的过程中所获得的知识，才可以产生力量。从某种意义上说，学术小论文不是写出来的，而是“做”出来的。因此，徐老师始终强调以写促读。

二是由注重学生“独学”转向重点组织“共学”。学术小论文的写作，可以个人独立完成，但徐老师鼓励大家组织成一个个研究学习小组，共同完成写作任务。徐老师总是说：“同学同学，就是共同学习。学生在教师的引导下，大家既分工又有共同的调查、观察、考察、实验、记录、查找、讨论、探究等活动，最后获得共同的结果或结论。这样的同学，才是有深度的同学，才是真正的同学。”这样的同学，除了促进“智育”方面的增进外，还对“集体理念、团队精神、合作意识”的培育有积极的帮助。当代的文化科技活动，工业农业技术的创新，都趋于大型化，不再是偶发性个人天才的表演，而是大规模有组织的群体活动，是企业化的行为。“共学”适应了飞速发展的时代与社会的需求。所以，学术小论文的写作，更要由以往注重学生“独学”要转向重点组织学生“共学”。

三是由“教师是旁观者”转向“教师是主导者”。徐老师指出，在学术小论文写作中，“教师是旁观者”是远远不够的，要向“教师是主导者”转变。教师做“导演”不是不重要而是更重要了。教师的主要责任是：为学生创设研究的学习环境，留出探究讨论的空白，帮助学生明确选题方向，指点学生研究方法，激发学生学习动机，充分发挥学生的主体作用，让学生自主学习、研究、探讨，鼓励学生持续性的自我学习，获得亲身体验、直接经验，以开发学生的创造力。学生的学习、探究、写作，不只是静态的、被动的吸收知识，也不只是证明已知的知识，而是要在教师创造与自己选择的探究机会中，去发现问题、分析问题、研究问题，进而解决问题，从而真正成为学习的主人。

2.以项目写作为“学术性小论文写作”抓手

项目写作就是以项目实施的方式开展学术性小论文写作实践活动。以项目写作为抓手，实施学术性小论文写作，提高了写作的有效性。项目写作教学模式以建构主义学习理论、多元智能理论为支撑，倡导学习过程应该成为一个人人参与的创造实践活动。它与传统的教学方式相比较，有如下几个特征：教学目的从传统的传授知识和技能转变为运用已有的知识和技能解决实际问题；教学主体从以往以教师教为主、学生被动学习转变为以学生为主，学生在老师的指导下积极主动获取知识，强化了学生的主观能动性；学习情境从以往囿于教室课堂转变到置身生活与社会大课堂的真实情境；学习途径从以往的学生单纯听讲学习课本知识转变到通过实践体验学习课本知识，利用数字化网络化等现代技术手段来完成项目任务；评价方法从以往以评价学习结果为主、形式单一、涉及面窄转变到以评价学习过程为主，对活动主体的科学方法、态度、精神等方面进行多种形式的评价。

一言以蔽之，项目写作教学模式改变了以往“教师讲，学生听”的被动教学局面，遵循“以项目为主线、教师为主导、学生为主体、成果为目标”的原则，创造了学生主动参与、自主协作、探索创新的新型教学模式。

项目写作的实施过程有八个环节，下面以“怎样写作真情作文”为例来阐述之。

环节Ⅰ：设计项目。

就是依据教学与学生的实际需求，选择确定写作主题。写作主题可以是教师提出的，也可以是学生提出的，还可以是学生与教师讨论后提出的。项目确定后还要做两项工作：首先化解项目，把项目主题分解为若干个探究小问题，以便更有效地对主题展开研究与探讨；其次，教师要为学生开展探究活动提供信息资源，如文献目录、网站地址、在线阅读等。

当下的高中生作文，由于受到一些考场满分高分作文的影响，常常写出一些套用名言警句、滥用排比对偶、堆砌佳言美辞而无病呻吟、矫揉造作、虚情假意的文章，怎样让学生写出富有真情实感的文章，是作文教学的当务之急。学生也经常问笔者："怎样的文章才算是有真情实感呢?"面对教学实际的缺憾与学生的现实需求，徐老师设计了项目写作"怎样写作真情作文"，并明确任务：首先作理论研究，结合具体作品分析，归纳出写作真情作文的方法要点，完成一篇学术小论文，同时每人向全班同学推荐两篇真情作文；然后用探究得到的理论来指导自己的实践，完成一篇真情作文。

徐老师与学生讨论后把主题化解为若干小问题：①真情作文的本质与特征？②什么情感才是真情？③哪些情感能打动人的心灵？④什么材料可以表达真情？⑤用什么方法才能写出真情？⑥语言与真情的关系是什么？

同时为学生提供探究学习的资源：一是把20篇关于真情作文写作指导的文章拷在教室的电脑里，供学生参阅。二是为学生提供查阅资料的相关网址，如作文网、作文大全网、散文网、书村网、创新作文网等。

要求：①主题要有一定复杂性和真实性，是学生凭借现有知识、技能与生活体验就可以探究的问题；②主题要有利于学生学习写作知识、发展语言技能，能够促使学生获取、处理和使用信息，提高解决实际问题与写作的能力；③主题要内涵丰富，具有思想、文化与道德价值，值得学生进行至少一周时间的探究。

环节Ⅱ：分组选择。

学生围绕项目主题与分解后的若干小问题，凭借自己的兴趣爱好与积累，自由组成探究小组，认领要探究的问题。

徐老师所教班级44位学生自由组成了10个探究小组，每组都认领了探究的问题。

要求：①每个小组3～5人，选出正、副组长；②认领探究的问题，鼓励围绕主题可以另立探究小问题；③相互交流各自的个性特长，为探究项目主题做准备。

环节Ⅲ：制订计划。

小组在认领探究问题后对本组的学习探究与活动做详细的规划。

下面是D小组的计划，分时间与活动两部分。

时间计划：三周完成。课内时间除小组成果交流两节课、评价同学作文一节课外，其余时间均安排在课余进行。

活动计划：每人负责探究两个问题，活动进行4次。第一次，谈自己探究问题的设想，小组成员交流启发，修正探究思路与方法。第二次，汇报自己收集到的资料以及初步成果，小组讨论。然后交换探究的问题。第三次，汇报自己探究新问题收集到的资料以及初步成果，小组讨论。经过这3次活动，D小组认领的5个探究问题每个问题已经有4人次探究过，比前一次活动有了深化。然后每人认领一个问题做总结，写成文章。第四次，每人汇报自己的总结成果，小组讨论，进一步修改完善，为参加班级交流做准备。

要求：①细化人员分工；②详细制订时间安排；③明确活动流程。

环节Ⅳ：合作探究。

就是根据自己小组项目写作活动计划，小组成员采用自主学习、合作学习、探究学习、网络搜索、文献检索、请教访谈、实地考察、问卷调查等活动方式，对项目主题展开讨论、分析、探究的活动。

要求：①每个人都要有具体任务，对每个探究问题所有人员都要参加分析、讨论与探究；②借助现代信息技术（网络搜索与文献检索）尽可能多地收集信息，对收集到的信息进行分类处理和加工；③随时记录探究中的思想火花，共同讨论，提升为小组观点。

环节Ⅴ：创制作品。

在小组合作探究的基础上形成探究成果。这是项目写作区别于常规写作教学的重要特征。除了必备的研究报告外，其他成果的形式可多种多样，如心得体会、录像片段，或PPT文件和网页等。

D小组成员在探究中，相互帮助，共同合作，收集与探究问题相关的资料，进行分析、整理、归纳、提升，最后形成作品。由组长完成5000余字的研究报告《这样才能写作真情作文》，由副组长完成5分钟的交流成果PPT文档。

要求：①创制的作品要有明确的观点、结论；②要形成文字，且逻辑合理；③思想正确，体现社会正能量。

环节Ⅵ：交流成果。

各小组将探究的成果进行展示交流：交流探究过程中的经验和体会，分享创制作品的成功和喜悦；展示交流不仅是表现的机会，更是整理探究思路、相互启发借鉴再学习的过程。交流形式可多样化，如报告会、辩论会、展示会或小型比赛等。

徐老师笔者用两节连堂课让10个小组分别上台展示，每组5分钟时间。学生成果新意迭出，精彩纷呈：有对真情作文写作理论的阐述与归纳，有对经典真情作文的分析与评价，也有对当下盛行的伪情、假情、虚情文章的抨击与讨伐，更有对中学生写不出真情作文原因的深刻分析与改进对策建议。交流成果不拘形式，有 PPT，采访式，讨论式，播报式，微信群交流等等，真正唤醒了学生学习的自觉与活力，充分调动了学生学习的积极性。交流后，徐老师及时组织了学生讨论，进一步消化交流成果。

要求：①要讲出成果的亮点、创新点；②要发现别人的长处和自己的不足；③通过交流能生发新的观点、方法、思想等。

环节Ⅶ：梳理归纳。

在教师的指导下，学生把各小组交流的成果进行梳理归纳，总结提升，形成便于理解记忆与运用的观点、方法、思想等。

徐老师与学生一起梳理归纳的探究成果如下：

所谓真情是说文章中所表达的对社会、人生、生活的情感是发自内心的、真实的，不是无中生有、人云亦云的，更不是无病呻吟。

要写出真情作文，可以从以下几方面努力：增加生活积累；写自己最熟悉的和感触最深的人和事；要大胆写“我”；要把握好选择写作材料的三个原则（真实原则、细小原则、积极向上原则）；要找准能够打动人的情感，如热爱自然之情、珍惜友谊之情、热爱至亲之情、仰慕英雄之情、疾恶如仇之情、同情弱者之情、悔恨醒悟之情等；要灵活运用相关写作方法，如矛盾凸情法、一物连情法、内心抒情法、细节凝情法、回忆叙情法、对话交心法等；要采用有助于真情表达的文章体裁，如书信体、日记体等。华丽的语言可以表达真情，朴素平实的语言也可以表达真情，关键是看语言能否准确生动地反映文章内容与思想。

要求：①归纳简洁，形成条理；②师生参与，相互促进；③升华成果，深化思想。

环节Ⅷ：评价反思。

师生共同对探究过程和成果进行评价与反思。

本次活动采用过程性评价和终结性评价进行。过程性评价是对学生参与活动的过程进行评价，徐老师制定评价量表让学生自评与互评。终结性评价是在整个活动结束后进行：全班学生自由写作一篇真情作文，徐老师批阅后选出好中弱三档 5 篇文章印发给学生（不注明好弱），由小组依据笔者下发的评价量表课外讨论评价；安排一节课请各小组代表上台评价，指出每篇文章的优点与不足，并提出修改建议；小组代表评价后由最弱文章的学生上台用 PPT 汇报自己在笔者指导下修改升格的文章，并讲清修改理由；最后学生课下各自修改提升自己的真情作文。这个过程很重要，是让学生用前面项目写作活动中获得的知识与能力来解决实际问题——写出一篇有质量的真情文章，在解决实际问题的过程中建构自己的写作知识，提升写作能力。

项目写作任务完成后，由语文课代表招聘志愿者，组成编辑小组，编辑成果集（电子版）：《怎样写作真情作文——小组交流成果汇编》《成长心曲——班级真情作文写作精编》《润物细无声——学生推荐的真情作文选编》，三个电子文档拷在教室的电脑里，供学生学习。

要求：①自评与互评、定量评价和定性评价、形成性评价和终结性评价相结合；②制定操作简便切实可行的评价量规；③总结好活动的最终成果。

3. 以思维培养为“学术性小论文写作”核心

学术性小论文本质上是说服读者同意作者观点的一种说理性文章。指导学生开展学术性小论文写作的有一个重要的目的：学会说理，培养思维。培养什么思维？逻辑思维和审辨思维是其中两种重要的思维。这两种思维也是高考作文着力考查的两种思维。近年来，高考作文命题越来越趋向理性、思辨，论述文写作成为热点。拥有这两种思维，价值巨大。

（1）强化逻辑思维。逻辑是人的一种抽象思维，是人通过概念、判断、推理、论证来理解和区分客观世界，采用科学的逻辑方法，准确而有条理地表达自己观点的思维过程。由于现今的高中语文教材没有逻辑知识，当下的学生对逻辑已是陌生得很。实际上，凡是文章都与逻辑有着根本的关联，以发表议论、剖析事理、明辨是非为基本内容的论述文与逻辑的关系更为密切。詹姆斯. A. 雷金和安德鲁. W. 哈特说：“议论文是以逻辑为基石、以证据为结构、以说服读者接受观点或采取行动（或者两者兼而有之）为写作意图的文章。[①]”可见，逻辑是论述说理类文章的“基石”，没有逻辑作基础的论述说理类文章不可能“说服读者接受观点”，更遑论让读者“采取行动”了。

学术性小论文的逻辑性表现在哪里呢？论点与论据的联系性，即论据能证明论点，两者要对得上号；论证过程的合理性，即论证要严密，论证要有层次，论证要辩证有分析，要掌握好基本的论证方法；论证结构的科学性，即思路清晰、层次合理、段落分明、思维严密、首尾完整、紧凑照应、衔接流畅、过渡自然。正如毛泽东所说的：“写文章要讲逻辑，就是要注意整篇文章、整篇说话的结构，开

① 叶黎明. 写作教学内容新论[M]. 上海：上海教育出版社，2012.

头、中间、结尾要有一种联系，要有一种内部的联系，不要互相冲突。[①]”

几乎所有学术性小论文都可以使用这样的逻辑结构：是什么、为什么、怎么样。同时，还要强化逻辑中的同一律、矛盾律、排中律和理由充足律。这四条规律要求思维必须具备确定性、无矛盾性、一贯性和论证性。还要关注逻辑顺序：从因到果、从主到次、从整体到部分、从概括到具体、从现象到本质、从具体到一般。如能真正把这些逻辑知识运用到学术性小论文写作中，那学术性小论文写作水平必将大幅提升。

(2)强化审辨意识。何谓审辨？审辨就是审察思考、辨析批判。审察思考指的是分析、推理、判断等思维活动；辨析批判指的是对事物的情况、类别、事理等的辨别分析。思辨的实质是指不盲从专家，不畏惧权威，不轻信他人，强调要经过自己的分析、论证和检验，运用一定的评价标准，进行深入的思考，通过归纳、演绎等逻辑推理判断过程，实现对某一事物或现象的理性认识。其核心精神是求真、公正、开放、反思；其基本特征是层次分明、条理清晰的分析，准确清楚、明白有力的说理，严谨良好的语言表述。思辨能力，是从多角度综合分析问题的能力，是学生综合素质的重要组成部分。这一能力决定了学生对社会问题、科学问题的理解和判断，是写好论述文的一个关键因素。

写作学术性小论文的“魂”是什么？徐老师认为就是审辨能力，事实和材料只是“形”，有了“魂”，“形”才能随心而动。写作技巧只是“法”，得了“魂”，“法”方可因势而化。

那怎样才能培养学生的审辨能力呢？可以通过学、思、行三途径展开。

学就是学习，通过学习扎实增强学生审辨意识的知识积累。主要学习两方面的内容。一是指导学生课外多读一些时事评论、网络讨论、微信言论，教师要有意识地提醒学生特别关注不同民众因不同的思维角度、思维方式而产生的对同一社会现象(问题)的不同评价，或让学生自己找感兴趣的相关材料，采用“摘抄引用”和“分析评点”相结合的方式进行学习。二是结合具体事例学习一些分析事理的思维方法，如对比分析、因果分析、假设分析、比喻分析、引用分析、实质分析、点面分析、辩证分析等方法，增加审辨的工具，拓展审辨的空间，从而提升审辨能力。

思就是思考、反思，引导学生养成思考、反思的习惯，不断完善自己的思维

---

① 毛泽东．毛泽东选集(第五卷)[M]．北京：人民出版社，1977：217．

方式，建立批判性的思维方式。培养思辨能力必须完善思维方式，把海绵式与模仿式的思维方式更新、完善为批判性思维方式。虽然海绵式与模仿式的思维方式有助于知识的学习、积累与传播，但会带来不少问题，诸如被动式学习、盲目跟从与没有创新等。因此，应该引导学生建立批判性思维方式。

行就是组织学生开展形式多样丰富多彩的语文活动，在活动中提升学生的思辨能力。如早读课5分钟社会争议热点新闻播报。每周一次利用早读课前5分钟时间，按学号由学生负责选择一则上周有争议的社会热点新闻，主要介绍双方观点及所持理由以及争议的焦点等。如课前5分钟校园新闻评析。利用课前5分钟，以当场抽签的方式进行训练。课上，教师让学生随机抽取一则校园新闻材料，如“为了便于纪律管理，男女学生分食堂吃饭”、“为了培养学生经商技能，职校鼓励学生在校开设实体网店”等新闻，让学生当场点评并提炼观点，进而阐述自己的写作思路，再让其他同学进行补充。如班级博客重大时代话题讨论。建立班级博客，由班级志愿者发布经教师审阅的重大时代话题，如“北大才女毕业回家乡创业办快递公司引发网友热议”、“故宫博物院文化创意，通过花式卖萌吸人眼球各界褒贬不一”等，请学生积极参与讨论，发表自己的观点，阐明自己的看法，讲明所持的理由。又如经典课文人物或主题重读新解。在阅读教学中，把一些具有深度探究学习价值的课文人物和主题，如“项羽究竟是不是一个英雄”、“荆轲是壮士吗”、“屈原投江而死值得否”等，引进课堂，组织学生搜集资料，开展探究学习，然后组织课堂讨论。

三、“学术性小论文写作”教学的思考

1.理念的回归——走向生活，关注实用

一直以来，对文学写作的错误理解使作文走向“文艺范”和“小文人”，而学习型(认知性、跨学科)写作、应用型写作、学术型写作和文艺型写作等与生活、工作、创作息息相关的写作训练形式却被忽视。这种错误倾向必须回归。徐老师二十多年来，紧紧抓住学术性小论文写作这一点，致力于科学有效的写作内容和写作策略开发，做实挖深，形成独特的风格，让写作走向现实生活，走向实用，回归交流与应用的本质属性。

写作内容要走向生活，即走向校园生活、家庭生活、自我生活、社会生活与

历史文化生活。在学术性小论文写作教学实践中引导学生思考以什么角色、对谁、为什么目的、写什么、用什么方式写等实用的问题，带领写作走向实用。这是引导学生关注社会、关注现实、关注生活并在生活中学语文、用语文的具体体现。最新修订的高中语文课标（初稿）专门设置了实用性阅读与交流学习任务群。这证明走向实用的写作观是符合写作发展趋势的。

2.内涵的丰富——丰富类别，多样文体

徐老师一直强调，对学术性小论文写作的理解不能狭隘，它的内涵丰富。不少老师认为语文的学术性小论文写作不过是立足课本，对课文中的相关问题进行拓展延伸，是对同类文章的比较，将具体的语文知识用到实践中……徐老师用自己的实践经验告诉大家，除了以上这些，还有很多类别都能纳入学术小论文写作的范畴：社会调查类、文学欣赏创作类、科研报告（观察报告、实验报告、研究报告）类、社会实践报告类、论辩类写作类等等。类别多样化了，文体选择也就多样化了。当然，为了学生今后的工作需要，学术性小论文写作应当安排相当一部分实践来训练学生写观察报告、实验报告、调查报告、研究报告等实用性说明性的文章。

3.价值的衔接——不忘考试，小心引导

徐老师说，在高中阶段开展学术性小论文写作，并不意味着高等院校培养研究能力的职责的转移和下放，也不可能是承担专业机构的研究任务，而是要改变学生的学习方式，强调一种主动探究式的学习。最终目标和结果，是追求学生在整个写作过程中的发展。要说明的是，在我国，考试对整个教学活动有导向作用，写作教学改革是不能远离考试的。将学术性小论文写作教学的实施与考试改革结合起来，这是保持学生写作积极性的关键之一。比如，在高考写作强调理性思维的今天，我们就可以引导学生开展时评类文章写作的项目写作活动。

四、结语

写作实质上是一种书面表达和交流活动，写作教学的主要目的就是要让学生获得应付生活需要的书面交流技能。余秋雨说："写作首先是练习一种与社会与人沟通的方式,如果学会了很好的写作技能的话,实际上就学会了一种很好的与人沟通的方式,学会了一种和世界对话的方式。”

学术性小论文写作教学改革,不能说是创举,但它实实在在为作文教学改革带来了清泉,为学生迎接未来生活创造了条件。它作为一种高考作文体式外的实用写作训练,不局限于课堂,不拘泥于现成的知识体系,相对于我们常态写作课堂,无疑是中学写作课程的一种新形态,拓展了当下中学写作教学的课程资源。它强调学生动手实践、自主探究、相互交流、质疑创新。所以,长期训练,必将促进学生学习方法的改进。学术性小论文的写作让学生的个性得到了充分的张扬,潜在的智力得到了前所未有的开掘,创新能力得到了进一步的培养与发展。学生在小论文里表现出的思想与见解,虽然还很幼稚和娇嫩,但无不闪耀着智慧的火光,锻造着创造的锋芒,体现着探索的勇气。小论文写作把未来与现实、文学与科学融合在一起,由“主动探索”替代了“被动接受”,由“自己明白”替代了“教师讲解”,学生的思维品质得到了砥砺,科学意识得到了增强,探究能力得到了提高,潜在智力得到了开发,为将来从事社会科学或自然科学的研究打下了一点基础。

参考文献

[1]荣维东.基于交际语境的写作内容框架构想[J].新作文:中学作文教学研究,2016(10).

[2]王荣生.我国语文课为什么几乎没有写作教学[J].语文教学通讯,2007(35).

[3]叶黎明.写作教学内容新论[M].上海:上海教育出版社,2012.

[4]毛泽东.毛泽东选集(第五卷)[M].北京:人民出版社,1977.

方法论

金晓涛与“温雅语文”

名师简介

金晓涛，浙江省瑞安中学教科室主任。浙江省第十届特级教师，温州市享受教授级待遇中学高级教师，温州市“金晓涛语文名师工作室”主持人，温州大学硕士生导师。在文学作品阅读教学方面，构建了“过程呈现式”导读法，成果获得浙江省第二届基础教育教学成果二等奖；在文言文教学方面，探索并实践高中文言字词“意义释解”学习法，成果获得浙江省第四届基础教育教学成果一等奖。出版有《含英咀华——过程呈现导读法及案例精评》，在各级各类杂志上发表论文50多篇。

案例背景

“语文”是语文教育理论研究和教学实践最为重要的关键词，也是提出“温雅语文”的主要依据。“雅，正也。[①]”“性纯粹曰温。[②]”作为一门课程，语文课程区别于其他所有课程的特质就在于，它是以培养学生正确理解和运用典雅纯正的语言的能力为根本宗旨的。这种能力，是学生学好其他课程的基础，也是学生全面发展和终身发展的基础。

作为课程名称的“语文”，最早是于1949年8月华北人民政府教科书编审

① 郭璞，邢昺．尔雅注疏（卷一）[M]．上海：上海古籍出版社，2010．

② 张玉书，陈廷敬，等．康熙字典[M]．北京：中华书局，2004．

委员会选用中小学课本之时，由教育部教科书编审委员会主任委员叶圣陶先生开始使用的。叶圣陶先生从1912年起从事语文方面的教学、编辑、出版工作，前后60多年，对于这半个多世纪里我国语文教育工作中的利弊得失知道得深切详明。其中，关于语文的含义，叶圣陶在多篇文章中做了精辟的阐释，以下试举几例。

1942年1月1日叶圣陶在《国文杂志》第一期发表《略谈学习国文》，文中论及中学的语文即国文教学时说：

学习国文就是学习本国的语言文字。……尽量运用语言文字并不是生活上一种奢侈的要求.实在是现代公民所必须具有的一种生活的能力。如果没有这种能力，就是现代公民生活上的缺陷。吃亏的不只是个人同时也影响到社会。因此，中学阶段必须继续着小学阶段，学习本国的语言文字——学习国文①。

1944年10月，叶圣陶在与朱自清合著的《国文教学》中作序说：

“五四”以来国文科的教学，特别在中学里专重精神或思想一面，忽略了技术的训练，使一般学生了解文字和运用文字的能力没有得到适量的发展，未免失掉了平衡②。

1980年7月，叶圣陶在《听、说、读、写都重要》中肯定地说：

学校里为什么要设语文课？这个问题好像挺简单，但是各人的认识并不一致，甚至有很大的不同。有一种看法认为语文课的目的是让学生掌握语言文字这种工具，培养他们的接受能力和发表能力。我同意这种看法③。

叶圣陶有关语文的论述在其他著作中还有很多。在不同时期发表的文章中，叶圣陶的有关表述虽有不同，但有一个贯穿始终的基本看法：语文课的“语文”就是指对语言文字的理解和运用。叶圣陶曾经举过一个通俗生动的例子。

“良深哀痛”是致悼语，“殊堪嘉尚”是奖勉语，但是，以人子的身份，当父母之丧而说“良深哀痛”，以学生的身份，对抗战取胜的将领而说“殊堪嘉尚”，那一定是阅读时候欠缺了揣摩体会的工夫。……阅读方法不仅是机械地解释字义，记诵文句，研究文法修辞的法则，最紧要的还在多比较，多归纳，多揣摩，多体

---

① 叶圣陶.略谈学习国文[C].北京：教育科学出版社，1980.

② 叶圣陶.国文教学[C].北京：教育科学出版社，1980：51

③ 叶圣陶.听、说、读、写都重要[C].郑州：河南教育出版社，1980：190.

会，一字一语都不轻轻放过，务必发现它的特性。唯有这样阅读，才能够发掘文章的蕴蓄，没有一点含糊。也唯有这样阅读，才能够养成用字造语的好习惯，下笔不至有误失[①]。

叶圣陶对语文本体的准确而科学的认识，给我们以深刻的启示。

叶圣陶的这一语文观实际上就成为 1949 年以来历次教学大纲的指导思想。如《1990 年全日制普通高级中学语文教学大纲》：

中学语文教学必须教学生学好课文和必要的语文基础知识，进行严格的语文基本训练，使学生热爱祖国语言，能够正确理解和运用祖国的语言文字，具有现代语文的阅读能力、写作能力和听说能力，具有阅读浅易文言文的能力[②]。

而《2000 年九年义务教育全日制初级中学语文教学大纲》在表述上有个细微的变化：

在小学的基础上，进一步提高学生正确理解和运用祖国语文，提高阅读、写作和口语交际能力，发展学生的语感和思维，养成学习语文的良好习惯[③]。

显然，这里的“语文”指的就是“语言文字”。从这些纲领性文件中，我们可以获得这样一个结论：语文教学的目的是提高学生正确理解和运用祖国语言文字的水平。

2002 年开始，课程标准取代教学大纲。新课标则视“工具性与人文性的统一”为“语文课程的基本特点”。2017 年新课标把“语言”、“思维”、“审美”、“文化”确定为学生语文素养的四项核心要素。其中语言是第一要素。

从这些纲领性文件中，我们可以获得这样一个结论：语文教学的目的是提高学生正确理解和运用祖国语言文字的水平。作为一门课程，语文课程区别于其他所有课程的特质就在于，它是以培养学生正确理解和运用语言的能力为根本宗旨的。语言文字的理解和运用具有双重特性，一是要学会理解与运用规范纯正的祖国语言文字这一工具；二是语言文字同时是充满人文的内在，有着表达者的温度。也就是说，语言文字的理解和运用不仅关涉到知识、技能、技术层面，而且跟理解、表达者的精神世界、思想情感等具有极其深刻的相关性。

---

① 叶圣陶. 国文教学的两个基本观念[C]. 北京：教育科学出版社，1980：59.

② 课程教材研究所. 1990 年全日制普通高级中学语文教学大纲[M]. 北京：人民教育出版社，2001.

③ 课程教材研究所. 2000 年九年义务教育全日制初级中学语文教学大纲[M]. 北京：人民教育出版社，2001.

“高中语文课程的基本任务是继续推动学生语言机制的建构，提高语言文字运用能力。”言为心声，不管言说者是否已经意识到，只要一张口说话，一下笔写文章，他就自然而然地介入到言语表达的过程特别是结果中。也就是说，作家在形成语言作品过程中已经介入了自己的认识、情感和价值观，字里行间呈现心灵。所以，我们说语文是温雅的。

案例赏析

一、斯人温雅

布封说：“风格即人。”教学风格与人的个性有着紧密的联系，作为一个教师，教学风格更取决于他对学科及其教学的理解、教育教学的经历等等。

如果用一个词语来形容金老师，那就是“温雅”字。她很喜欢穿一条裙子，白色的底子上配上李白的《静夜思》书法。与她交往，无论何时，她的语气总是一以贯之的温和亲切，不疾不缓。

金老师的教学风格同样如此。在《试论当代浙派语文的五大特征》里，作者这样评价金老师的课堂：“瑞安中学青年高级教师金晓涛执教《毛泽东词二首》运用了多种艺术元素，使整堂课显得十分华美，充满氤氲之气。”最能体现她的风格的，还应该是她那节全国中语会新教材课堂教学大赛获奖课——《长亭送别》。她不仅成功地带着学生领略了唱词原文的华美典雅，而且也展示了自己课堂语言的典雅，整个课堂浸润着温润优雅之美。而金老师动笔为文，最后成稿的论文和课题，洋洋数千至上万，也总是务求结构之精巧妥帖，语言的精确达意，取材之丰赡典雅，让人读下来亲切轻松，在不知不觉中走完一程又一程。

诚然，要形成这种独特的教学风格和语言功夫，绝非一两年的工夫就可以轻松实现的，是需要长久地钻研、反思、尝试、实践，要耐得住成功前的寂寞。金老师有篇文章，用的题目是李清照的一句词，“不知酝藉几多时，但见包藏无限意”，把它用在她的教学实践上，也颇为合适。

金老师一直带着同事和工作室学员一起做课题，共事的老师很欣赏她处事的娴雅之风和包容关心同事的雅量。一位老师回忆说：“我和她教高三，面临高考，不仅学生压力大任务重，我们做老师的也不轻松，有的时候各种事情纠集在一起，需要同时完成，我经常感觉自己头上快要冒出烦躁的青烟了，而金老师总会安慰我们说：慢慢来。之后的日子，她温馨提示的短信便掐着时间，在最后期限之前的某一时刻准时到达我们每个人的手机里，而我们也就"哎呀"一声，快马加鞭地动起手来。以前看似大山般的诸多"不可能完成的任务"，竟然也就这样一点一点被我们"吃"掉了。后来全备课组去温州市区开高三教研交流汇报会时，与会的同行们听完金老师介绍我们完成的工作时，个个佩服不已，置身在大家钦敬的目光里，我们忽然发现原来自己已经做了那么多令人骄傲的事情！"

和金老师做课题，有些繁杂的工作，她几乎不给组员做，都自己见缝插针地解决了。有一次因为赶时间，她叫一位组员去一个复印店和她碰头，帮她把课题成果整理出来，装订成册，抢在教研室下班之前送过去。到了店里，只见满桌都是那个课题的资料，连店里的人也替她们着急：东西实在太多了。做到中午，总算弄得差不多了，同事打来电话叫她们去他家吃了饭再做。金老师自然不肯去了，却一个劲儿地叫组员快去吃。最后等组员吃了饭，想过来时，金老师又让她不要来了，理由是也没有多少东西了，叫她在家歇歇……

金老师年轻时常被称呼为"美女老师"，也许是因为大家无法忽略她的秀丽外貌吧。其实，等你和金老师熟悉了，她为人的文雅、处事的娴雅、教学的优雅、为文的典雅才是你对她的真正印象。

二、温雅语文的体现

1. 教学内容：雅正温静

（1）选文：言语范本，人文经典。学习语文要有言语学习的范本。目前，大陆、香港、台湾地区的语文教科书仍以"文选型"为正宗。而历次伴随着语文教育改革的教材改革，从整体上讲，除了着力于"文"的组合方式之外，还针对"范文"中的"文"。苏教版教材采用话题结构，着眼情感、态度、价值观等内在联系，立足于学生生活领域，营造对话交流情境，提高学生的人文素养①。教材按照遴选人文性和语文性兼备的名篇佳作，为学生提供了很好的言语材料。

在教材中，文学经典占很大比例。如必修二《致同学》开宗明义："打开你面

① 窦桂梅. 语文当为心灵奠基——与王尚文先生商榷[N]. 中国教育报，2004-7-8(5).

前的语文教科书，展现的是一篇五彩缤纷的人文天地。……‘慢慢走，欣赏啊’专题给同学们展示了由名家名篇构筑而成的辉煌的文学殿堂。[①]”

由于语言的表现力，许多现当代众多专家学者的美文也进入语文学习的视野。如美学家朱光潜的《咬文嚼字》、科学家杨焕明的《人类基因组计划及其意义》、建筑学家梁思成的《关于北京城墙的存废问题的讨论》、学者俞孔坚的《足下的文化与野草之美》等，众多学者和其他专业人士的语言成就同样大大丰富了现代汉语的词汇和表现力，扩大了现代汉语的影响，奠定了现代汉语作为标准语言在文学领域之外应用的坚实基础。

教材还选入了20篇外国文学作品。它们的入选，不仅因为它们是外国文学作品的典范，而且因为它们是优秀的翻译作品，反映了译者的翻译水平，即理解和运用祖国语言文字的水平。翻译作品构成了现代语文的重要组成部分，极大地丰富了汉语文学的表达方式。如中国象征派诗人戴望舒所译的“象征派诗王”保尔·福尔的诗歌《回旋舞》，备受英美文学研究者好评的著名翻译家王永年所译的《最后的常春藤叶》，诗人、散文家和评论家徐迟所译的《神的一滴》，“科学小品”的开创者周建人所译的《〈物种起源〉绪论》，都堪称经典名译。在这些翻译中，现代汉语的潜质得到了激发，绽放出绚烂夺目的艺术光彩。

鉴赏力不是靠观赏中等作品而是靠观赏最好作品才能培育成的（歌德语）[②]，优秀的作品对于语文学习具有重要意义，确实需要“慢慢”欣赏。“当学生与作者在言语世界里达成视野融合之际，他就会发现他在走向作者的同时，作者也正向他走来。他在作者的言语世界里获取新的精神资源、精神视野，极大地改变、修正、丰富了他原有的语感图式和精神境界。[③]”

（2）汉语：典雅纯正，内涵丰富。汉字是建立在象形字基础上的表意方块文字，字形上凝聚着古人对事物的认识，而汉字的悠久历史和稳定性，又使得汉字形体所反映的意义具有溯源的价值。如《陈情表》中“而刘夙婴疾病，常在床蓐；臣侍汤药，未曾废离”话中“婴”字从女、賏，“賏”是颈项链。本义为妇女颈饰，由此引申为“戴”、“缠绕”之意，于是“刘夙婴疾病”就形象写出祖母被疾病缠绕、缠绵病榻的情景。又与下文“常在”呼应，表明了李密必须长留在塌前侍奉。既陈

① 丁帆，杨九俊．普通高中课程标准实验教科书语文（必修二）[M]．南京：江苏凤凰教育出版社，2014．

② 爱克曼．歌德谈话录[M]．朱光潜，译．北京：人民文学出版社，1982．

③ 王尚文．语文教学对话论[M]．杭州：浙江教育出版社，2004．

苦情，也表孝谨，为后文提出“乌鸟私情，愿乞终养”作好铺垫。《冷斋夜话》评价本文“沛然从肺腑中流出，殊不见凿斧痕[①]”，说明本文遣词造句十分准确高明。

一些字形发生很大变化的汉字，其时代较早的字形如甲骨文、金文、小篆的字形，对于推定本义有很大的参考价值。如“”（去），上面是“大”，下面是“”，表示人离开洞口或坑坎而去[②]。因此“去京口”（《指南录后序》）不等于“至京口”。“视而可识，察而见意[③]”，我们通过审视字形可窥其义。

对于一些简化后许多字符发生了变化的汉字，可以由其繁体的字形窥见造字原意。《滕王阁序》中有一句：“屈贾谊于长沙，非无圣主；窜梁鸿于海曲，岂乏明时？”因为一首《五噫歌》，梁鸿被章帝搜捕，他改名换姓，一路南逃，最后居于吴地。这里的“窜”为简化字，而其繁体字“”从穴从鼠，让人联想到老鼠在洞穴中“逃窜”、“隐匿”的形象[④]。

词语有相对独立的意义，这种语义是人们在长期交流中约定俗成的。但是，词语有字典义，也有情景义。它常常具有表示多种意义的可能，一个词语的确切意义要在短语、句子乃至在段落的上下文的关系中才能呈现出来。也就是说，词语的基本意义与它的语境意义可能一致，也可能背离，在阅读时要细细斟酌，使语义在短语、句子、段落等意义单位的具体关系中得到确定。而语言的使用，表达的是作家的一种独特的思维模式和对事物的一种独特的评价。因此，通过理解语义，可以更好地把握文章的意味。其实，词语、句子乃至标点也是温雅的。

［例］《雷雨》台词比较：

三十年后，周朴园对鲁侍萍有无真情？情感体验是内在的深层的东西，需要透视表层的语言去把握它。因为表面上是人在说话，而实际上却是话在说人。这样的话语，只有“这一个”周朴园才能说出。因此可以通过倾听两套语言系统，对比两种效果来分析周朴园的情感。

两组比较：

---

① 释惠洪．四库全书·冷斋夜话（卷三）［M］．北京：线装书局，2011．

② 叶圣陶．国文教学的两个基本观念［C］．北京：教育科学出版社，1980．

③ 许慎．说文解字（现代版）［M］．北京：社会科学文献出版，2005．

④ 张章．说文解字（下）［M］．北京：中国华侨出版，2012．

①鲁侍萍：她没有死。

周朴园：她还在？不会吧？我看见她河边上的衣服，里面有她的绝命书。

改句：

周朴园：她还在？真的吗？我看见她河边上的衣服，里面有她的绝命书。

②鲁侍萍：老爷，你想见一见她吗？

周朴园（连忙）：不，不，不用。

改句：

周朴园（连忙）：哦……不。

鲁侍萍在周朴园面前细细叙述梅家姑娘的往事，夹带着的意图是想试探周朴园对自己是否还有真情。当然，作为一个老爷，周朴园不可能在“新来的下人”面前表露自己的情感。因此他听到侍萍悲惨遭遇时仍然语气平淡，态度冷漠，似乎是可以理解的。但是我们仍然可以从言语形式中捕捉了信息，了解他复杂的内心情绪和灵魂世界。第一组里，两句话中只有细微的差别，“不会吧?”可见其满心狐疑，“真的吗?”则流露出惊诧。同样，在第二组对话中，“不，不，不用”中只有四个字，却有三个逗号，有三个“不”字，可见其本能的反应是如此强烈，那就是拒绝接纳活着的侍萍，而不是如后面一句，进行情感与理智的斗争之后在见与不见的矛盾之中做出选择。闻其声，知其人，周朴园对鲁侍萍有无真情，就不言而喻了。

经过这样的比较，我们能意识到原来的那个词在句中自然熨帖，确实搬动不得。好的语言确实像那位“东家之子”：“增之一分则太长，减之一分则太短；著粉则太白，施朱则太赤。[①]”这样准确妥帖的语言，语义表达适切，只有慢慢玩味，才会有所得。

（3）文本：召唤结构，内蕴期待。在教材中，有相当比例的选文是文学作品。在阅读过程中，语言包含许多意义未定性和意义空白，未定性和意义空白构成了作品的基础结构即“召唤结构”，这种“召唤”存在于文本的各层结构中，即语言层面、结构层面、形象层面和意蕴层面。在温静的阅读过程中，学生有更多的阅读发现，他们的期待视野在悄悄改变，语文世界和人文世界得以重建。

---

① 宋玉．文选·登徒子好色赋［M］．上海：中华书局，1997．

[例]课文《我与地坛》分合设计：

第一环节：合。

老师：一个原本风华正茂的青年，在一座荒芜的园子里孤独行走十五年是种怎样的生命煎熬？史铁生说："总共只有三个问题交替着来骚扰我，来陪伴我。"请同学们浏览第一部分，说说他这"三个问题"是什么。

学生：死，生，活。

老师：对于他思考的三个问题有没有答案？他是从哪里获得答案的？

学生：地坛的景和人(选文中的母亲)。

第二环节：分。

(1)"境"的体验。

第一处景物：繁盛消逝的惨淡——萌发死念。(方法：去词比较)

第二处景物：微小事物的生命力——生的价值。(方法：续写、仿写)

第三处景物：万物的坚忍和灿烂——活的态度。(方法：诵读体验)

(2)"情"的领悟。

第一处细节：倚门而望，自我安慰——独承苦难。(方法：品味语言)

第二处细节：端着眼睛，急迫寻找——默默陪伴。(方法：赏析修辞)

第三环节：合。

补充并赏析《我与地坛》第三部分景物描写："如果以一天中的时间来对应四季，当然春天是早晨，夏天是中午，秋天是黄昏，冬天是夜晚。如果以乐器来对应四季，我想春天应该是小号，夏天是定音鼓，秋天是大提琴，冬天是圆号和长笛。……还可以用艺术形式对应四季，这样春天就是一幅画，夏天是一部长篇小说，秋天是一首短歌或诗，冬天是一群雕塑。……因为这园子，我常感恩于自己的命运。"感受地坛四季的美丽(境)，体会对生命的感恩(情)。

"语言是作者传意，读者理解的通衢。[①]"通过去词、仿写等方法让学生以语言为桥梁，深化"境"的体验与"情"的领悟，使意义从另一个世界转换到"我"的世界。

在文章中，语言并不是孤立的层面；把句子与句群表达的意义单元组织起

---

① 蒋成瑀.读解学引论[M].上海：上海文艺出版社，1998.

来，这就形成了结构。因此，一部作品的结构，并不是无生命的形式，它往往能告诉我们暗含的思想、观点、感情。通过对结构的分析，发现结构层面的魅力，获得对文章更深的理解和把握。《我与地坛》选文两个部分相对独立，但从地坛和母亲都包容“我”，启示“我”直面死亡，寻找未来的道路这一点来看，两个部分又互为照应，连接无痕。本课的设计巧妙之处是借助结构又不为形式所绊，停留在对结构的欣赏之中，而是思考结构对于内容表达的作用，进而感受意象与人物形象，领悟深层意蕴。

2. 教学活动：风雅蕴藉

(1)诗歌教学：观句调，得诗心。诵读是我国传统的读书方法，也是我们文本解读的一把钥匙。“诵则非直背文，又为吟咏以声节之。[①]”“抽释其义，蕴至于无穷，是之谓读。[②]”说明“诵”是带有节奏的吟咏，而“读”更注重意义的理解。通过诵读活动，借助“音”的变化走进文本，由声及情。然后“情动于衷而声形于外[③]”，声情并茂。

古诗欣赏尤其注重诵读。清人吴骞在《拜经楼诗话》中援引同时人陈枚评诗之语，说：“一观意思，二观体裁，三观句调，四观神韵。四者皆得，方为全诗。而四者中尤以意思神韵为主。[④]”观得意思，观得体裁，在诗歌的内容和形式上已有所得。不过，“诗与乐像一对孪生的姊妹，从诞生之日起就密切地结合在一起。诗，不仅作为书面文字呈诸人的视觉，还作为吟诵或歌唱的材料诉诸人的听觉。[⑤]”词跟音乐的关系更密切，词牌失去乐谱后，保留了字数、句数、平仄、押韵。因此，得诗必须观句调。

[例]《声声慢》开头赏析：

结合《声声慢》课后练习题4，赏析“寻寻觅觅，冷冷清清，凄凄惨惨戚戚”句中所包孕的情感内涵。

①由平仄、五音品情感基调。

① 郑玄，贾公彦．四库全书·周礼注疏(卷二十二)[M]．北京：线装书局，2011.
② 段玉裁．说文解字注(卷三)[M]．上海：上海古籍出版社，2008.
③ 安徽大学中文系文艺理论教研室．文学理论学习参考资料选编(中)[M]．合肥：安徽大学出版社，1985.
④ 吴骞．清诗话·拜经楼诗话[M]．上海：中华书局，1963.
⑤ 曹晓宏．中国传统文化指要[M]．成都：巴蜀书社，2008.

②由叠字使用品情感内涵。

金老师设计的“由平仄、五音品情感基调”确是切合宋词《声声慢》的赏析活动。

其一，平仄含情。《声声慢》原名《胜胜慢》，最早见于北宋晁补之笔下。唐人就有“慢处声迟情更多”的说法，用《胜胜慢》为名，看来当时晁补之的这一曲比之一般的慢曲还要来得更缠绵娓丽些。他是为自己喜爱的家妓荣奴的离去而作，表达了不舍、担忧之情。韵脚押平声字“飞”、“衣”、“池”、“归”、“垂”、“枝”、“谁”、“随”，节奏舒缓，悠长婉转，情思绵绵。到南宋末年，因为蒋捷的一首《秋声》变为《声声慢》。词人以“豆雨声”起，以“雁声”收，写了秋夜中听到的十种秋声，从深夜到拂晓，连续不断袭来。特别是军营中的胡笳声更令人惊心。这首《声声慢》韵脚押平声字“声”，节奏舒缓，婉转凄凉，一声声愁断人肠。

而李清照的《声声慢》“却改押入声韵，并屡用叠字和双声字，这就变舒缓为急促，变哀婉为凄厉”。韵脚读第一声或第二声，但它们不是平声，而是入声韵。由于“平长仄短入声促”，“寻寻觅觅，冷冷清清，凄凄惨惨戚戚”句读若“长长促促，短短长长，长长短短促促”。便不复前面两首《声声慢》那般徐缓了。

其二，五音涵韵。古代的五音为宫商角徵羽。“高渐离击筑，荆轲和而歌，为变徵之声，士皆垂泪涕泣。又前而为歌曰：‘风萧萧兮易水寒，壮士一去兮不复还！’复为慷慨羽声，士皆瞠目，发尽上指冠。[①]”文中的“变徵”是角、徵二音之间接近徵音的声音，声调悲凉。羽声比变徵音高，能表现激愤或高昂的情绪。古代音韵学上对声母按发音部位进行的分类，对应的五声指喉音、齿音、舌音、牙音、唇音。在《声声慢》中，齿音即徵音居多，间或有羽声，表达国破家亡身世悲凉的沉痛。而“寻寻觅觅，冷冷清清，凄一凄惨惨戚戚”句中14字中徵音有10字、羽声有2字。所以有人说此词以豪放纵恣之笔写激动悲怆之怀，既不委婉，也不隐约，不能列入婉约体。

而由叠字使用品情感内涵也是很经典的赏析活动。因为一来，叠字浓情，反复使用叠字，“强调了某一个声音以及由此声音所表达的情绪，铿锵的越发铿锵，婉转的益见婉转，荡漾的更加荡漾，促节的尤为促节[②]”。更为强烈地表达沉痛。这确实非“一‘愁’字了得”。二来，迭用深意，迭用十四个叠字，分三个层

① 司马迁.史记·刺客列传第二十六[M].上海：中华书局，2013.

② 袁行霈.中国诗歌艺术研究[M].北京：北京大学出版社，1996.

次由外在环境逐步写到人物的心感受，每个层次的叠字之间也由浅入深地逐步推进，最终把悲哀、孤独、寂寞与苦痛表现得淋漓尽致。

周振甫先生在《论诵读》一文中，曾总结了诵读的种种好处。读时分轻重缓急，恰好与文中情事的起伏相应，足以帮助对文章的了解，领会到作者写作时的情绪，懂得音节和情绪的关系①。上是古典诗歌的单篇教学，下面是现代诗诵读教学的专题教学。

[例]必修一第一专题诵读教学活动：

教学目标：

①能设计诗歌朗读方案，根据具体指示流畅且有感情地朗诵诗歌。

②能在诵读中领会不同诗歌的情志内涵，体会不同时代人对青春的思考。

③能在诵读中把握关键或疑难语句的内涵与意义，分析其艺术手法及在表情达意上的效果。

④能在诵读中了解现代诗歌的主要特征和表现手法，掌握欣赏现代诗歌的方法。

具体内容：

①诵读指导。

②《沁园春·长沙》朗读重点：重音、语调、语速、停连。

③《相信未来》诵读重点：抑扬。

④《致橡树》诵读重点：刚柔。

⑤《面朝大海，春暖花开》《错误》诵读重点：明暗。

⑥《雨巷》诵读重点：节奏。

⑦诗歌诵读展示。

通过整个专题所做的诵读活动，学生比较系统完整地掌握各种诵读方法，能利用诵读赏析诗歌艺术与情志内涵。不同诗歌的诵读重点的设计，是严谨地结合诗歌的特点而选择的。比如为什么把《致橡树》朗诵重点确定为“刚柔”呢？因为爱情中的男女双方是相互独立又各有特点的，在诵读中要注意区分诗歌形象的“刚”、“柔”之别。通过正确的诵读语气能体现出本诗转折句、递进句、反

① 张定远．阅读教学论集[M]．天津：新蕾出版社，1983．

复、对偶等不同句式以及特殊关联词运用所体现出的意义指向与语言魅力，体现本诗作为本专题“刚柔”诵读教学的典型性。

①赏析辞句特点，读出“刚”。诵读时气满声高，坚定有力(见表1)。

表1

我们分担　寒潮O、风雷O、霹雳O； 我们共享　雾霭O、流岚O、虹霓O。	辞句特点：并列，对偶。宾语由三个词语，均为二字音步。音步相同，且等音长，节奏整齐，气势豪迈。 以上这些词语用重音顿读，铿锵有力。
爱～——不仅爱你～伟岸的身躯， 也爱你～坚持的位置，足下的土地。	辞句特点：递进，反复，对偶。反复三个“爱”字是勇敢的告白；递进句式的使用，显示了爱的愈加深沉动人；最后两个音步形成对偶，且“置”“地”仄声，充满爱的力量。 以上这些词语用重音延读，气满有力。

②注意“我”与“你”对举，读出“柔”。诵读时气徐声柔，口腔宽松，气息深长。

在写“你”的时候，用满怀爱意来描写理想的爱人形象，表达扶持他，温暖他，抚慰他，理解他，相知相依的爱情(见图1，表2)。

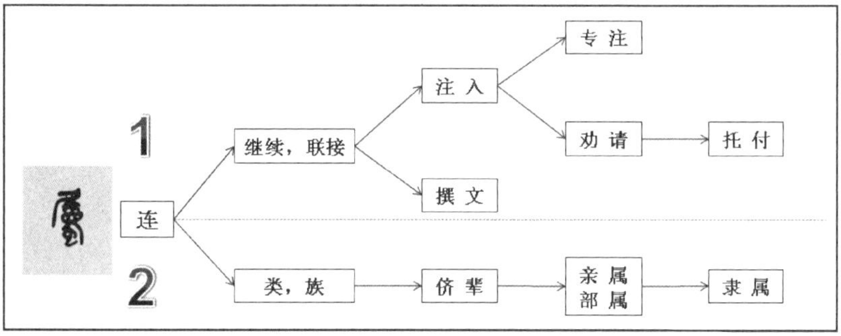

图1

表2

你～有你的～铜枝～铁干， 像刀～、像剑～，也～像戟～； 我～有我～红硕的～花朵～， 像～沉重的～叹息～， 又像～英勇的～火炬～。	在写“你”的时候，用满怀爱意来描写理想的爱人形象。 “你”，伟岸挺拔，刚强不屈，像勇敢的卫士。 “我”，热情美丽，深沉博大，温柔善感，刚烈英勇，呐喊助威，照亮前程。表达了扶持他，温暖他，抚慰他，理解他，相知相依的爱情。 用停延的方式来诵读，显出女性的温柔和款款的深情。

(2)文言字词教学:察形得意,建图索义。词义发展过程中因为不断引申,发展出很多义项,一词多义给阅读带来诸多困难。在文言字词学习中,学生往往仅识记该字词的意义,而不会探究意义之间的关联。这种缺乏系统,忽视联系的习惯,大大增加了识记和理解难度。根据汉字多个义项间的联系建立图式,标注关联点,则文言字词的识记更具有系统性,记忆起来难度降低,学生在勾连画图的过程中,学习兴趣也大大提高。

由于本义与引申义之间最重要的联系纽带是相关性和相似性。可通过相关性或相似性的联想,建立词义引申图①。也可通过观察汉字中表达意义的构件,进行归类组合,从而建成意符组合图。

①建词义引申图。

a.建图索同字——分叉路径。由于本义的丰富性,有一类汉字在由本义为起点开始引申时便"分道扬镳",进行放射式引申,此后的引申路径便由这两种方向形成两条不同路径。对于这一类字,可根据其特点,进行分叉路径法释解。

[例]"属"字图:

属,从尾,蜀声。由于"尾"与身体相连,本义为"连"。由这个意义特征,放射式引申为"连续"、"联结"。其次,由于"尾"也属于身体的一部分,由这个意义特征引申出"类"、"族"。由此开始了两条引申之路。

第一条,由"连接"继续引申。拥有这些引申义之"属",读音为 zhǔ。

第二条,由"类"、"族" 继续引申。拥有这些引申义之"属",读音为 shǔ。

b.建图索异字——平行路径。有些简化字是由两个或两个以上的字合并相同的,故开始引申时便是不同起点,此后的引申路径便形成不同路径。对于这一类字,可根据其特点,进行平行路径释解。

[例]"发"字图:

"髪"、"發"合并简化为"发"字。

"髪"从"髟",跟毛发相关。这一条路径引申的字,读音为 fà。

"發"从"弓",本义为发射,这一条路径引申的字,读音为 fā。

②建议符组合图。部首本身可以独立为字。如"阜"甲骨字形,像山崖边的

① 苏新春.汉语词义学[M].广州:广东教育出版社,1992.

石磴形，用以表示地势或升降等意义。本义为土山，下面四个词都是从“阜”的形声字，都与地形地势的高低上下有关。第二种意符指的是借助兼义的声符，如“慢”、“漫”、“蔓”、“缦”从“曼”得声字，都具备延长的意思，把这些字组合在一起，方便学生学习积累(见图 2，图 3，图 4)。

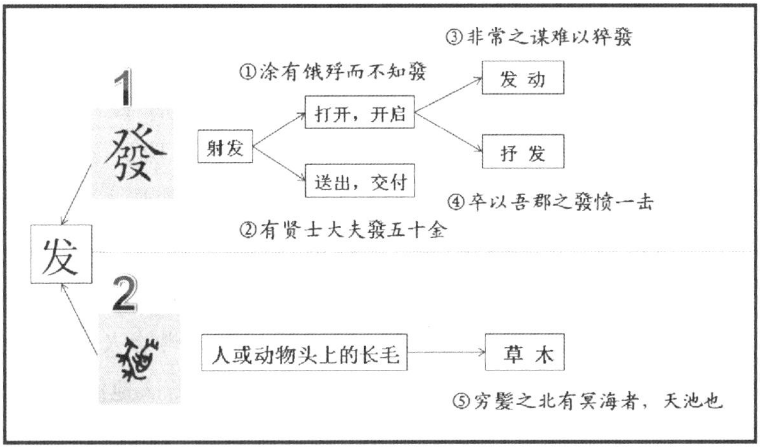

图 2

“阜”组图

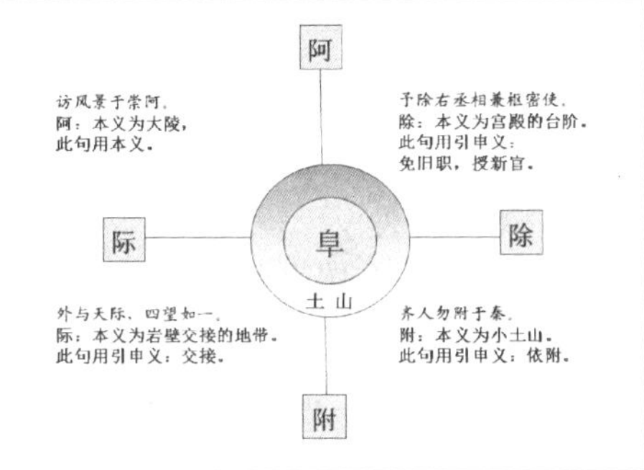

图 3

“曼”组图

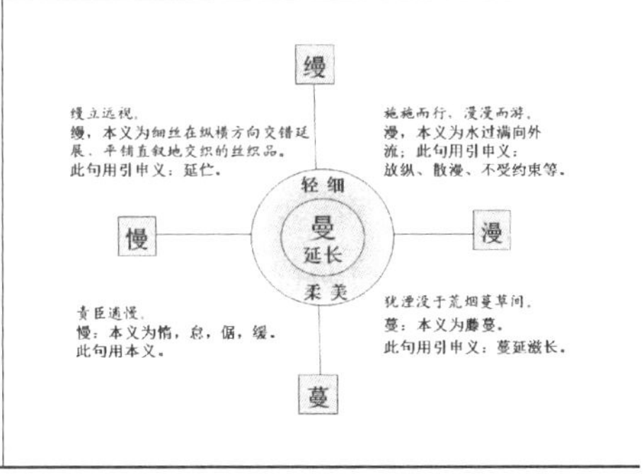

图 4

(3)文学作品教学：过程呈现，评注内化。一般，阅读这一言语行为包含着心理的内化过程，即由外入内的过程。在这个过程中，文本通过人的视觉系统作用于大脑，完成人的内部言语图式与言语对象意义结构的心理联结(同化或顺应)。而“过程呈现式阅读”这一言语行为包含着两个心理过程，一是内化过程，二是外化过程，即由内而外的过程。在外化过程中，学生将经过内化产生的言语理解通过文字的形式表达出来，实现和印证内化过程的结果。内化与外化是一种不断发生的循环的心理建构，在这样一个建构性心理过程中，人的心理能量被充分地调动起来，从而产生更强的心理效果。如果说阅读是一个将他人提供的语言和思想的信息内化为自己的东西的动态过程，那么“过程呈现式阅读”就是“将自己朦胧、模糊的思想明晰化与逻辑化，对零星、残缺的思想片段进行修正、补充、发展，使其相对完整化与逻辑化，并将纷乱、无序的思想系统化、有序化①”的过程。

“过程呈现式阅读”借助中国传统的文学批评——评注法。这种阅读方式早在唐代就出现，最初主要体现在诗文的笺注和批评中，明清之后有了小说评点。明代的李贽和叶昼，把小说评点变成鉴赏和批评的独特方式，明末清初的金圣叹将这种形式发展得更为成熟和完善。评注是古代一种重要的读书方法。有人曾把读者比作是测绘人员，书则比作某些自然地理单元，或高山，或平原，或地形复杂环境恶劣，或平坦简单。读书的过程，就是测绘人员铺测、勘探过程，细致且环环相扣，不遗漏重要的描绘点，最终，要绘出该地的地图来。书读完了，书本的脉络、地势和种种面貌，在心中，也就形成了一张能够把握鸟瞰的地图来。评注就是那“地图”的呈现。评注有利于促进读和思更好地结合，有利于与文本不断对话所生成的意义通向更深刻的视域。评注主要有三种评注类型：理解性评注、品评性评注和质疑性评注。但无论哪一种评注都有自己独特的视野和感悟。文中需评注的往往有三处：回首总评、文中夹批、回末总评。这种评点方法能够“揭示作品许多新的意蕴”，是一种行之有效并可以体现为良好读书习惯的读书方法。

如果说阅读的期待——发现——反思的过程是一个感受体验的过程，那么初评——旁批——总评则是借助语言自由准确表达自己的审美感受与心灵体验的过程。而且，初评——旁批——总评，并不只是一次性的阅读，一次的循环，尤其在旁批阶段，通过多次的阅读，其实中的内化与外化是一种不断发生的循环的心理建构，这样能产生更强的效果，使学生对作品的理解更深刻。

我们用图式来表达上述意思（见图5）。

苏教版必修一中的《我的四季》属“体悟人生”板块，编者建议采取活动体验的教学方式进行教学。采取何种活动使学生体悟张洁的人生体验与感悟，足以

---

① 钱理群.以"立人"为中心：关于九年制义务教育中的语文课程改革的一些思考[J].语文学习，2000(1).

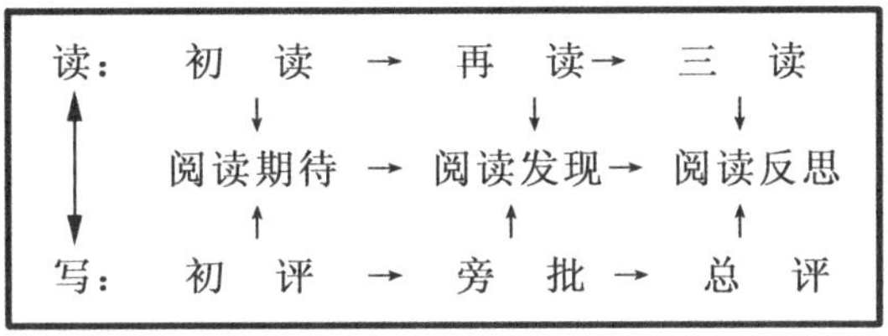

图 5

反映出教师的教学理念。如果采取让学生联想生活、畅谈体会的活动方式，固然可能热热闹闹，但那并不是真正的语文课，因为学生不过是从眼前“摆一束印着黑字的白纸”中感受到“在字里行间跳动着作者的头脑和心灵”（左拉语）。我们应该采用属于语文自己的听说读写活动，让学生在语文活动中学习语文。比如这个设计：[初读环节]表达初读的感受（造句）——[精读环节]描述精读的体验（想象画面），领悟作品的意蕴（评注交流），完成视界的融合（自由朗读）——[反思环节]与作者对话（写书信），与自我对话（写座右铭）。在这里，阅读可让学生真正亲近文字，从文字本身感受作者的情绪，因为本文语言生动形象，富有激情，既适合咀嚼品味，也适合有感情地朗诵。造句让学生在读之前提炼对生活的感悟，评注让学生在读的过程中提炼对语言的感悟，写书信和座右铭让学生在读之后与作者对话、与自我对话，提炼自己对生命较深的理解。

而所谓语文的活动，即以从语言切入作品内容的活动。学生赏读得深不深入，原因并不尽在于是否存在生活经验的空白，也不在于教师有无进行思想和情感的教育，它在于的是他们有无触摸文本的语言。如活动二“想象画面”，要求学生根据文字，展开想象：在人生的这个季节，“我”有怎样的遭遇？“我”选择以怎样的态度面对？在这里，想象的前提是品味形象化的语言，如“我”在春天艰难播种的动作描写；在夏天盼望南风的焦灼心理；找到水源之后忘带容器之后的神态刻画；在秋天对收获的谷粒珍惜的细节动作；在冬天炉前反思的环境渲染等等。又如活动四“自由朗读”，要求学生以声音表达出对文字的理解，那么当读到“秋天，我和别人一样收获”时，语气应是上扬的，内心是欢喜的；紧接着说，收获的是“干瘪”的谷粒，语调应降低，失望溢于言表；后面“又酸又苦的欢乐”需读得深沉。结合对文字的理解进行朗读活动，可以令学生更好地自己之心与作者之心相会、撞击，设身处地地去感受他们的快乐与痛苦，获得深度的解读体验。

让学生在语文活动中学习语文，其实就是哲学解释学中所提倡的游戏，游戏的基本规范就是要满足游戏的精神——轻松的精神、自由的精神和成功的喜悦的精神——并满足游戏者等。学生在忘我的语文活动之中，其实已经加入与作者的对话之中并将对话进行下去，完成了由初读到反思，由浅入深，由语言到意蕴，由文本到自我的过程。

三、温雅语文的达成

1. 底蕴：1＋X 阅读

被选入教科书的文章具备双重价值，一个是它的原生价值，即原本作为社会阅读客体而存在的、传播信息的价值；在原生价值的基础上生发了教学价值，即学生要学习的“如何传播信息的信息”的价值①。而其中的教学价值应该是语文教学的着眼点。教材中的课文篇数毕竟有限，立足文本，借助“1＋X”群文阅读，在有限的学习中实现课文的教学价值，使学生底蕴丰厚。

“1”指的是某课文，“X”指的是与课文相匹配的群文。对于群文本身来说，它们是“圆满自足而各自为政的，将它们贯穿起来的‘线’，多数是人为的外在标准。②”这个“人为的外在标准”，便是课文这个“1”的教学价值。

以古诗教学为例。课文的教学价值是让学生得以“四观”。因此以苏教版中教材中每一首古典诗词作为“1”，拓展阅读与之相匹配的“X”群文。群文分别按照以下四个学习任务去选择：

(1)还原创作现场。还原创作现场，主要是指与学生一起回顾创作背景，还原诗词情境，知人论世，触动内心情思，通观诗词之意。

观意思，是学生学习古诗碰到的第一个难题。因为个性不同的诗人面对同样的境遇，会表现不同的人生态度。而同一位诗人在人生的不同阶段，同是抒发愁情，其中的情感内涵也是有所不同的。李清照便是典型的例子。南渡前，赵明诚为求学、求仕，离家奔波，李清照创作了许多脍炙人口的佳作，这种愁以“闺愁”、“闲愁”为主。1127 年金灭北宋，国破、家亡、夫丧，李清照词作中的“愁”跟南渡前相比就更深、更浓、更重了，大多表现了一种“家愁”、“乡愁”、“国

---

① 李海林. 信息时代的语文教育[J]. 中学语文教学参考，2000(1)：13-15.

② 王荣生. 语文科课程论基础[M]. 上海：上海教育出版社，2003.

愁”。晚年词作《声声慢》是其中代表作。李清照在《金石录序》中描述了自己的遭际和心境的变化。就如以下评论所说的：“在雁过这瞬间景象背后，至少包含着秋色凋零、故国沦丧、家园败毁、往昔荣华、夫妻伉俪、丈夫新丧、晚境孤苦等诸多象外之象，说它一以当十，绝非虚言。[①]”为何由“雁过也，正伤心”能读出故国之思？李清照在《添字采桑子》中写道：“伤心枕上三更雨，点滴霖霪；点滴霖霪，愁损北人、不惯起来听！[②]”

江南雨在余光中心里代表古典的中国，但李清照却品出了国破之痛。因为她是北人，沦亡之民，“北”雁勾起她的痛苦，“遗民泪尽胡尘里，南望王师又一年[③]”，“故乡何处是？忘了除非醉。”身世之苦、乡关之思都进入诗作，难怪《声声慢》表现得那么沉痛乃至凄厉了。

因此在学习《声声慢》时，“1＋X”(《添字采桑子》(李清照)、《秋夜将晓出篱门迎凉有感》(陆游)、《金石录序》(节选)(李清照)、《乱世中的美神》(节选)(梁衡)等四篇诗文)阅读会使他们对李清照阅读背景了解更多。

(2)追索文学源流。追索文学源流，即领学生追溯语词，探求流变，了解手法，让学生纵观其变，以知其体。

观体裁，是赏析古诗的重难点。“在一首诗歌中起组织作用的主要因素有两个：声律和意象。[④]”陈植锷认为意象成就了诗歌的诗性。《登高》中意象丰富，首联颔联借风、天、猿、渚、沙、鸟、落木、长江等登高所见之景，渲染外部秋景，极富感染力。学习《登高》“1＋X”(8 则材料)梳理“猿啼”文化含义，能探究文学作品中“意象”触发诗情的独特诗学价值。

古人抒发情感常常借助于一定的物象来传达，猿声就作为一种意象进入了人们的视野。猿猴声音凄厉，在诗中常借以抒发哀愁悲凉之情。千百年来，国破家亡之痛、贬谪失意之愁、亲人离别之绪、边地征战之苦，都寄寓在那声猿啸中。但也有少数着意于猿猴叫声的悠长灵动来表现轻快的心情(见表 3)。

---

① 周圣伟. 大学语文教学用书[M]. 上海：华东师范大学出版社，2005.

② 李清照. 丛书集成初编本·漱玉词[M]. 北京：商务印书馆，1935.

③ 陆游. 四库全书·陆游诗全集(卷三)[M]. 北京：线装书局，2011.

④ 陈植锷. 诗歌意象论——微观诗史初探[M]. 北京：中国社会科学出版社，1990.

表 3

意象	类型	例句(按创作时间排列)	内涵
猿啸啼鸣叫	传说意象	1.《传奇》(裴铏):不如逐伴归山去,长啸一声烟雾深。(人猴婚媾说)① 2.《搜神记》(干宝):猿母悲唤,自掷而死。此人破肠视之,寸寸断裂。(猿猴母子分离说)② 5.《王氏见闻》:数声肠断和云叫,识是前年旧主人。(恋主说)③	哀痛
	自然意象	3.战国屈原《山鬼》:雷填填兮雨冥冥,猿啾啾兮狖夜鸣。风飒飒兮木萧萧,思公子兮徒离忧④ 4.东晋袁崧《宜都山川记》:巴东三峡猿鸣悲,猿鸣三声泪沾衣⑤ 5.唐李白《梦游天姥吟留别》:谢公宿处今尚在,渌水荡漾清猿啼⑥ 6.宋寇准《夜泊江上》:群峰初落月,夜后独闻猿。流水自无尽,客愁哪可论⑦ 7.明代杨基《长江万里图》:烟波草色时牵恨,风雨猿声欲断肠⑧ 8.清张问陶《大溪口风雪》:残年容易感他乡,纵不闻猿已断肠⑨	痛苦 凄楚 灵动 哀愁 忧伤 忧伤

(3)歌吟相关作品。指的是提供学生阅读或同时代或同体式或同流派或同作者或同(或相近)风格诗词,如学习《声声慢》"1+X"时,同时阅读晁补之《胜胜慢》、蒋捷《声声慢》、李清照诗《夏日绝句》、词《渔家傲》等四首诗词,可以使学生语观其调,在相关作品阅读的广阔视野中品其句调与风格。

(4)辑录古今赏评。指借古之赏鉴与今之评论碰撞出"我"之赏评,以我之心来观诗之韵,从而达到悟其妙之效。如《琵琶行》学习中辑录古今赏评X则:《批选唐诗》(金圣叹)、《唐宋诗醇》(爱新觉罗弘历)、《唐诗镜》(陆时雍)、《野鸿诗的》(黄子云)、《白居易诗中的佛学思想》(张汝钊)、《白香山诗研究》(佘贤勋)、《诗人白居易析论》(陶愚川)、《叶嘉莹说中晚唐诗》等。

---

① 王世贞.四库全书·艳异编(卷三十二)[M].北京:线装书局,2011.
② 干宝.四库全书·搜神记(卷二十)[M].北京:线装书局,2011.
③ 王仁裕.全唐诗·遇放猿再作[M].上海:上海古籍出版社,1986.
④ 屈原.丛书集成初编本·九歌·山鬼[M].北京:商务印书馆,1935.
⑤ 沈德潜.古诗源·女儿子二首[M].上海:中华书局,2000.
⑥ 李白.全唐诗·梦游天姥吟留别[M].上海:上海古籍出版社,1986.
⑦ 寇准.全宋诗·夜泊江上[M].北京:北京大学出版社,1998.
⑧ 杨基.眉庵集·长江万里图[M].成都:巴蜀书社,2005.
⑨ 张问陶.船山诗草·大溪口风雪[M].上海:中华书局,1985.

2. 哲蕴：1＋X 对话

在语文天地中的学生不是空白的容器，而是拥有“独特的感受、体验和理解”的生命个体。当然，也不是孤立的个体，而处在一个立体的系统中。在这个系统中，学生有互动对话的多个对象和多种途径。这里的“1”指的是学生个体，“X”指的是与之对话的对象。具体而言，与文本对话，可以在汲取中抵达思想高地；与同伴对话，能够在辩驳中深刻；与自我对话，能在禅悟中升华。通过“1＋X”对话，学生变得见解独到、思想丰富、智慧明达。

(1)与文本对话，在汲取中抵达。在入选语文教材的作品中，文学作品占相当大的比例。文学作品的意蕴和情味往往不是一马平川似的一览无遗地展示在读者的面前，而在于文本的深处，并不是轻易为人发现的，这就增加了阅读的难度，需要“一读再读，至百十读，乃见其妙者①”。从某种意义上说，只有引导学生打开课文，参与阅读，注入理解，文字才会活起来。读诗，“就是再作诗，一首诗的生命不是作者一个人所能维持住，也要读者帮忙才行②”。深入品赏诗歌，才会于品得“诗之妙在无字句处③”，把握“象外之象，景外之景④”，并跨越时空，与诗人或抒情主人公产生心灵的共鸣。其他文学作品也是如此。

真正的阅读必须是自主的阅读，得深入作品的艺术境界，反复涵咏、咀嚼、品味、揣摩、感悟，提升自身的审美层次。学生深入到语言的内部，与文本与作者进行生命的对话，这样才能真正抓住了课文的要旨。如果学生没有深入阅读，没有走进文本深处，那么就不能读懂文字，读懂作者，仅仅停留在对文本浅层面的解读上，缺乏对文本的深度挖掘，这样的阅读必然是失败的。

既然阅读是一种对话，读者与文本之间就是一种互为主体、互相解释、互相沟通的关系。鼓励学生不人云亦云，让他人的分析取代自己的阅读实践，不缩短阅读过程，获取现成的结论，那么，学生就将体验阅读的全过程，经历“山重水复疑无路”的困惑、“柳暗花明又一村”的豁然、“横看成岭侧成峰”的探索、“那人却在灯火阑珊处”的喜悦。

在进行卡夫卡《饥饿艺术家》欣赏时，有一位学生是这么说的：“再一次遇到

---

① 陆游. 陆放翁小品·何君墓表[M]. 北京：文化艺术出版社，1995.

② 朱自清. 朱自清散文经典全集[M]. 哈尔滨：哈尔滨出版社，2013.

③ 李戏鱼. 中国诗论——中国美学史论丛之二[M]. 河南：郑州大学科研处，1980.

④ 司空图. 全唐文·与极浦书[M]. 上海：上海古籍出版社，2007.

这位忧郁的歌者是在一个没有月亮的深夜，静静地聆听着他压抑而又执着的黑夜骊歌。听到这久违的歌声，心中突然有种莫名的坦然。通过这种方式重逢一位故友，很显然是再好不过了。”显然他便是以与故友对话的姿态进入阅读的。不过疑问很多：一类是关于饥饿艺术家的。饥饿艺术难道称得上艺术？为什么饥饿艺术家从来没有对自己的表演满意过？是谁造成了他的悲剧？一类是关于作者的。饥饿艺术家和卡夫卡本人有哪些相似之处？

教师了解学生的阅读起点，有的放矢地帮助他们进行深入的阅读。给他们三个建议：

①与小说对话。理清小说的情节思路，细读文字，理解人们对他的伤害是步步加深的：怀疑—亵渎—遗忘—践踏。饥饿艺术家对此的反应是：沉默—暴怒—绝望—自杀。

②与作者对话。深入了解卡夫卡。因为要把一篇好文章读深读透，往往需要丰富的背景知识做支撑。在深入过程中，有时可以就“某一阅读素材相关的某一主题，搜寻更多的阅读材料”进行恰当的拓展，从而对该素材描述的事件所处的大背景，或者某个特定的视角形成自己的认识，进而加深课堂阅读素材的理解。有人说，阅读是一种用另一个人的大脑来思维的方式，他强迫你把自己的思维向外延伸。当我们由此及彼地延伸自己的触角，建立自己的“超级链接”进行广泛地联想，不也有助于加深体验、增进理解吗？

因此学生找到了材料，诸如：

第一，卡夫卡在去世前一个多月，在病榻上校阅本篇小说时，“不禁泪流满面”。

第二，卡夫卡拒绝发表自己的作品，甚至要求销毁自己的所有手稿。

第三，卡夫卡说：“最理想的生活方式是带着纸笔和一盏灯待在一个宽敞的、闭门杜户的地窖最里面的一间里。饭由人送来，放在离我这间最远的、地窖的第一道门后。穿着睡衣，穿过地窖所有的房间去取饭将是我唯一的散步。然后我又回到我的桌旁、深思着细嚼慢咽，紧接着又马上开始写作。”

第四，卡夫卡说：“精神只有在不成为支撑物时，它才会自由。”

第五，诗人奥登说：“卡夫卡对我们至关重要，因为他的困境就是现代人的困境。”

③与人物对话。探究思考：为什么饥饿艺术家的艺术与生命偏偏是鱼与熊掌不可兼得？

相对于学生来说，教师是个成熟的读者，是“平等中的首席”，在深入钻研教材，反复揣摩思考之后走进课堂，因此在阅读教学中，要适时地引导学生进一步思考，启发学生通过探究去解决疑问，从而生成新的认识。

拥有充分的时间、资源和恰当的解读方法，在这样的对话中，学生加深对文本的理解和体验，对卡夫卡的思想有更多的感悟和思考：

第一，卡夫卡的小说并不仅仅是讲故事。他能用简洁的文字和深刻的象征洞悉人们生活的虚无、矛盾和荒谬，剖析人性的孤独、脆弱和绝望，从而以精辟的真知揭示生命及生命置身其中的世界的所有真相。

第二，卡夫卡一定是用心良苦，正因为艺术太容易伪造，所以要想分辨真伪，只有让艺术与一切利益绝缘。真正的艺术能让人付出一切，这也是卡夫卡在腼腆的外表下隐藏着的对艺术狂热的虔诚。现在我们可以看出《饥饿艺术家》是卡夫卡对自己艺术追求的一则寓言。

第三，卡夫卡一直生活在现实和内心的巨大分裂与痛苦之中，从根本上说，他时刻面临着写作和存在的双重绝望，一直带着这种绝望写作和生活的 。从这个意义上说，饥饿艺术家就是卡夫卡，卡夫卡就是饥饿艺术家，卡夫卡不仅预言了自己的悲剧命运，还预言了现代社会的存在危机。

(2)与同伴对话，在辩驳中深刻。阅读是学生的个性化行为，当学生与文本对话后，每人对文本的理解、感悟充满个性，产生的问题更是因人而异。学生由于阅读视界、生活阅历有所不同，即使接触了同一个文本，面对同一个话题，也可能产生不同的体验与思考。教师把学生置于主体地位并提供充分的空间，使之成为学习的行动者。让学生在“心理安全”之下相互自由忠实地描述个人体验，陈说带有个人印记的思想，可以形成交锋，也能形成共识，在聆听中思考，在辩驳中深刻，在借鉴中完善，从而超越自己。在学生之间展开对话，能使信息联系和信息反馈在多层次、多方面展开，通过互相启发与补充，产生互动效应，从而使对话的内容更趋于丰富、全面和深刻。

提供同一个新闻材料：美国记者爱德华·休姆斯写了一本叫《梦想的学校》的书，描述了这所高中的学生群像：为了得到最高的平均成绩 4.0，一天只睡 4

个小时，灌下4大罐拿铁咖啡，为的就是能够熬过一整夜①。

这则新闻引发学生热烈的讨论，他们针锋相对，各抒己见，形成了不同的观点：

①为了理想的成绩不惜牺牲自己的休息时间，这种牺牲，是对自我的一种磨砺，更是通向成功的基石。21世纪最伟大的球员科比·布莱恩特他也曾证实过“4”的魔力。“你见过凌晨4:00的洛杉矶吗?”作为湖人队的当家球星，他就这样早早地出现在训练场上。倘若没有他的这一“4”，又哪来他的五个总冠军？每一位在奋斗道路上前进的人都是勇士。勇士必须敢于牺牲，毫无畏惧，直到世界为你让路。

②考试成绩正在学生生涯中占上升的地位。“吊瓶班”的学生为备战高考集体在教室中注射氨基酸补充能量，做题潜力被挖掘到极致的衡水中学学生连等待打饭的时间都用来做题，许多中国学生梦寐以求的美式教育以各种考试作为衡量学生成果的标准值之一：这个世界“以成绩论英雄”的程度何其深。我们需要的是一条出路，一条能走向成功教育模式，而不是做这个时代的牺牲品。

③美国记者的报道颠覆了许多人的认识。其实，在国外教育是分层的。以美国为例，分为大众教育和精英教育。对某些领域有兴趣的、有突出表现的学生往往选择精英教育。因此，高学历的学生要付出比常人多十倍乃至百倍的努力，“灯火通明的哈佛”就是最好的例证。我们还有什么理由不去拼搏呢？

④“4”不是美国这所公立高中的专利，很多青少年在这个硝烟空前刺鼻的社会环境里，的确做到闻鸡起舞、废寝忘食，乃至悬梁刺股。一日三餐，睡个好觉，本就是人最基本的生理需求。高中生为了优异的成绩，“只要学不死，就往死里学”，如果最基本的健康都无法达标，要如何取胜人生？更何况竞争的热潮层层推进，像病毒一般蔓延在社会中，无声地潜伏在每一场厮杀中，容易让裹挟在其中的学生形成狭隘心胸和汲汲求成的浮躁心态。那么，即便拥有傲人学历，但残败的灵魂、枯萎的心灵真的为这个世界所需吗？肩负祖国未来的青年应在保障身体的基础上追求学业优异，否则

---

① 邓晞.普利策奖记者蹲点美国高中体验一年写作《梦想的学校》他们一天只睡4小时[N].重庆晨报,2015-12-28(7).

成为无源之水，无本之木，岂要本末倒置哉？

⑤很多人会问这么辛苦到底值不值得，在我看来是值得的。一方面，当下的汗水可以浇灌出梦想的花朵，现在的努力造就今后的卓越；另一方面，辛苦奋斗的时光何尝不是给我们的人生留下了浓墨重彩的一笔呢？在精力充沛的青春岁月里如果沉迷于享乐，那么生命的意义在于何处？这个时代并不缺乏学霸。12岁就获得国际奥数金牌的“数学界莫扎特”——陶哲轩，8岁读大学11岁获学士学位的华裔神童凯孝虎，年仅23岁在《Nature》正刊上以第一作者发表论文的最年轻中国女学者刘明侦，甚至是你们班成绩考第一的同学，他们全都是学霸，但没有一个人的成功是天上凭空掉下来的。值得一提的是，凯孝虎在《8岁进大学！》一书中透露的一个成功小秘诀，也是奇妙的“4”：每周只看4小时电视。梦想的种子只有经过汗水的滴灌才能结出诱人的果实，守株待兔，坐享其成是不可能的事。

(3)与自我对话，在禅悟中升华。如果老师常常以自己的分析代替学生的阅读体验，那么学生便只会被动跪着阅读；如果老师常常要求学生替圣人立言，那么学生便只会撰写“无我”之文。因此，我们要坚守人文主义的精神家园，尊重学生与文本对话、自我收获的结果。不要什么标准和权威，需要有不同的声音；不要亟亟以求结论，需要从容地享受阅读的过程。只有这样，每个学生才在教学的“有我之境”里意识到“自我”的存在，从容地读出属于自己的一种感觉，如同禅悟，表达的是闪动着真诚和灵性的范本。

如《报任安书》中的一段话流传千古：古者富贵而名摩灭，不可胜记，唯倜傥非常之人称焉。盖文王拘而演《周易》；仲尼厄而作《春秋》；屈原放逐，乃赋《离骚》；左丘失明，厥有《国语》；孙子膑脚，《兵法》修列；不韦迁蜀，世传《吕览》；韩非囚秦，《说难》《孤愤》；《诗》三百篇，大底圣贤发愤之所为作也。此人皆意有所郁结，不得通其道，故述往事，思来者。乃如左丘明无目，孙子断足，终不可用，退而论书策以舒其愤，思垂空文以自见。

司马迁排比叙例，意在自况，以抒发满腔的愤激之情，表达自己忍辱著书的决心。那么学生读出什么呢？

①生命在自强中延展；生命在不息中前进。

②他们正是因为心中一个坚定的目标，才能矢志不渝地为目标而活

着，活出自己应有的价值。

③失去对他们来讲不是结束，只是一个开始，人生另一段生命旅程的开始。因为失去自由，周文王静心演《周易》；因为失去显达，孔仲尼晚年作《春秋》；因为失去健康，左丘修《国语》，孙子书《兵法》；因为失去尊严，司马迁发愤著《史记》……因为失去，王昭君毅然出塞，才有汉匈文明更广泛的交融；因为失去，苏东坡豁然醒顿，前后《赤壁赋》千古流传。失去，不是上帝要惩罚你，而是他老人家在提醒你：你应该学会用另一腿去走路。

参考文献

[1]郭璞，邢昺．尔雅注疏（卷一）[M]．上海：上海古籍出版社，2010．

[2]张玉书，陈廷敬，等．康熙字典[M]．北京：中华书局，2004．

[3]叶圣陶．略谈学习国文[C]．北京：教育科学出版社，1980．

[4]叶圣陶．国文教学[C]．北京：教育科学出版社，1980：51．

[5]叶圣陶．听、说、读、写都重要[C]．郑州：河南教育出版社，1980：190．

[6]叶圣陶．国文教学的两个基本观念[C]．北京：教育科学出版社，1980：59．

[7]课程教材研究所．1990年全日制普通高级中学语文教学大纲[M]．北京：人民教育出版社，2001．

[8]课程教材研究所．2000年九年义务教育全日制初级中学语文教学大纲[M]．北京：人民教育出版社，2001．

[9]窦桂梅．语文当为心灵奠基——与王尚文先生商榷[N]．中国教育报，2004-7-8(5)．

[10]丁帆，杨九俊．普通高中课程标准实验教科书语文（必修二）[M]．南京：江苏凤凰教育出版社，2014．

[11]爱克曼．歌德谈话录[M]．朱光潜，译．北京：人民文学出版社，1982．

[12]王尚文．语文教学对话论[M]．杭州：浙江教育出版，2004．

[13]释惠洪．四库全书·冷斋夜话（卷三）[M]．北京：线装书局，2011．

[14]许慎．说文解字（现代版）[M]．北京：社会科学文献出版，2005．

[15]张章．说文解字（下）[M]．北京：中国华侨出版，2012．

[16]宋玉．文选·登徒子好色赋[M]．上海：中华书局，1997．

[17]蒋成瑀.读解学引论[M].上海:上海文艺出版,1998.

[18]郑玄,贾公彦.四库全书·周礼注疏(卷二十二)[M].北京:线装书局,2011.

[19]段玉裁.说文解字注(卷三)[M].上海:上海古籍出版社,2008.

[20]安徽大学中文系文艺理论教研室.文学理论学习参考资料选编(中)[M].合肥:安徽大学出版社,1985.

[21]吴骞.清诗话·拜经楼诗话[M].上海:中华书局,1963.

[22]曹晓宏.中国传统文化指要[M].成都:巴蜀书社,2008.

[23]司马迁.史记·刺客列传第二十六[M].上海:中华书局,2013.

[24]袁行霈.中国诗歌艺术研究[M].北京:北京大学出版社,1996.

[25]张定远.阅读教学论集[M].天津:新蕾出版社,1983.

[26]苏新春.汉语词义学[M].广州:广东教育出版社,1992.

[27]钱理群.以"立人"为中心:关于九年制义务教育中的语文课程改革的一些思考[J].语文学习,2000(1).

[28]李海林.信息时代的语文教育[J].中学语文教学参考,2000(1):13-15.

[29]王荣生.语文科课程论基础[M].上海:上海教育出版社,2003.

[30]周圣伟.大学语文教学用书[M].上海:华东师范大学出版社,2005.

[31]李清照.丛书集成初编本·漱玉词[M].北京:商务印书馆,1935.

[32]陆游.四库全书·陆游诗全集(卷三)[M].北京:线装书局,2011.

[33]陈植锷.诗歌意象论——微观诗史初探[M].北京:中国社会科学出版社,1990.

[34] 王世贞.四库全书·艳异编(卷三十二)[M].北京:线装书局,2011.

[35]干宝.四库全书·搜神记(卷二十)[M].北京:线装书局,2011.

[36]王仁裕.全唐诗·遇放猿再作[M].上海:上海古籍出版社,1986.

[37]屈原.丛书集成初编本·九歌·山鬼[M].北京:商务印书馆,1935.

[38]沈德潜.古诗源·女儿子二首[M].上海:中华书局,2000.

[39]李白.全唐诗·梦游天姥吟留别[M].上海:上海古籍出版社,1986.

[40]寇准.全宋诗·夜泊江上[M].北京:北京大学出版社,1998.

[41]杨基.眉庵集·长江万里图[M].成都:巴蜀书社,2005.

[42]张问陶.船山诗草·大溪口风雪[M].上海:中华书局,1985.

[43]陆游.陆放翁小品·何君墓表[M].北京:文化艺术出版社,1995.

[44]朱自清.朱自清散文经典全集[M].哈尔滨:哈尔滨出版社,2013.

[45]李戏鱼.中国诗论——中国美学史论丛之二[M].河南:郑州大学科研处,1980.

[46]司空图.全唐文·与极浦书[M].上海:上海古籍出版社,2007.

[47]邓晞.普利策奖记者蹲点美国高中体验一年写作《梦想的学校》他们一天只睡4小时[N].重庆晨报,2015-12-28(7).

任富强与“思辨语文”

名师简介

任富强，现任慈溪中学党委委员，慈中书院校长，浙江省正高级教师，浙江省第七批特级教师，浙江省优秀教师，宁波市名教师和省首批中小学教师高级访问学者。入选宁波市首批领军和拔尖人才培养工程第一层次，入选浙江省教育厅“浙派名师名校长培养工程”首批导师资源库。浙江省任富强名师（网络）工作室主持人。课题成果分别获浙江省、宁波市人民政府教学奖一等奖。发表论文 80 多篇，出版专著《议论文写作新策略》。在上海师大“国培班”、“全国首届高中议论文教学高级研讨会”、第二届全国中学语文批判性思维教学现场会等高层次学术活动上开设展示课。

案例背景

如果将癸卯学制中规定的“中国文字”、“中国文学”算作现代课程意义上的语文学科，语文教学已经走过百年的历程。现代语文教学改革的先驱者们，将语文从传统的文史经哲混合的综合体中剥离出来，使与“修身”、“读经”相对应的注重文章及诗词歌赋形式研习的“中国文字”、“中国文学”获得现代教学意义上的学科地位，确立了语文学科的课程定位。

不过，定位不等于到位。语文学科是什么，语文应该教什么的争论，与其成长发展伴随始终。文白之争，内容与形式之争，人文性与工具性之争，人文性与科学性之争，阅读为主与写作为主之争，乃至是语言文字，还是语言文学，抑或语言文化之争等等，百年语文教学发展史大致可以说是一部争论史。

我们需要反思的是，学生语文能力的背后，到底是什么在起作用？阅读理解不够深入，所得比较肤浅；书面表达没有自己的东西，只会人云亦云；老调重弹，口语表达不看场合，不知轻重等等，单单是积累不多，阅读不广，练笔欠多及与之相关的语文基本技能欠缺的缘故吗？

经典作家告诉我们："语言是思想的直接现实。"（马克思、恩格斯《德意志意识形态》，《马克思恩格斯全集》3 卷 525 页）语言是思维本身的要素，是思想的生命表现的要素。思维和语言相互依存、相互促进。一般来说，语言的发展水平标志着思维的发展水平。因此，不管是基础知识的传授还是读写听说能力的培养，都应以思维训练为统帅，只有这样，才能抓住语文教学的实质和核心。

当然，尽管语言与思维的关系很密切，但密切并非完全等同。语言从属于思维，不能先于思维而发展。语言决定不了思维，只对人的某些思维方式产生影响。思维总是通过语言的运用表现出来，这就决定了思维训练只能通过语言训练来进行，贯穿于语文教学的各个方面和全部环节。语文教学只是以自己的学科特色来推进思维培育，没有必要去承揽基础教育领域全部思维能力培养的任务。

进入 21 世纪，一些语文教学创新实践的有志者，摆脱种种纷争，把着眼点放在语文学科的思想建设上，开始语文思辨教学的理论探索和教学实践。比较典型的是上海师大附中的余党绪老师，他所主张的"思辨读写"着意于培养学生批判性思维能力，把不盲从，不盲信，不人云亦云，不唯书，不唯上，只唯实，只唯是，追求真理，追求真相的理性精神，渗透到读写教学的过程之中。西安交通大学附属中学陈兴才老师，站在语文核心素养的高度，认为交融了言语运用、文化理解的批判性思维是语文教学内容重构的一扇窗户。最近几年，以《语文学习》《语文教学通讯》为主的语文教学研究专业杂志，重点推介语文思辨（批判性）读写的理念和做法，使思辨逐渐成为中小学语文界的流行语。

大约从 1999 年开始，任富强老师开始把他此前近 20 的初高中语文教学经历中，对批判性（思辨性）教学的思考和实践进行系统化、理论化的梳理。开始以论文、专著、讲座等形式推广他的思想和实践心得。2002—2005 年，2005—2008 年，以指导学生议论文写作为主，他连续两届在慈溪中学理科实验班进行系统的教学实验。尔后，又与他的团队在慈溪中学、宁波中学、慈中书院等校进行持续的实验。迄今，他的相关课题成果已经获得浙江省人民政府教学成果一等奖。

从自发到自觉，他的思辨语文的思想实质到底是什么？这种思想究竟是如何形成和发展的？又是怎样在阅读和写作的教学实践中实施的？让我们来循着他专业成长的足迹，探寻其思想发展的轨迹。

案例赏析

一、“思辨语文”思想的萌发

什么是思辨思维？什么是思辨语文？思辨语文的想法是怎样产生的？

1. 思辨思维及思辨语文的定义

我们这里指的思辨思维，就是批判性思维，是对英文 Critical thinking 的翻译之一种，而“批判性思维”则是最早和传播最广的翻译。对于这一词汇，也有译做“明辨性思维”、“审辩式思维”等称谓，且有的用“辩论”的“辩”，有的则用“辨别”的“辨”。

美国学者理查德·保罗下的定义为：批判性思维就是对思维的再思考。和它联系很紧密的两个词是：理性和独立思考。武志宏教授将之具体化为“不懈质疑、多元意见和理性判断”三个关键词：是教我们先要认识自己的思维，分析、评估它，知道自己的思维能力处在什么水平，然后不断改善，提高思维的质量。

它既是一种思维方法，也是一套价值体系。在认知和人格两个方面，其突出表现为：①凭证据讲话；②合乎逻辑地论证自己的观点；③善于提出问题，不懈质疑；④对自身的反省和对异见的包容；⑤对一个命题适用范围的认识和理解；⑥勇于面对自己选择的后果，承担选择的责任。

思辨思维不仅是思考的利器，创造的源泉，更是培养具有理性意识的公民和培育民主社会的基础。

思辨语文就是运用思辨于语文教学。听说读写能力都要靠思维能力来支撑，其质量的高低是由思维的质量决定的。这不仅关系到学生的思维品质、语言素养，而且关系到学生的思想发育和人生发展。只有充满思辨的课堂，才真正是高效的课堂、有用的课堂和智慧的课堂。思辨的语文课正是一种理性状态下的思考和探究，它建立在一定数量和质量的并有利于多元思考的材料之上，因而能保证思维的活跃性和尖锐性；它顺应逻辑的思考能保证思维的合理性和严密性。

2. 思辨语文的产生机缘

1981 年，师专毕业时，任富强老师刚刚 19 岁。说实话，那时，他满脑子装的是如何成为诗人，如何在文学创作上闯出一条道路来。每天寻找诗歌灵感，有时甚至彻夜不眠，脑里一蹦出有关麦子、麦田、鸢尾花、无花果和刈麦女之类的意象，就迅速伏在床上，在本子上涂上些什么。他还清晰地记得，在此前参加教育实习时，他们诗社的社长，在上完初中语文说明文《机器人》一课后，顿作悲壮状，愤慨地说："这简直是在扼杀诗意！"那时，他的感觉也是这样：语文教学几乎就是浅薄无聊、了无生趣的同义词。

他参加工作以后，教过一篇名人谈青年理想的课文。他觉得这篇文章在说理的时候思路上有点糊涂，便虚心请教组内年长的老师，问这篇文章的观点为什么要这样表达，观点之间到底构成什么联系，为什么要构成这样的关系而非其他，而且这样考虑问题的思路对我们的提高思想尤其是提升议论文写作水平会有哪些启发。他的这位同事觉得问题很怪，议论文教学没有必要这样去思考，只要讲清文章的论点是什么，是什么论证结构(并列式或层进式)，什么论证方法(摆事实，或讲道理；或者是既摆事实又讲道理)就可以了。他理解，这位同事的话也有其道理，因为初中语文教学中，议论文教学没有必要弄得很深。但是，让他心存疑惑的是，不论初中还是高中，如果议论文教学只是满足于指认"三要素"所在——哪怕是有的深些，有的浅些，仍然无法引导学生在阅读中学到分析问题的方法，形成剖析问题的思路，真正提高思想力。

随着教书的日子增多，疑虑和不安也在他的心头积聚：

当学生怀着一种朝圣般的期盼向他讨教语文学习的方法，希望能得到一些切实管用的指导时，他却只是用"语文学习的关键是积累"这样真理级别的话来应付，从学生礼节性的尊重和淡淡的眼神中，他读到了自己的平庸和苍白。

当他用"生活是写作的根本源泉，要写好文章就必须深入生活"等文学概论上的大道理给学生指点作文的门径时，真觉得自己无聊而又无奈。

为什么语文让学生索然无味？为什么语文叫学生黯然神伤？为什么既有情感激荡，又有理性深邃的语文，其现实境遇中，很大程度上却成了名分尚在、魅力全无的尴尬角色？“语文天生重要”不是靠语文老师吆喝出来的，而是要让学生在语文学习中真切地感受到的。而这一切，哪一点离得开语文老师的智慧与思想？

为此，36年来，他一直在阅读和写作教学中思索如何引导学生深入地思考。

他相信，阅读的目的不仅仅是开阔学生的眼界，更是增进学生的思想，提升学生的品位。

他也相信，议论文写作教学只要引导得法，学生的理性思考能力会得到较好的发展。一个正常的高中学生，要做到会写比较准确、充实、集中说理的议论文，是不难的。

他相信，尽量从思考问题的思路，分析问题的方法，帮助学生建立思考分析的模型，学生一定能够达到我们要求的写作目标，甚至超越我们的预期。

他也相信，议论文写作确实需要思想储备——不单单是记牢若干遗闻轶事那样简单。

3. 思辨语文的推进动力

“积累知识，增进思想”，这是我国第一个马克思主义教育家杨贤江同志在80多年前讲的话。经典阅读对语文教师来说，主要就是学术经典。经由阅读学术经典的而训练学术思想。

一个偶然的机会，他读到了苏霍姆林斯基的《给教师的建议》《把整个心灵献给孩子们》，为苏霍姆林斯基对教育的爱心和执着所深深打动。特别是他提到一位历史老师在上了一堂异常精彩的课后，说：“我是在用一生的时间在备这节课。”他醒悟到，教师要用一生的时间备课！要用一生的时间阅读、思考！那时，在乡村初中小小的图书室里，他读郭绍虞的《中国文学批评史》、陈望道的《修辞学发凡》，啃《马恩列斯选集》，啃《资本论》，虽然基本上读不懂，但还是读，“每有会意，便欣然忘食”。不过，20多年后，当他看到2001年全国语文高考作文试题“答案是丰富多彩”时，总觉得这个说法太绝对，油然记起这样一句话：“非此即彼，但在适当的地方亦此亦彼。”他就在一篇论文中引用了它——那是他曾经读过的《自然辩证法》中的句子。

后来，他调去教一般的高中，后又调到重点高中。涉猎的著作大致有四个方面。

(1)以哲学、历史为主要研究对象的思想文化史方面的著作。这些阅读首先培养了对语文教学中一些习以为常的现象怀疑的习惯,同时发现,即使是那些新文化运动大将,他们的作文风格,往往也难以避免极端的文人情绪化现象,常缺失应有的分析和解决问题的稳健,有心态浮躁和好走极端的表征。这使他认识到,学术思考中,激情不应该是第一位的,否则,会遮蔽冷静思考时不易被蒙蔽的真相。

(2)以近现代语文教学史上学术经典为重点的论著。从杨贤江、胡适、蔡元培、陈启天、林汉达、叶圣陶、吕叔湘、张志公等前辈身上,从刘半农的《应用文之教授》和梁启超《中学以上作文教学法》等著作中,他感受到那穿越历史的洞见,它使他自觉地将自己所从事的教学与研究放在历史的坐标中来考察;又从布鲁纳的发现学习法,吉尔福特的创造教学理论等方面他感受到语文教学与时俱进的紧迫。

(3)以语文学科内容为中心的学术著作,重读从《史记》到《红楼梦》的一系列经典,并从金圣叹、王国维、李泽厚、叶嘉莹、周汝昌、林毓生那里学习文学体验的方法,也涉猎关于新批评、接受美学等方面的一些常识,并谨慎地吸收其合理之处。任富强老师还很喜欢那些闪耀着智慧光芒的当代文化随笔,如王小波、张远山、朱学勤、葛剑雄等人的作品,使他感念思考的灵光。

(4)以思想方法为主的学术著作。特别是近10年来,任富强老师阅读大量关于批判性思维方面书籍。《批判性思维》《思考的力量》《论证是一门学问》等等著作。

这一切,为他思考教育及语文教学提供了一个思想栖息的平台。他知道自己的根底依然很浅,但由此,在面临教学中的困惑,或者面对一些非常流行、非常强势的话语的时候,他敢于歪着头,斗胆问一个“为什么”。

二、“思辨语文”思想的实践

思辨语文的内容,就中学语文教学而言,主要指的是在阅读教学和作文教学中施以理性辨析的力量。在30多年的语文教学生涯中,任富强老师思考着,行走着。

1. 思辨阅读，获得语文的思想力量

思辨阅读，就是要提高阅读教学中思想的含量，在阅读活动中展现庄严、深刻并充满活力的理性精神。要理解作者所要表达的和事实上表达的思想情感是什么，要探寻文本所蕴含的文化价值，且这样的探讨和解释必须是合理的，“如要合理，就必须对作者的思想背景与关怀，及作品所处的时代有深切的了解才成。[①]”这种深切了解的境界，凭借浅薄的、僵化的、零散的、杂乱的阅读是达不到的。因此，思辨阅读是学生语文素养发展的需要。同时，这也是扭转语文教学当下境遇中阅读教学肤浅化、平面化的需要。诚然，语文教学是需要强化感性的，但是不能以淡化理性为条件。囫囵吞枣或贴概念标签的阅读，无法获得思想的力量。况且，当下语文教材大多以人文主题组元，存在着阉割和遮蔽的潜在风险，即对人文现象特殊性和具体性的抹杀之可能。我们知道，每篇课文都有其特定的主题和丰富的思想，这也是这些课文阅读教学的最主要的价值所在。

如苏教版高中语文必修五中，以“此情可待成追忆”为单元主题组元，安排了两个板块：“如泣如诉”与“执子之手”。前者歌颂亲情，后者讴歌爱情。“如泣如诉”板块中，是《陈情表》和《项脊轩志》两篇文章。不过，《陈情表》主要表达是“如泣如诉”的亲情吗？尽管有宋人赵与时《宾退录》卷九引时人安子顺语“读诸葛孔明《出师表》而不堕泪者其人必不忠。读李令伯《陈情表》而不堕泪者其人必不孝[②]”等语，继而也有人认为，晋武帝之所以能够宽宥李密，不但不责难他，而且还奖掖他，是因为被这种孝情打动了。如果换个角度，从修辞环境的角度来解读，或许会有新的更为理性合理的体会。不能否认，李密在陈情表中所表达的“母孙二人，更相为命”的真情，确实能打动人心，但这不是这篇文章的本意，或者说不主要是本意，李密对其祖母的慈孝之情，也不是此文的重心所在。

首先，关注作者与读者的关系。晋武帝与李密是特殊的君臣关系。从臣的角度看，李密是前朝旧臣，有一定才情而已，但又不是阮籍那样才情横溢，也不是嵇康那样锋芒毕露。客观上有养亲的需要和必要，主观上或许对新朝心存疑虑，持观望犹豫态度。写作此表之前，已经上过一表，但效果很糟糕。再看晋武

---

① 林毓生. 中国传统的创造性转化[M]. 北京：生活·读书·新知三联书店，1988.

② 赵与时. 宾退录(卷九)[M]. 上海：上海古籍出版社，1983.

帝，他是残暴的司马氏政权的代表，对他来说，最在乎的是李密能否顺势归附，换言之，晋武帝关心的是李密对朝廷征召的态度，并乐意看到由此产生正面的社会影响。这样的情况下，即便李密毫无抵触情绪，要晋武帝完全相信也显得比较困难，更何况第一次上表推辞已经使晋武帝颇不愉快。

其次，考察一下读者晋武帝对作者李密所要阐述的论点的态度和立场，就不难明了事态的严峻和棘手。

从“诏书切峻，责臣逋慢”里，已经可以看出晋武帝责备口气的严厉，似乎呵责李密态度不够诚恳，有托大之嫌；从“少事伪朝……不矜名节”里，看出第一份上表没有在与前朝的关系上明确表示政治立场，态度暧昧或者有意回避，没有主动对过去做出切割；至于“今臣亡国贱俘虏……有所希冀”句，可以推知前表存有恃才倨傲，不够谦卑之处。面对这样的处境，李密最要紧的事情消除晋武帝的疑虑，取得对方的信任，让对方确信没有二心。

为此，李密的《陈情表》有针对性地突出了一下 5 个方面：①婉陈处境。一相依为命；二进退两难。②政治正确。第一，紧紧扭住孝做文章，孝比忠更甚；二，与前朝切割清楚。③剖明心迹。一再表示自己无野心，更无抱负。④明确承诺。先孝后忠。⑤谦卑谢恩。

再从写作目的和作者角色看。写作此文的目的不是以情感人，而是以理服人，以情辅之而已。对司马氏政权而言，李密是坚决的反对者、不合作者？不是；是主动的迎合者？也不是。他或许是处在观望、徘徊状态的一个。我们在他身上读到的是身处世事巨变中进退失据、忐忑不安的士人的易代心态。如果从这样的角度去阅读《陈情表》，我们感觉到不仅仅是感人至深的慈孝之情，更多地易代之际，有良知而又无意标举操守的知识分子凄惶苍凉的内心世界，也感受到封建专制制度下，作为一个人的可怜可叹的生存境遇。

当然，思辨阅读要求学生避免对经典本身作简单的是非判断，并不意味着只要对经典的颠覆性理解，便是深刻的思想。而是在传承优秀文化滋养自身的同时，能够明确意识到人文现象的特殊性和具体性，能够明白文化演进的阶段性和差异性，保持一种敏感和警觉，同时，也能够对一些看似不合情理、不合时宜的传统因子，持有客观、公正评价的态度。

2. 思辨阅读，感受语文的文学魅力

思辨阅读，还要求在文学教学中，重视思想。不少人认为，文学是感性的。

其实，文学最基本的任务不是表现感性。“最了不起的文学必须有深刻的思想做基础。”24 页。当然，“文学作品所蕴含的思想只能得自文学，是文学的重要部分”。“一部伟大的文学作品往往是对于一个时代所发生的具体而特殊的震撼的反应，并由此而激发出来的对于人文现象(爱、恨、生、死、美、丑、神、宇宙、自然等等)具有内在紧张的、多层面的、特殊而复杂的看法。[①]”文学教学就文学经典来说，思辨阅读应该重视辨析文学细节、语言所体现的人的内在世界和外在社会的复杂关系。

就拿古典戏曲教学来说，一般教师都很重视戏曲语言的教学。但是，教学中却往往忽视戏曲语言本身的特征，而是当作一般的文学作品语言。诚然，戏曲是文学作品，在教学戏曲时的确不应该轻视它所具有的与其他文学样式共通的语言要素。但更不应该忽视的是戏曲语言的特殊性，也只有通过对这种特殊要素的教学，才能达成戏曲教学中文学语言教学的目的，感受到作品独特的审美魅力。

以《西厢记·长亭送别》为例。我国的古典戏曲以诗词入曲，其语言呈现出明显的诗化倾向，《长亭送别》则是《西厢记》全剧中诗意最浓的部分。也许正因为如此，我们在文学教学实践中，或将它教成一般的抒情性文本，或较多地研究其中的曲子有怎样的宋词神韵等等。就《长亭送别》的语言特色而论，这样的教学内容选择，固然有其道理，但是，仅仅如此这般还不够，因为《长亭送别》中这种抒情的语言艺术首先是戏曲的。传统戏曲以诗笔写剧，使诗与剧构成和谐完美的统一，但是剧中之诗毕竟与单一的抒情诗、叙事诗不同，也绝对不是“诗”加上“剧”。王国维说：“何以谓之有意境，曰写情则沁人心脾，写景则在人耳目，述事则如其口出是也。[②]”他实际上指出了戏曲的意境和诗的意境不同，道出了戏剧中的言情、写景和人物性格紧密结合的道理。显然，戏曲中的抒情写意是为塑造人物服务的。

粗略地看，古典戏曲的叙事结构松散绵长，且与小说、散文等比较，戏曲是用来舞台演出的，不能由作者出面进行人物心理描述，而以大段优美动听的抒情唱段，来淋漓尽致地表现剧中人物的感情世界，这样更突出了人物语言的个性化要求，从而使古典戏曲的语言追求“新奇”、“情真”兼备的境界。因为“传奇

---

① 林毓生.中国传统的创造性转化[M].北京：生活·读书·新知三联书店，1988.

② 周一平，沈茶英.中西文化交汇与王国维学术成就[M].上海：学林出版社，1999.

不比文章，文章做与读书人看，故不怪其深，戏文做与读书人与不读书人同看，又与不读书之妇人小儿同看，故贵浅不贵深。[①]”同时，戏曲舞台不受时间和空间的限制，没有布景的戏曲表演，更能体现人所处的虚拟环境。剧诗中的“景”，即便是片段之景，也整体之“境”的有机统一，是表现人物思想感情变化和性格发展过程之“境”。戏曲为舞台表演性所决定，它的台词(包括独白、唱词)往往具有行动性，这一点上它也与话剧有别——话剧接近于生活中的人物动作，而戏曲则是舞蹈化、美化了的。由此看来，对戏曲而言，不论它的语言多么优美、如何抒情、怎样的富有诗意，这些语言毕竟是戏曲的语言，而不能以关注并满足于欣赏其文采的华丽和诗意的丰沛为满足。李笠翁说：“曲文之词采，与诗文之词采非但不同，却要判然相反。何也？诗文之词采贵典雅而贱粗俗，宜蕴藉而忌分明[②]。”也正因为以诗词入曲，其目的在于借抒情写意来辉映衬托剧中人物的精神世界，应该经由对戏曲语言的分析而落实到对人物的性格的把握。

[滚绣球]是《长亭送别》中一支很有特色的曲子。对其“柳丝长玉骢难系，恨不倩疏林挂住斜晖”、“马儿迍迍地行，车儿快快地随”等句子，我们往往会强调这里用了夸张的手法，说明这是崔莺莺希望张生骑的马儿走得慢一点，让时间过得慢一点，“好让自己同张生更靠近些，也能有更多一点的时间待在一起”。我们再去细细地体味的话，就不难发现，这些“柳丝系”、“疏林挂”、“马儿行”、“车儿随”等等平淡通俗的话，极为传神地透露出崔莺莺为留住她的心上人而动足了脑筋：她天真地幻想长长的柳丝能够系住张生骑着的马，但很快又遗憾地发现，即便柳丝如许之长，也无法系住行将远去的马；于是，她又恨不得请疏林无论如何也要挂住那斜阳，让时间驻留于此，祈愿“疏林挂日，更不复夜，千秋万岁，永在长亭！”但这一着似乎仍是不可能实现，于是乎只好再祈求“马儿迍迍地行，车儿快快地随”——用金圣叹的话来说，就是“若又马儿快快行，车儿慢慢随，则是中间仍有隔绝，不得多相守也。即马儿慢慢行，车儿慢慢随，或马儿快快行，车儿快快随，亦不成其为相守也。必也，马儿则慢慢行，车儿则快快随。车儿既快快随，马儿仍慢慢行，于是车在马右，马在车左，男左女右，比肩并坐[③]”。可见“图得一刻相守”之情是多么的急迫和真挚！这些想法，这些念头，

---

① 李渔.闲情偶寄[M].北京：作家出版社，1995.

② 李渔.闲情偶寄[M]北京：作家出版社，1995.

③ 林乾.金圣叹评点才子全集(第二卷)[M].北京：光明日报出版社，1997.

非常传神地传达出崔莺莺的聪慧、天真和痴情，也极其真切地表现出她满肚子的离别之苦。为了解除离情之苦，她真是什么办法都想到了，极其准确形象地表达了面对“前暮私情，昨夜成亲，今日别离”人生遭际，崔莺莺“又稚小，又苦恼，又聪明，又痴憨”的“小儿女”之态。如果我们用李笠翁的“机趣”和“尖新”的审美标准去观照，此处的戏剧语言灵机闪耀，天趣盎然，“超脱而不迂腐，空灵而不板实”，可谓是朴实中藏“尖新”，自然中寓“机趣”了。换一个对象，如果刘兰芝与焦仲卿“隐隐何甸甸，俱会大道口”时的分别场面，也用这样的稚气拙朴的口吻来写，我们就不免觉得有“装小”的矫情。

在诸如此类的分析中，较为充分地展开了一个戏曲语言片段中蕴含的复杂关系和不同背景，唯其如此，我们的经典阅读才有可能走向思辨的坚实之路。

3. 思辨作文，助力语文的理性思考

议论文写作教学长期局限于写作知识传授与写作技能训练，封闭性、单向性明显，没有思辨的思想含量。针对现状，任老师认为，议论作为公共说理，是一种相互沟通、彼此说服的交际行为。应该在思辨思维的大框架下，把以开放性和双向性为主要内核的“交际性”作为议论文写作的逻辑起点，引导学生关注交际要素，重视议论文写作构思的思维过程。通过多年的努力，创建了“三阶五维”议论文写作构思模型，取得了明显的成效。

“三阶”是搭就写作前思想准备的三个“阶梯”。即“建立价值坐标”——形成一些基本的价值观念，作为写作的思想支援和交际准则；“培养论证伦理”——明了“理性精神”“平等说服”、“分清事实”等最基本的写作规则；“养成甄别眼光”——对论题和论据做必要的甄别和挑选，明确事实性质，分清逻辑关系。“五维”则是如何打开思路的五个“维度”。“修辞维度”——强化修辞环境意识，考虑“题目”、“读者”时代三方面的相互作用和制约；“自我维度”——独到、客观地显示个人化立场；“敌论维度”——视角选择、观点确立时刻关注“敌论”，突出针对性；“第三者维度”——关注那些立场中立的第三者；“逻辑维度”——遵守逻辑规范，做到以理服人。“三阶”是“五维”的前提，“五维”是“三阶”的细化。

下面是关于“范畴思考：事实判断与价值判断”的课堂实录片段。

［教学过程］

师：同学们，今天我们议论文写作指导只有一个学习任务，那就是学点范畴思考。

范畴是什么？范畴是一个哲学概念。同学们一听到“哲学”一词可能会觉得头大，其实，如果能够运用一些哲学思想，我们看问题就拥有了锐利的思想武器，往往会显得比较透彻。

那么范畴的内容大致是什么？到底如何运用范畴思想来思考问题呢？我们会在具体的讨论中逐渐明了。

让我们先看一份材料：

《新华字典》中对“鲸”的注释为：“生长在海里的哺乳类动物，形状像鱼，胎生，用肺呼吸，身体很大。肉可吃，脂肪可以做油。”我国南方某市的几个小学生对此表示异议，认为字典的说法违反了动物保护的宗旨，需要修改。（PPT 展示）

师：你们认为这些小学生的意见正确吗？请大家好好想想，也可以讨论讨论。等会同学们在发言的时候注意啊，当一个同学提出观点后，其他同学从不同侧面作补充，或者提出不同想法，不要岔到其他话题上去。

（学生思考，小声讨论）

生：我认为这些小学生的话是对的。因为既然鲸是国家保护动物，那么吃它的肉和用它的脂肪炼油，就是违法的，字典就应该修改。

生：我同意。但是觉得不是应该修改，而是必须修改。小学生年龄小，辨别能力弱，还是一张白纸，从小有了鲸鱼可吃的印象，后果很严重！（学生笑）

生：补充一点，《新华字典》虽然是一本小小的字典，但我们读小学时几乎是每人一册，发行量应该很大，所以，《新华字典》的差错危害会更大。

生：老师刚才说过的发言规则：不要岔到其他话题上去。

师：呵呵，感觉好敏锐。为什么觉得已经岔开去了呢？

生：我们要讨论的是小学生的意见是否正确，也就是字典里鲸鱼肉可吃的说法到底对不对的问题。不是讨论后果是否严重的问题，也不应该讨论社会影响问题。

师：说得很好。讨论的时候，话题一定要集中。下面我们继续围绕小学生的话对不对，进行讨论。

生：我想那些小学生的话，既对，也不对。

师：你的说法比较特别，请具体说说。

生:说他对,是我赞成前面发言同学意见,“肉可吃”的说法可能会产生对读者的误导。说他不对,《新华字典》说的却是客观事实。

生:我觉得介绍动植物时只有类属、外形、生理特征,没有使用价值的说明,总是缺少了什么。

师:好的。同学们刚才讨论得很热烈。听下来,大概就是两种意见:小学生有道理,符合动物保护的思想;小学生没有道理,《新华字典》说的是全面客观的事实。这样就产生了认识的矛盾。我们现在要着意研究的是,这对矛盾的焦点在哪里?

请同学们接着思考:字典做什么用的?

生:字典用来查字的,要如实告诉大家某个字、词的含意。

生:字典客观地介绍知识。

师:对。字典介绍某个对象时,要给读者清晰、全面的真实的知识,最重要的什么?

生(议论、补充):事实,客观,可信。

师:同学们说得对。字典所要认定的是什么,怎么样,这种判断叫作事实判断。只要这个世界存在什么事物,哪怕是“恶”的,就会有表示“恶”的词语,就会有“恶”的性质的解释。我们再来看看,“肉可吃,脂肪可以做油”,就是对鲸鱼使用价值这个事实的认定,这样的认定是不是鼓励你去吃鲸鱼肉?当然不是!(学生纷纷点头)

换句话说,“是”不等于“可”。能否去吃这个肉,这个不是事实判断,而是一种价值判断了。

假如我们的字典在进行事实确认的同时,都进行价值判断,那么请同学们设想一下,解释“刀”为“单面长刃的短兵器”,后面还要加上什么?刀不要随便放到自己或者他人的头颈上。(学生笑)

“瞎子”指“失去或者没有视力的人”,后面还要加上什么?“瞎子”的叫法是对盲人的不尊重,我们一定要遵守社会公德。(学生笑)

这样一来,同学们想想,这本字典还叫字典吗?它会使一本字典就会变成一部“道德经”了。(学生点头)

有一个学生举手示意,要求发言。

生:老师,我提一个设想,如果在字典对鲸鱼的解释后面,写上“现为国家X级保护动物”等字,可能更好,因为照你前面的说法,这也是事实判断。

师：你这个建议提得不错，值得表扬。这样，可能对知识的解释更加全面，也体现了字典与时俱进的开放气度。

教师谈话：同学们，刚才我们在讨论的时候引入了“事实判断”和“价值判断”这两个概念，使我们在考虑某些问题的时候，有了一种思想的武器。

在议论文写作中，搞清楚事实与价值，并且辨明它们之间的关系非常重要。事实判断和价值判断缠绕和纠结，往往使我们在思考某一问题时，变得纠缠不清。我们判断一个事物“利”、“害”，确实是在判断事物对于我们的价值，但事实上，并非所有判断都可以附带价值的。

这种对事实判断与价值判断的界定，开始于英国大哲学家休谟所做的事实与价值的划分。休谟指出，人们不能从“是”推导出“应该”，也就是说，纯事实的描述性说明凭其自身的力量只能引起或包含其他事实的描述性说明，而绝不是做什么事情的标准、道德准则或规范。这个观点后来被称为“休谟铡刀”，我们今天就试着用这把铡刀铡了一下。

虽然，哲学并不能保证我们成为思想家，但是，它能够提供有价值的视角，以便我们更清晰、更有效地思考问题。通过今天的实例分析，我们不难体会到，如果善于运用这些范畴去思考，就有可能增加我们思想深度。

议论文写作指导的关键是引导学生思考，而叫学生深入思考就要让学生掌握思考的工具，指点思考的路径。其中，把哲学思辨的思想方法引入到教学过程中，努力使学生拥有一种广阔的视野和深刻的洞察力，从而帮助学生提高思维的质量，并享受思考的乐趣。任老师就是通过组织这样的讨论，引导学生体悟议论文写作的种种思考路径，给学生的思辨提供一个抓手。

三、“思辨语文”的思想寻绎

1. 做一个勤于思考的思想者

语文教师要作为一个思考者而存在。

(1)学科发展历史眼光。对语文教学的历史，要有思考。癸卯学制的实施，意味着1902年的语文独立成科标志着语文以独立的姿态开始登上历史舞台，可是由于语文自身内容的模糊性，又因为特殊的学科教学内容，容易直接受到各种各样的社会潮流的影响，虽然语文教学研究似乎流派众多，主张纷呈，热闹非凡，但实质上始终处于"'繁荣的低谷'与'贫乏的丰富'之中[①]"。

现代学科意义上的语文教学有100多年的历史，是我们考虑当下和未来语文教学走向的重要起点。语文一直以来性质不明，这与语文学科自身的特殊性有关。与其他学科相比，比如数学是研究数量、结构、变化、空间以及信息等概念的一门学科，学科定位非常明确。而语文学科，就内容而言，它自身与语言学、文学、文化学、文字学、文章学等多种学科有着交叉与重叠，这种重叠使语文学科"以何为宗"存在争辩，未能达成一致，从而往往让语文学科研究失范而使语文缺失学术信仰。而且因为学科的特殊性质，在国运衰微、救亡图存的环境里下，带有很大的功利性，等而下之，往往将它简单地等同于政治思潮，甚至以僵化的思想来取代之。所以，用李海林教授的话说，就是"20世纪语文教育的失误既表现在义理本位上，也表现在知识本位上，20世纪语文教学拿了一半精力在学思想义理，剩下的一半精力又拿出二分之一在学语言知识，语文教学实际上只用了四分之一在语言能力上，所以它没有效率，或者说效率很低[②]"。

其实，不论是人文性，还是工具性，这两者背后，语文学科的本质还是思想性。思辨教学是通达这种思想性的重要途径。不论是阅读还是写作，不提供先验的套子及既定结论，给学生真正的自由思考的空间，充分尊重学生的自主思考和理性思想，尊重学生的独立人格和自由精神，也正是人文精神的精髓。当然这个思想性应该是语文的，即必须经由语文教学来获得和达成。

(2)学科状态全球视野。从国外特别是发达国家的母语教学情况看，澳大利亚课程标准要求学生在英语学习中，"主动阅读、观看、写作、比较和讨论文本。教师鼓励学生探索和学习多种文学作品，以及来自学生所在文化和其他文化的自带文本或媒体文本。学生运用文本探索新观念，对自己所处世界和全球社会进行批判性思考，从中获得乐趣。关于语言如何发挥作用，语言如何反映和塑造社会态度的知识，有助于增进学生对自己，对自己所处的文化，以及对当代世界的理解。学生读到和听到的文本将成为他们创作和构思自己的文本的资源。[③]"大家可以发现，他们没有强调语文课的教化功能。很显然，他们肯定

① 李森，张东. 教学论研究三十年：实然之境与应然之策[J]. 西南大学学报社会科学版，2009(11).

② 李海林. 20世纪语文教育回顾及前瞻[J]. 语文学习，2000(7).

③ 丛立新，张燕. 澳大利亚课程标准[M]. 北京：人民教育出版社，200.

了语文对学生自身的发展和社会化有重要作用：语文课对“理解”文化，“理解”社会的重要作用，但是他们没有强调要通过语文课对学生进行何种道德的教育，课标所引导的是一种包容的态度，一种探索的精神；为了认识社会、认识自我，需要广泛了解各种类型的文本；不要盲目跟着文本作者跑，而是要有自己的主见。没有目的性就没有主体性，主体性的前提是主体有自己的独立目的。

美国《加州公立学校幼儿园至12年级阅读和语言艺术（教学）纲要》对小学五个年级的“说理”有具体的要求。小学一年级就要求“重述简单说理和叙述段落中的主要观点”。这样的说理训练一直到高中，在高中低段，说理文写作除了讲究形式逻辑，还要讲究结构逻辑，能够预先估计和避免读者可能会有的误解。此外，还要求学生正确理解对方的话，不曲解，不望文生义，也不断章取义。而到了高中高年级，“说理评估”对象是“公共文件”（public documents），如政府的文告、政策说明、政党文献，公共服务部门的宗旨、规章、条例、商贸和招聘信息等等。一切发表了的东西，只要议及公共话题，都是公共文本，也都必须接受公众的“说理评估”。在美国学校里，从高小到初中、高中，有一个不断持续的说理教育过程，从小学四年级算起，光必修课就有9年，可见对培养说理习惯的重视程度。说理的民主秩序与理性公民的高素质是相辅相成的。美国之所以能有比较高的公民素质、国民独立思考能力和公民社会理性，重视说理教育应该是一个重要的原因①。

（3）学科现状的当下关切。就阅读教学而论，只注重高考阅读要素的分解落实，把丰满开阔的课堂教学窄化为应试教学训练场。文学教学标签化、概念化现象依然严重存在，完全把文学作为工具，用来体现其在考试中的工具性，而不是从审美、从具体的文学要素出发来欣赏、分析作品，学生无法从文学作品中感受到深刻独特的思想魅力。

就写作教学来看，视野狭窄、思想缺乏、论证乏力、逻辑混乱等现象，普遍存在。其主要原因，当然在于写作教学观念的落后与写作指导的不当。可以说，中学议论文写作教学长期处在费时多、效率低的状态。而且往深处想，写作应当成为生活的一种态度，作为心灵丰盈、思想自由的言语人、精神人通过写作来倾诉、表达、反思、展示自己。

具体表现为：

---

① 徐贲.什么是好的公共生活[M].长春：吉林出版集团，2011.

①议论文写作教学长期局限于文章写作的立场，把并不能自动转化为程序性能力的静态知识，作为写作教学的主要内容。没有考量议论文写作的公共说理特征，忽视议论文写作的交际性需要，存在封闭性和单向性。

②写作指导缺乏针对性。学生的议论文写作不明思考路径，缺乏分析条理，思想单薄肤浅，以叙代议、过分修饰、好用抒情等反文体体式现象十分严重。这些问题长期得不到解决，议论文指导普泛化、低效化，甚至无效化的现象普遍存在。

③一线的写作教学未得到必要的学理支持。如四川师范大学马正平教授以揭示“人类思维原理”为核心的写作教学体系，南开大学文学院徐江副教授以“哲学思维”为主要教学内容的写作教学体系，大多停留在概念演绎的层次上，缺乏实践策略，远离中学议论文教学的实际。

2. 做一个善于思考的践行者

(1)学科相关的文化关切。我们传统文化中，固然有许多思辨的因子，诸如墨子、公孙龙子等著作有些思辨思想的萌芽，但是总体上看，即便诸子百家最拿手的篇什，也主要是模糊思维。主要表现为：概念不清，不知道给出概念的逻辑定义，使概念变成了一堆边界不明东西。百家争鸣时，老子、孔子、庄子、孟子、墨子、荀子无不谈“道”论“道”，却可能没有想到他们所争论的“道”也许根本不是一回事。还有不证而论，给出论点而没有论据。还有乱用类比推理，往往从毫不相干的事物或自然现象中推导出生活箴言、人生哲理。还有以“经典”作为论据、以偏概全等等。这些思维缺憾，使诸子之书成了格言集锦，而不是思想家的理论著述。

从写作教学的角度看，尽管语文学科写作部分中的议论文仅为一种训练性文体，仅在学科教学框架里，才有存在意义。但是从大的方面看，它还是最为接近英语的 essay(随笔)的文体。议论文写作最要紧的是什么？美国著名汉学家宇文所安在《追忆：中国古典文学中的往事再现》[①]一书序言里说：“作为文学批评的 essay，则应该具有思辨性，至少它提出来的应该是一些复杂的问题，这些问题的难度不应该被简化。”这里强调 essay“应该具有思辨性”和“问题的难度

① 宇文所安. 追忆：中国古典文学中的往事再现[M]. 北京：生活·读书·新知三联书店，2014.

不应该被简化”亦即表示“思辨性”维系着写作的尊严，思辨性构成批评性议论的基石。当人们通过简化问题难度、降低思辨水准的方式来高谈阔论的时候，实际上已经对理性精神造成了戕害。

(2)思辨语文的纵深思考。思辨语文不是逻辑语文。逻辑是一套思考规则，逻辑本身并不能产生思想。思辨有比逻辑更丰富的内容，有比逻辑更重要的理性。如果缺乏理性态度，多高的逻辑技术都无以致用。从理性态度角度看，不论是阅读还是写作，一种看法、见解、体会是否正确，都需要论证或者援引证据，自己喜欢的观念未必是正确的，是需要自我的反思。

质疑只是起点，思辨鼓励全面了解不同的意见，最终依靠可靠的证据判断，这包括与他人甚至与自己的辩论——目的不是赢得一场辩论，而在于沟通对方、修正自己。即使最后证明是错误的，也并非失去了价值，因为思考本身就是一种价值，思考和尝试本身就弥足珍贵，就值得被尊重。更遑论没有失败的积累，又怎能寻到最正确的道路。至于阅读活动，更多的是一种有鉴别的吸收，一种多元的丰富，一种自我世界完善和构建的过程，一个个人素质提升的过程。

当然，思辨语文更是语文学科的。语文教学的全部不是、也不应该是思辨，但是语文教学要重视思辨。思辨语文就是要显示语文学科的特色，经由阅读文本、揣摩语言、梳理思路、得其文心等等。就语文教学中的思辨而论，至少应该包含两个维度：一是反思性的思维过程，二是理性态度。语文学科的内容决定它往往是感性特质的，因此在语文学科内强调思辨主要就是让学生能够形成对于知识生成过程诸环节要素的敏感性和反思习惯，“在面对某种知识或意见时，能对其本身的可靠性进行独立的、有条理的分析与考察。[①]”

(3)思辨语文的不懈探索。任富强老师主持“浙江省任富强名师工作室”活动，他和他的团队长期从事学科教学研究，在中学议论文写作教学领域，侧重展开思辨性议论文写作的研究和实践。他应邀在2016年第二届全国中学语文批判性思维教学现场会上、2013年全国首届“高中议论文教学高级研讨会”及2011年上海师范大学“国家教育部、财政部国培计划”上议论文写作指导示范课。专著《议论文写作新策略》于2011年4月由浙江大学出版社出版，获宁波市第八届华茂杯一等奖。有50多篇论文正式发表在省级以上专业期刊。课题

① 罗清旭.批判性思维的结构、培养模式及存在的问题[J].广西民族学院学报(自然科学版),2001(08)。

成果于2012年底获得浙江省第五届教研课题成果一等奖，并于2013年7月获得宁波市人民政府第八届基础教育教学成果一等奖。2017年10月获得浙江省人民政府(2012—2016)基础教育教学成果一等奖。“十二五”上海市重点图书《写作教学教什么》，专章介绍了他运用思辨于议论文写作指导的成果。

四、结语

最近几年来，思辨教学的理念已经逐渐被一些语文教学研究者及一线的语文教师所熟悉与接纳。这一观念的普及和深入，会在一定程度上改变语文教学中长期存在的只注重“双基”，而不重视思想，或重视思想时，只会在人文知识的积累上下记忆、背诵的功夫，而不在思考问题的路径、思想质量乃至从培养理性公民、塑造公民社会的高度来着眼。

任富强老师几十年的追索和探究，几十年的思考和实践，积累了一定的经验和体会，记录了他的所感所思所得。这些取得的成绩较好地体现了“不懈质疑、多元意见和理性判断”的思辨精神。在阅读教学中，他引导学生关注人文现象的具体性和特殊性，避免标签化和口号化，深入领悟作者在作品中以文学的方式(非论式或陈述的语言)所展示细微的情感和深刻的思想。在写作尤其是议论文写作指导中，引导学生关注修辞环境，分清事实和价值，学会范畴思考，注重写作的交际性等等，这一切，使他的语文教学具有一定的思想含量和思辨色彩。这个过程中，任老师自己也不断地获得成长和发展。他勤于思索，善于思考，理性见长，又不乏感性。而这些又都建立在他广泛的经典阅读和深入持久的思考之上。对现代语文教学史的偏爱，对国外母语教学、考试情况(如SAT)的了解，对某些教育、哲学等经典的吸收，对语文教学当下走向的关注，使他的探索具有一定的历史视野、较为开阔的眼光和理性意义，又能够接通语文教学的地气。

当然，思辨语文的研究，不论是国内语文教学界，还是任老师本人，都还属于草创阶段。如何更好地在语文学科中体现思辨性，如何让更多的一线语文教师认识到思辨之于语文之必要，变成一种教学自觉，更重要的是如何使语文教师本身具有思辨的素养，都是需要不断研究和探索的问题。

参考文献

[1] 林毓生. 中国传统的创造性转化[M]. 北京:生活·读书·新知三联书店,1988.

[2] 赵与时. 宾退录(卷九)[M]. 上海:上海古籍出版社,1983.

[3] 周一平,沈茶英. 中西文化交汇与王国维学术成就[M]. 上海:学林出版社,1999.

[4] 李渔. 闲情偶记[M]. 北京:作家出版社,1995.

[5] 林乾. 金圣叹评点才子全集(第二卷)[M]. 北京:光明日报出版社,1987.

[6] 李森,张东. 教学论研究三十年:实然之境与应然之策[J]. 西南大学学报社会科学版,2009(11).

[7] 李海林. 20 世纪语文教育回顾及前瞻[J]. 语文学习,2000(7).

[8] 丛立新,张燕. 澳大利亚课程标准[M]. 北京:人民教育出版社, 200.

[9] 徐贲. 什么是好的公共生活[M]. 长春:吉林出版集团,2011.

[10] 宇文所安. 追忆:中国古典文学中的往事再现[M]. 北京:生活·读书·新知三联书店,2014.

[11] 罗清旭. 批判性思维的结构、培养模式及存在的问题[J]. 广西民族学院学报(自然科学版),2001(08).

[12] 谷振诣,刘壮虎. 批判性思维教程[M]. 北京:北京大学出版社,2006.

庄平悌与“同义手段理论”语文教学

名师简介

庄平悌，教育硕士，浙江省首批正高级教师，全国特色教育优秀教师，浙江省春蚕奖获得者，温州市名教师，泰顺县杰出人才。兼任浙江师范大学浙派名师研究中心研究员，全国语文学习科学专业委员会浙江省分会温州市语文学习研究中心副主任，温州市中语会理事。出版语文教学专著《同义手段理论与语文阅读教学》，在全国核心期刊《中学语文教学》《语文教学通讯》《语文建设》等专业刊物上发表40余篇教育教学论文。

案例背景

语文教学无疑要吸收语言学研究的最新成果。如果没有语言学的研究成果，语文教学就不可能取得今天的成就，语文教师对语言的认识也不可能达到现在的高度和深度。

作为汉民族母语的语文教育，我们首先就应该关注本民族语言的最新研究成果。这应该成为我们语文教学的源头活水。但是，长期以来，语文教育界与语言学界老死不相往来。我们对于本国的语言学研究的重大成果显得非常隔膜，非常冷漠，缺乏应有的热情和谦恭的态度，以至于我们对于语言的理解显得非常肤浅和简陋。

比如，对于语言，我们仅仅从微观语言学的角度，以静态分析的方法来理解语言、描述语言，以为只要掌握了语音、词汇、语法，就掌握了语言的全部。对于修辞，我们也仅仅只是把它理解为修辞格。这是对修辞的极大误解和曲解。直到今天，我们的语文教学也还是仅仅满足于比喻、夸张、排比等八种修辞格的认识，至于修辞的本质及其表达效果则往往不做进一步的理解和探究。其实，早在1979年，“文化大革命”刚刚结束不久，著名学者王希杰先生就在《南京大学学报》上发表了《修辞的定义及其他》一文，指出：修辞既不是单纯的美化语言，也不是单纯的加工语言，而是提高语言表达效果的规律[①]。王希杰先生在《修辞学通论》中更是直截了当地把交际现象看作修辞现象。他说：“交际现象就是一种修辞现象。”什么是修辞现象？“就是交际活动中那些同语言的表达效果有关的现象，就是有助于提高表达效果或者损害表达效果的现象。”他指出：“我们所说的修辞只是指在人们的交际活动中客观存在着的有利于提高语言的表达效果的规则。[②]”从交际中来理解语言的本质，把交际活动理解为修辞活动，把修辞定义为提高语言表达效果的规律规则。毫无疑问，这些主张对我们的语文教学都有着积极的指导意义。

除了语言，还有言语。《普通语言学教程》(索绪尔著)首先区分了语言和言语这对概念。可是，许多语文教师压根儿就不知道关于语言和言语的区分，他们甚至连“言语”这个概念都没有听说过。这不能不说是语文教育的遗憾。

再比如，早在1980年，我国语言学界就曾开展过关于同义手段问题的大讨论。这也是我国语言学界的重大历史事件之一。这样的讨论不仅推动了我国的同义手段理论学说在20世纪90年代走向成熟(以《修辞学通论》的出版为标志)，也是我国修辞学研究在20世纪80年代走向发展和繁荣的重要原因[③]。关于同义手段，王希杰先生就明确指出：“修辞活动就是同义手段的选择活动，修辞是同义手段选择规律规则的总和。修辞学就是一门选择同义手段的学问。[④]”

正是由于这样的隔膜，语文教育界未能把这些我们汉语语言学研究的重大成果加以及时的充分的吸收，更没有把它运用到语文教育教学的实践中来。直到今天，还没有人能够自觉地把同义手段理论与语文阅读教学结合起来，利用同义手段理论来解决语文阅读教学中的问题。这不能不说是非常遗憾的。

---

① 聂炎. 三一语言学导论[M]. 银川：宁夏人民教育出版社，2008.
② 王希杰. 修辞学通论[M]. 南京：南京大学出版社，1996.
③ 聂炎. 三一语言学导论[M]. 银川：宁夏人民教育出版社，2008.
④ 王希杰. 修辞学通论[M]. 南京：南京大学出版社，1996.

正是基于这样的原因，庄平悌老师将同义手段理论引入语文阅读教学，一来希望能够起到抛砖引玉的作用，引起更多同行的重视和关注；二来也希望能够切实解决语文阅读教学中的一些实际问题，以期能够切实提高语文阅读教学的质量，改变语文阅读教学长期低效运作的状况。

案例赏析

一、寻找语言学理论的支撑

1986年，庄平悌老师走出了温州师范专科学校的大门，回到母校浙江省泰顺县第二中学任教。庄老师出生在泰顺山区，成长于泰顺山区，如今大学毕业后又回到母校任教，而他的母校又恰好坐落在世界最美廊桥所在地——泰顺县泗溪镇。这是一个多么令人向往的地方啊！然而，在实际的语文教学中，庄平悌老师却渐渐感觉到诸多的困惑。比如，语文是什么？能用一句话讲清楚吗？语文该教些什么？等等。庄老师在他的语文教学专著《同义手段理论与语文阅读教学》的后记中这样写道："教了20多年的高中语文，对于什么是语文，语文应该教什么，怎么教，应该读什么，怎么读，应该写什么，怎么写，诸如此类的问题，我始终无法做出令人满意的解答。这些问题一直困扰着我，使我感到非常的无奈和尴尬，有时甚至还会感到无地自容。是的，对于从事语文教学的人来说，把自己一生的心血都耗费在这上面，却无法解释什么是语文，语文应该教什么，这样一些最基本的问题，岂不脸上无光？扪心自问，我常常为此羞愧难当，寝食难安。"

这些困惑之中最根本的就是语文教育教学与语言学理论的严重脱节。语文教育教学怎么可以不要语言学理论的指导？而现实的教学实践中却又是把语言学理论撇开的。这是为什么？庄老师不断思考，探索。但由于山区自然条件等客观因素的制约，他始终未能有所突破。为此，他不断提升自己的理论修养和语文教育教学实践能力，先后通过浙江省高师自考，获得大学本科学历，又于2009年到浙江师范大学人文学院进修教育硕士。就在攻读教育硕士期间，庄平悌老师接触到了我国目前最先进最成熟的语言学理论——同义手段理论。这仿佛一道耀眼的亮光，给在苦苦摸索之中的庄平悌老师指明了前进的方向，让庄老师眼前豁然开朗。他在专著的后记中这样写道："接触这个理论之后，我的眼前仿佛出现了一个全新的天地，以前困扰着的有关语文教学的一些问题（比如，教学内容和教学策略）也得到了比较合理的解释。"

的确，相信同义手段理论必将给中学语文教学带来崭新的一页。在庄平悌老师的教学实践中，我们明显看到了这种变化。

二、同义手段与同义手段的选择

所谓同义手段，就是指用以表达同一意思而彼此关系平行的不同语言材料和表达形式[①]。简略地说，就是思想内容相同而表现形式、结构不同的语言材料。

由于语言与言语的区分，也就能够区分语言意义和言语意义。由此，同义手段也分为两种最基本的形式。

一种是语义上的同义，它反映了客观真值上的等同，称为语言同义手段。如，表示红的颜色，就有"红"、"朱"、"赤"、"丹"、"彤"、"绯"、"赭"等等。

另一种则是言语同义手段，是体现言语交际者交际意图或者交际功能的同义。也就是说，两者原本意思并不相同，甚至完全相反，但在特定的语境条件下，却能够表达完全相同的意思，它们就构成了同义手段。比如，"死鬼"与"丈夫"，两者的意义并不相同，但在特定的场合下，却表达完全相同的一个意思。又如，当你做错了一件事，有人却说："你真聪明。""你怎么这么聪明呢？"表面看来是在赞扬、夸奖你，但实际上恰恰是对你的嘲讽、挖苦和批评。这时，"聪明"与"愚蠢"这对意义完全相反的词就构成了同义，表达完全相同的意思。

这种在特定语境条件下临时性表达相同意义的语言材料实在是多得不计其数。同义手段理论中所说的"同义手段"主要就是指这种情形。

同义手段存在于语言系统之中，表现为一种聚合关系。所谓聚合关系，也就是能够表达相同思想内容的所有语言材料的总和。换言之，在语言系统之中，只要能够表达相同的思想，不论是固有的意义相同的语言材料，还是临时性表达相同意思的语言材料，不论是已经出现的语言材料（显性），还是没有出现的语言材料（潜性），都可以构成同义手段。

---

① 戚雨村.语言学百科词典[M].上海：上海辞书出版社，1993.

王希杰先生认为，抓住了同义手段问题，也就抓住了修辞学的全部问题。或者说，修辞学的全部问题就是同义手段的选择问题。他在《修辞学通论》中说："修辞学就是一门选择同义手段的学问。从这个意义上来说，全部修辞学所要研究的就是同义手段的选择问题。[①]"

在王希杰先生看来，同义手段的存在是修辞学存在的必要前提和基础，没有同义手段，修辞活动乃至修辞学也就不存在了。他说："如果没有同义手段，任何交际者在任何交际场合对任何一个话题，只能用同样的语言材料，那么，就没有选择的必要性和可能性，就不存在什么修辞活动，也就不可能产生出修辞学来。[②]"这就从修辞学的角度来揭示同义手段的重要意义。

如果说同义手段是一种聚合关系，它存在于语言的系统之中，那么，同义手段的选择就是一种组合关系，它是在语言运用或言语交际过程中得以实现的。

同义手段本身只是语言现象而已，无所谓选择不选择，也不存在选择不选择的问题。只有言语主体(即说写者)在具体的言语交际过程中，为了提高言语交际的效果而运用具体的语言材料时，才谈得上同义手段的选择问题。任何言语主体在言语交际过程中，都必须考虑：选择什么样的言语材料，才会有最佳或更佳的表达效果？

事实上，即便是同义手段，差异性也是客观存在的。王希杰先生说："所谓同义手段，只是有条件的同一物，本身都包含着一定的差异。""在交际活动中，同义手段的差异性往往是不可忽视的。""凡同义手段其实都是有一定的差异性的。同义手段是有条件的同一，是包含着差异的同一。同一性是以示差性作为自己的一个必要条件的。这就是研究同义手段的一个重要的出发点。[③]"

正是这种差异性的存在，决定了同义手段选择的必要性和可能性。如果没有了这种差异性，所谓的选择也就失去了应有的意义和价值。这里的"差异性"，我们可以理解为对"零度"的某种偏离，"同一性"则是"零度"；"差异性"是表层结构，"同一性"则是深层结构。同义手段就是这种"差异性"和"同一性"的对立统一。

此外，由于语言环境的差异，或者说语言世界、物理世界、文化世界、心理世

① 王希杰.修辞学通论[M].南京：南京大学出版社，1996,6(1):304.
② 王希杰.修辞学通论[M].南京：南京大学出版社，1996,6(1):304.
③ 王希杰.修辞学通论[M].南京：南京大学出版社，1996,6(1):262-263.

界的差异，说写者在具体的语言环境中，即便表达相同的思想内容，也必然选择不同的表达方式。否则，就不会有好的表达效果。《祝福》中四婶为了阻止祥林嫂参与祝福的祭祀活动，对她说了三句话，意思相同，表达方式却不同。第一句："祥林嫂，你放着罢！我来摆。"第二句："祥林嫂，你放着罢！我来拿。"第三局："你放着罢，祥林嫂！"正是这种不同的表达方式，才会有如此明显的表达效果。祥林嫂才会"像是受了炮烙似的缩手，脸色同时变作灰黑"，"精神也更不济了"，"直是一个木偶人"。

同义手段的选择受到诸多因素的制约。最重要的是受到语言世界、物理世界、文化世界和心理世界这四个世界的制约。

得体性原则是同义手段选择的最高原则。其他一切原则，比如连贯性原则，真实性原则都必须从属于这一最高原则，都是这一最高原则的派生物。在语言世界和物理世界是得体的，但在文化世界和心理世界里却不得体。因而，语言世界和物理世界的得体就是低层次的得体。很好听的话，非常正确的话，有时候却达不到相应的表述效果，其原因就在于此。比如，你指出人家有某种疾病，肯定不会得到别人的赞同，更不可能得到别人的感谢。"扁鹊见蔡桓公"这个寓言故事就深刻揭示了这个道理。

与语言世界和物理世界相违背、相矛盾的言语表达，却能够符合我们汉民族的文化传统，满足文化世界的要求，因而它是得体的，是高层次的得体。同样地，与物理世界相违背、相矛盾的言语表达，却符合人物的心理状态，是人物心理状态的正确反映，因而它又是得体的，也是高层次的得体。

文化世界、心理世界的得体才是真正的得体。

三、"同义手段理论"语文教学的实施

接触到同义手段理论之后，庄平悌老师一边如饥似渴地阅读有关的理论著作，如王希杰先生的《修辞学通论》《汉语修辞学(修订本)》等，聂炎先生主编的《三一语言学导论》，申小龙的《汉语与中国文化(修订本)》，潘庆玉的《语文教育哲学导论》等，一边就在自己的教学实践中加以运用和探索，取得了令人惊叹的教学效果。

1. 确立语文教学内容

语文教学内容的确立，向来备受争议与困扰。语文到底要教什么？真是“八仙过海，各显神通”，“公说公有理，婆说婆有理”，莫衷一是。庄平悌老师经过一番思索之后，把“同与异”、“显与潜”、“真与假”、“零度与偏离”、“得体性原则”、“陌生化言语”等言语形式作为语文教学的核心内容。这应该说就抓住了语文教学根本，因为从根本上说，语文就是对语言的理解和运用，语文能力强就是理解和运用语言的能力强。因此，紧扣不同的言语形式之间的差别展开教学，就能切实有效地提高学生的语文能力和语文素养。如，在苏教版《雷雨（节选）》的教学中，庄平悌老师就紧扣“真与假”的言语形式，引导学生探究彼此之间的差异，并进而探究人物的不同性格。

周朴园：梅家的一个年轻小姐，很贤惠，也很规矩，有一天夜里，忽然地投水死了，后来，后来，——你知道么？

……

鲁侍萍：她是个下等人，不很守本分的。听说她跟那时周公馆的少爷有点不清白，生了两个儿子。生了第二个，才过三天，忽然周少爷不要了她，大孩子就放在周公馆，刚生的孩子她抱在怀里，在年三十夜里投河死的。

师：针对同一个人，同一件事，同学们看看，周朴园和鲁侍萍的说法有什么不同呢？

生1：周朴园说她是小姐，鲁侍萍说她是下等人。周朴园说她很贤惠，也很规矩，鲁侍萍说她不很守规矩。

师：对，看出来了，很好。大家想想，这是人物的什么不同呢？

生2：身份不同。

师：还有呢？

生3：性情不同。

师：对。从身份和性情的不同说法中，我们可以看出谁在说谎？

生4：当然是周朴园了。因为鲁侍萍说的是她自己的亲身经历。

师：我们再来看看周朴园说的都有哪些歪曲事实的地方。

生5：周朴园说“有一天夜里”，事实上是年三十的夜里。

师：是啊，年三十的夜里。这是除夕之夜。过年是我们中国人一年中最最重要的节日，不管在外地做什么，也不管路途多么遥远，我们中国人都会千方百计不顾一切地赶回家全家团聚，享受天伦之乐。可是，就在年三十的夜里，举家团聚的最美好的日子里，这位被称为“梅小姐”的人却怀抱着一个刚出生才三天的婴儿投河了。这是多么悲惨的事啊！为什么会这样呢？

生6：周朴园不要她了。

师：周朴园说自己不要她了吗？周朴园是怎么说的呢？

生7：他说“忽然地投水死了”。

师：是啊。周朴园并没有说出是因为自己不要了才导致她投水死亡，也没有说出她怀里还抱着一个出生刚三天的婴儿。周朴园只是轻描淡写地说“忽然地投水死了”。“忽然”是什么意思呢？

生8：出乎意料。

师：难道说她为什么而死周朴园一点都不知道吗？难道说她怀里还有一个刚三天的婴儿周朴园也不知道吗？难道说是她自己要投水死亡的吗？难道说她的死与周朴园好不相干吗？那么，周朴园为什么要隐瞒这些事实，要歪曲这些事实呢？

生9：我想他是为了掩盖事实真相，推卸自己的罪责吧。

生10：我觉得他这么做也是把为了把自己装扮成一个局外人，以一个局外人的身份来关心与自己无干的事情，显示自己的善良和同情心。总之，就是把自己装扮成一个社会上的好心人，赢得全社会的尊敬，也赢得子女们的尊敬。

师：说得很透彻。现在我们知道周朴园为什么要隐瞒事情的真相了吧。由此，我们也就知道了周朴园是一个什么人了。

生11：虚伪。（板书）

师：仅仅是虚伪吗？

生12：残忍。（板书）

师：何以见得？

生13：他把自己的亲生儿子都不要了。

师：还可以怎么来形容周朴园？

生13：冷酷无情，无情无义。（板书）人家替他生了两个孩子，他说抛弃就抛弃了，而且是在年三十的夜里，连年都不让人家过。

师:非常正确。大家的领悟能力很强啊!课文中类似这种隐瞒事实,歪曲事实的地方还有很多,请大家仔细阅读,把它们找出来。

生14:“这个女孩子的尸首,……”明明是自己的妻子,生了两个孩子,他却把她说成是“女孩子”。我们班里的女同学才叫“女孩子”呢!(众笑)

师:没错。不管怎么说,生过小孩的,就只能叫女人,而不能叫女孩子。女人和女孩子是两个不同的概念。那么,周朴园为什么要把她说成是“女孩子”呢?还说她很贤惠,很规矩。也就是说,周朴园为什么要这么美化人家呢?

生15:我想他还是为了抬高自己吧。美化人家,其实就是美化自己,把自己装扮成善良,富有同情心的,非常关心别人的人。他越是这样,就越显示出他的虚伪和无情。

师:深刻,实在深刻。这不是一般人能够理解的。还有歪曲事实的地方吗?

生16:“这个人跟我们有点亲戚。”明明是自己的妻子,他却说成是有点亲戚。

师:什么叫“有点亲戚”?这里的“有点”是什么意思?

生17:我想是关系不太密切的意思吧,比如,远房亲戚什么的。

师:对了。你看,明明是自己的妻子,周朴园却说是亲戚;明明是自己关系最亲密的人,与自己最接近的人,周朴园却硬是拉大了距离,说是没有多少来往的,关系很一般的远房亲戚。这不是对客观事实的严重歪曲吗?他为什么要这么说呢?

生18:他不敢暴露自己的真实身份,否则,他就无法推脱自己身上的罪责。可见,他是一个懦弱的人。同时,他又可以把自己装扮成很有同情心很善良的人,赢得人们的好感和尊重。一箭双雕啊!

生19:“你的第二个孩子你不是已经抱走了么?”明明是自己的亲生儿子,周朴园却说成是“你的孩子”,与自己无关。这就说明他是一个无情无义的人。

《雷雨》是传统的经典名篇了,许多专家和名师都对此作了不同的解读。但是,庄平悌老师从“真与假”的角度,引导学生对谎言进行剖析,师生共同概括出谎言的特性,并进而剖析了人物虚伪、残忍的本性,耳目一新,效果显著。这里,我们明显感受到学生对言语的领悟能力在不断提高,做到了触类旁通,拓展了思维的空间，也提高了思维的深度。

2. 确立教学方法与策略

如果说，确立了语文教学内容是解决一个“教什么”的问题，那么，“怎么教”的问题还得解决，这就是教学方法与策略的问题。为此，庄平悌老师又运用“同义手段理论”进行了一番探索，同样取得了很好的效果。这里，庄老师把“比较与选择”、“从原生价值到教学价值”作为语文教学的方法与策略。

除了字词句子等方面的比较外，还有语段之间、篇章之间、显性之间、显性与潜性之间、零度之间、零度与偏离之间等等的比较。这就大大拓展了比较的内涵，实际上也拓展了教学内容，使比较这种教学策略更加灵活多样。如《祝福》的教学，庄平悌老师就围绕“文化世界的显与潜”进行比较而展开教学。

他比先前并没有什么大改变，单是老了些，但也还未留胡子，一见面是寒暄，寒暄之后说我“胖了”，说我“胖了”之后即大骂其新党。但我知道，这并非借题在骂我：因为他所骂的还是康有为。但是，谈话是总不投机的了，于是不多久，我便一个人剩在书房里。

……

我回到四叔的书房里时，瓦楞上已经雪白，房里也映得较光明，极分明地显出壁上挂着的朱拓的大“寿”字，陈抟老祖写的；一边的对联已经脱落，松松的卷了放在长桌上，一边的还在，道是“事理通达心气和平”。我又无聊赖地到窗下的案头去一翻，只见一堆似乎未必完全的《康熙字典》，一部《近思录集注》和一部《四书衬》。无论如何，我明天决计要走了。

这是《祝福》中写“我”刚回到鲁镇暂寓在四叔家的情形。本来，“我”是预备回来过年的，但是却“决计明天要走了”。这是为什么？教学中，庄老师就此问题让学生展开讨论。

生1：四叔与“我”见面，没说几句就“大骂其新党”。表面上是在骂康有为，实际上就是指桑骂槐。给“我”一种威逼和压迫，来个“下马威”。这说明他并不欢迎“我”，甚至排斥“我”。

生2：对联上写着“事理通达心气和平”，实际上却是“大骂其新党”。可见他既不“事理通达”，也不“心气和平”。这也说明他既保守、顽固，也很虚伪。谈话自然就不投机了。

生3：“我”一个人剩在书房里，又无聊赖。说明“我”受到冷遇。特别是“剩”字，更能说明四叔对“我”的冷落，不闻不问，不理不睬。

生4：我觉得过年的时候是不应该骂人的，因为过年讲究团圆、吉祥、喜庆，骂人就破坏了这种气氛。鲁四老爷本身又是监生，有文化有地位，当着“我”这个晚辈的面就更不应该骂人了。难道“我”大老远从外地赶回来就是为了听他骂人？所以，他在“我”面前“大骂其新党”，就是给“我”难堪，说明他很讨厌“我”。

学生的回答已经涉及文化世界的零度和偏离。文化世界的零度，就是文化常规。比如，人的言行举止都要符合身份地位，要体现人的文化修养。团圆、吉祥、喜庆的日子更是要求和睦、真诚，不能讲粗话、脏话，骂人就更不允许了，何况还是“大骂”。这就是文化常规。但是，四叔却违背了这样的常规。可见，他对“新党”是如何的痛恨了。他的顽固、保守也就暴露无遗。

学生的回答非常到位，读书很仔细，读出了其中的味道。这是很值得肯定的。庄老师又提醒他们思考：文中写四叔“没有什么大改变，单是老了些”，写几个本家和朋友“也都没有什么大改变，单是老了些”，作者为什么要如此反复强调？

同学们认为，表面上看是人的模样没有改变，实际上是思想没有改变，还是顽固、落后、保守、愚昧的封建思想；老了些，说明思想更顽固更愚昧更保守更落后了。人没有改变，实际上就是社会思想没有改变。

庄老师再次提醒学生思考：为什么四叔一见面就“说我‘胖了’”？为什么“说我‘胖了’”之后就“大骂其新党”？难道“我”“胖了”与“新党”之间有什么内在的联系？他为什么不问问“我”在外地的生活状况？对于这些问题，同学们一时不能回答。有位学生说，这说明四叔一点儿也不关心“我”，不把“我”放在心上。庄老师肯定了他的理解，还补充了鲁迅先生《狂人日记》中的相关内容。“大哥”带了一个“老头子”来给“我”看病。表面上他是个医生，实际上却是个刽子手，“无非借了看脉这名目，揣一揣肥瘠：因这功劳，也分一片肉吃。”“老头子”表面上对“我”说，“不要乱想。静静的养几天，就好了。”实际上是“我”养肥了，“他们自然可以多吃”，对“我”没有任何好处。《狂人日记》揭示了中国几千年封建社会“吃人”的本质。四叔和《狂人日记》中的“大哥”一样，表面上好像是在关心“我”，实际上都是“吃人”的家伙。说“我”“胖了”，表明“我”正好可以“多吃”了。而祥林嫂就是被他们“吃”掉的。四叔把“我”剩在书房里，也正是预备要“吃我”了。“我”不赶紧逃走，难道要等待他们来“吃”吗？所以，“我决计明天要走了”。尽管“我”与“狂人”的思维不同,“狂人”受过迫害,得的是一种“迫害狂”,对“吃人”有着刻骨的感受,但是,“我”也明显感觉到四叔把“我”当作“谬种”。这就与“大哥”他们那种“吃人”的伎俩没有什么两样了。他们对那些被吃的人总是要先安上一个罪名,“疯子”啦,“谬种”啦,“乱党”啦等等。总之,“吃人者”并没有本质的区别,都是“狮子似的凶心,兔子的怯弱,狐狸的狡猾”。

对文化世界潜性因素的探究,使学生对中国社会“吃人”的本质有了更明确的认识。

这种语文教学比较的方法与策略,实际上也是语文学习的方法与策略。学生从这样的课堂里学习的不仅仅是内容,更是方法和能力。

四、同义手段理论的教学价值

庄平悌老师在具体的教学实践中,深深体会到,同义手段理论的教学价值是不可估量的。这里所讲的仅仅是他的初步的认识与理解。

1. 新认识:语言何以是工具? 语言又何以不是工具?

对于语言的工具性和非工具性,历来争论不休,也是各抒己见,莫衷一是,非常热闹。但是,同义手段理论却给我们提供了非常清晰的解答。

王希杰先生说:“一切言语之中都毫无例外地包含着蕴藏着一个一般的东西,对整个社会集团都是共同的一致的东西,这个东西在一切话语中都存在着。”这个一般的共同的东西,就是语言,是语言和言语进行区分之后的语言,是“语言世界中相对稳定的一般的本质的部分。[①]”这个“相对稳定的一般的本质的部分”,(比如语音有固定的读音,词语有它的基本义,词语和词语之间也有固定的结构搭配等等)对整个社会成员来说都是相同的、一致的,是全体社会成员必须共同遵守的,不以任何个人的意志为转移的。这就是语言之所以成为工具的根本原因,也是语言能够约定俗成的根本原因。

语言何以不是工具?

从语言的产生来说,人在创造与发明事物的时候,都会把自身的生活、情感、思维、审美、愿望、观念、判断、指令等因素融入所创造和发明的事物当中。

① 王希杰.修辞学通论[M].南京:南京大学出版社,1996,6(1):69.

同样,人也会把这些因素融入所创制的语言之中。潘庆玉以语言哲学的观点和立场来审视汉语文本体,指出:"汉字的本质超越了单纯的表音符号,它是心灵的图画,精神的意象,情感的容器,历史的记忆,文明的化石。①"因而,语言本身就体现了人的生命因素。

从语言的本质来说,欧洲语言人文主义把语言视为人类心灵的首要问题,认为语言是创造性的精神活动。德国语言学家洪堡特把语言的本质界定为内蕴形式即一种精神格局②。他认为:"语言是精神不由自主地流射。③"他又认为,民族语言就是民族精神。语言的存在是民族的存在的最显著的标志,或者说,民族的存在首先是一种语言的存在④。德国存在主义哲学家海德格尔则深刻地说明了人的本质的语言性。他认为,人的语言本质决定人的文化属性。人的语言规定性同时就是人的文化规定性。人在进入一种语言的同时进入了一种文化⑤。潘庆玉从语言哲学的角度,指出:"语言不仅是一套独立的符号系统,具有多样化的文体特征,而且还与人内部的思维情感紧紧相连,语义中折射着特定民族的思维方式,系连着情感表现的类型,沉淀着深厚的历史文化内蕴。也就是说,语言是有深度的丰富的人性的表现。如果脱离开语言的人性特征来界定语文的内涵,语文将失去最迷人的魅力、最生动的表现力和最基本的生命力。⑥"这说明离开了语言的人性特征,语文就会失去生命力,变得干瘪、枯燥、令人生厌。

因此,对待语言,我们语文教育界就不能把精力过多地放在语言的本质属性上,而应该更多地关注语言的表达效果的问题。语言的本质属性,是语言学家们所要关注的问题。这就是两者的区别。从表达效果的角度来审视语言的使用问题,来从事语文教育教学,这或许是语文教育正本清源的关键所在。

潘庆玉认为,语言的特性"本质上是一种话语实践,是一种意指和表达行动,而不是一种科学认识。⑦"他进而从语文教育的交往——实践存在论方式的

---

① 潘庆玉.语文教育哲学导论[M].北京:教育科学出版社,2009,10(1):68.

② 申小龙.汉语与中国文化[M].上海:复旦大学出版社,2008,2(1):8.

③ 申小龙.汉语与中国文化[M].上海:复旦大学出版社,2008,2(1):23.

④ 申小龙.汉语与中国文化[M].上海:复旦大学出版社,2008,2(1):35-37.

⑤ 申小龙.汉语与中国文化[M].上海:复旦大学出版社,2008,2(1):47-50.

⑥ 潘庆玉.语文教育哲学导论[M].北京:教育科学出版社,2009,10(1):21.

⑦ 潘庆玉.语文教育哲学导论[M].北京:教育科学出版社,2009,10(1):54.

角度，指出："脱离语言交往的生活情境，脱离语言运用的实践活动，语文能力的发展就会丧失最基本的动力与内容。[①]"强调了语言的实践性，强调了语言的交际功能，也就抓住了语言的本质，实质上，这也就抓住了语文教学的本质。

2. 新视角：给文本解读提供全新的视角

解读文本是语文教学活动的基础。文本解读能力弱，无疑会使教学效果受到影响。正是为了提高广大教师的文本解读能力，教材的编写者才会编写《教师教学用书》，希望借此提高一线教师的文本解读能力，进而提高教学效果。但由于种种原因，我们对于文本解读的视野仍然不够开阔，甚至还比较陈旧。比如说，对散文的解读，我们至今还停留在"形散而神不散"的观念上。

"形散而神不散"，实际上是只知其一，不知其二，只看表面，不看实质。它只是表面上抓住了"散"与"不散"的关系，但它未能解决根本的问题，即同样是"散"，为何是这般"散"，而不是那般"散"？换言之，在主题思想、情感色彩不变的前提下，作者为何要用这个材料，而不用那个材料？同义手段理论恰恰能够有效解决何以"形散而神不散"的问题。下面庄平悌老师以《荷塘月色》的解读为例，做进一步的阐述。

解读《荷塘月色》，绕不过去的问题就是作者为什么不写成一首诗，而要写成一篇散文，一篇抒情散文？要知道朱自清本身就是一个诗人，也是以写诗著名的。作者为何要写荷塘？而且要把荷塘写得那么美？为什么要把荷塘上的叶、花、香、波痕等等写得那么细致？描写荷塘上的月光，多么和谐，中间却突然加进一句"峭楞楞如鬼一般"，这是为什么？为什么又会忽然想起采莲的事？而且还要引用梁元帝的《采莲赋》？为何又要引用《西洲曲》里的句子？又为何"这令我到底惦着江南了"？

这里涉及前提、话题、场景、自我、对象、视点等因素，也涉及显与潜、零度与偏离等问题。下面仅从场景的角度来重新审视。

同义手段理论认为，对语言材料（或者话语）的选择取决于场景的因素。也就是说，具体的场景制约着说写者对话语的选择。王希杰先生认为："构成场景的主要因素是：时间、空间、交际双方的关系、交际的方式和态度等。[②]"

---

① 潘庆玉. 语文教育哲学导论[M]. 北京：教育科学出版社，2009，10(1)：109.

② 王希杰. 修辞学通论[M]. 南京：南京大学出版社，1996，6(1)：370.

从时间上说，朱自清先生选择的是夜晚，而且是满月的夜晚。这样的夜晚有什么特别的意味？请看：

像今晚上，一个人在这苍茫的月下，什么都可以想，什么都可以不想，便觉是个自由的人。白天里一定要做的事，一定要说的话，现在都可不理。

可见，如此夜晚的场景，可以让作者充分享受到人生的自由。白天的场景，言行举止就要受到约束、打压，身不由己，甚至卑躬屈膝。所以作者说"我且受用这无边的荷香月色好了"。

从空间上说，作者选择了荷塘。为什么要选择荷塘？难道就没有别的场景，非它莫属？当然不是。之所以要选择荷塘，一是"日日走过"，既熟悉又陌生。白天脚步匆匆，无暇顾及，它的庐山真面目到底如何？二是"满月的光里"的荷塘"总该另有一番样子吧"，心中满满的期待与探求。请看：

路上只我一个人，背着手踱着。这一片天地好像是我的；我也像超出了平常的自己，到了另一世界里。

果然，"满月的光里"的荷塘，对作者来说，就是"另一世界"。这"另一世界"对作者来说又意味着什么？当然是无拘无束的自由，发自内心的自由，心理上的自由。这完全符合作为知识分子的朱自清先生对文化品格的追求。因此，作者对荷塘情有独钟也就不足为奇了[①]。

从交际的方式和态度看，作者说："我爱热闹，也爱冷静；爱群居，也爱独处。"今晚，作者充分享受到"独处的妙处"。于是，他便以一种近乎自言自语的方式，一种毫无约束的方式，一种自由释放的方式，抒发内心的感受。

钟爱荷塘，自然是因为"荷香月色"。在作者对荷塘月色的描绘中，我们看到的绝不仅仅是美的画面，我认为更是和谐的画面。"田田"的荷叶，彼此相连，高低错落，密密挨着。荷叶与荷花之间，相互映衬，相互依存。荷花之间，形态各异，错落有致。微风送来缕缕清香，叶子也"宛然有了一道凝碧的波痕"。而"脉脉的流水"却把叶子映衬得"更见风致"了。这样的画面，已经远远超出了"美"的范畴。荷塘上的月光以及月影，作者明确告诉我们"光与影有着和谐的旋律"。尽管这当中也有"峭楞楞如鬼一般"，但这只是和谐之中的一点不和谐的因素，它并不妨碍整体画面的和谐。

---

① 庄平悌．同义手段理论与语文阅读教学[M]．北京：中国对外翻译出版有限公司，2013，1(1)：62，63．

再看作者想到的采莲的事。从梁元帝的《采莲赋》中我们看到的是多么和谐、自在、轻松、活泼的生动的画面。男女之间情感真挚而热烈,作者说“这真是有趣的事,可惜我们现在早已无福消受了”。注意“早已”两字,足见作者对那种和谐的生活向往已久,也说明作者内心压抑已久。而《西洲曲》的句子,就更是含蓄而动人地描述了男女之间那种纯真而和谐的情感。在这种“独处”的场景之中,作者很有可能会边走边轻轻哼唱起这些古人的诗句。这是白天的世界里所无法做到的。

作者就是借助这些自然景象以及古代社会男女之间彼此和谐的生存状态,来表达内心对和谐社会的渴望和追求。因为只有整个社会都变得和谐,个人才会有真正的自由,而当时的社会和家庭,在作者看来都是极端的不和谐。

3.新策略:给“疑难问题”的解决提供一种新的途径和策略

语文教学中的“疑难问题”,从根本上说就是语言运用和语言理解的问题。如果是说和写,则是语言编码、信息输出的问题,即如何运用语言(表达)才能达到最佳的表达效果的问题。如果是听和读,则是语言解码、信息接收的问题,即怎样才能准确理解和领悟说写者所传达的信息。语文教师所起的作用就是帮助学生充分感受语言的奇妙和魅力,从而提高对语言的感悟能力和运用能力。

就阅读教学来说,学生之所以存在“疑难问题”,是因为听读者(学生)、话语以及语言环境三者之间存在着既矛盾对立又相互统一的关系。王希杰先生认为:“信息在解码过程中的损耗也是不可避免的。于是话语本身所包含着的信息同听读者实际上接收到的信息之间也同样永远都存在着一个‘信息差’。①”

同义手段理论认为,人类的交际活动是在语言世界、物理世界、文化世界和心理世界之间进行的。因而这四个世界对人类的交际活动就有着强大的制约作用。王希杰先生认为:“我们的认识方式和表达方式就时时受到语言的制约。”“物理世界影响和制约着我们的认识活动和表达活动。”“文化世界也是制约着正确解码的一个重要因素。如果没有必要的文化背景知识,正确的解码几乎是根本不可能的。”“在交际活动中,交际双方的心理因素是制约着决定着交际活动的方式和效果的一个极其重要的因素。②”

---

① 王希杰.修辞学通论[M].南京:南京大学出版社,1996,6(1):7.

② 王希杰.修辞学通论[M].南京:南京大学出版社,1996,6(1):77,81,110,147.

正因为这些因素导致了阅读教学中存在的“信息差”，出现了“疑难问题”，因此，语文教师所能做的就是帮助学生尽量降低这个“信息差”。其中，最根本的一点，就是提高学生的语言修养。下面庄老师以《前方》的教学为例加以阐释。

新版的苏教版教材《前方》，要求学生与文本对话，意在养成学生边读书边批注的阅读习惯。学生在批注的过程中，提出了不少问题。如：前方，对我们意味着什么？人为什么会有克制不住的离家的欲望？家的含义又是什么？“家容不得他了，或是他容不得家了”，这是为什么？人类为什么喜欢流浪？为什么说人生实质上是一场苦旅？既然是苦旅，为什么还要选择离家？为什么说我们都是苦旅者？人为什么会无法还家？为什么“不能从心灵深处抹去他无家可归的感觉”？作者为什么要这样写？为什么会从一张照片中想到无家可归？

对于这些问题，庄老师在教学中几乎不做解释，也并没有采用惯常的小组讨论的方式。他挑选了梁实秋的《旅行》和罗兰的《入世与幽隐》两篇文章让学生阅读。要求学生认真读完这两篇文章后再来回答批注课文时所提出的问题。很奇怪，这些问题学生几乎不费什么力气就很好地解决了。就连平日里不怎么发言的学生，也能够积极参与到课堂活动中来。从学生的神情看，他们似乎获得了很大的满足。这样的教学也得到温州市教研员特级教师张茂松先生的赞赏。

同义手段理论认为，话语的意义有显性和潜性之分，而这种显和潜又受到语言环境等多种因素的制约，并且能够相互转化。换言之，在这个语言环境里话语的意义是潜性的，在另一个语言环境里就有可能是显性的。这就是由潜性到显性的转化，也有可能相反。因此，要帮助学生理解话语的潜性意义，就可以让学生在不同的文本中找到话语的显性意义。比如，为什么“人有克制不住的离家的欲望”？梁实秋的《旅行》中说：“旅行时一种逃避，——逃避人间的丑恶。”“大概只有的旷野里我们才容易感觉到人与人是属于一门一类的动物，平常我们太注意人与人的差别了。”罗兰的《入世与幽隐》说：“能满足这份遁世之念的，大概还是旅行。我常觉得旅行就是在摆脱日常琐务的牵绊，就是最好的方法在找到自己，面对自己。”如此不同文本之间的相互参照，学生不但加深了对课文的理解，也扩展的视野，提高了对生活的认识。

4. 新思维：拓展学生思维空间，提升思维品质和能力

拓展学生的思维空间，提升学生的思维品质和能力，增进学生对客观世界

的认识，加深对人性、人生以及生命的感悟，进而产生新的智慧，提升思想境界，应该是语文教学的题中之意，是语文教学不可回避也无法回避的课题。同义手段理论在这方面也具有它独特的优势。

同义手段理论认为，话语同物理世界要保持一致性，是交际活动得以顺利进行的一个基本的保证。王希杰先生认为："话语同物理世界保持一致性关系是修辞学的一条最基本的原则。①"话语同物理世界保持一致性，就要求话语所提供的信息是真实的、准确的、可靠的，而不是虚假的、模糊的。

可是，在实际的言语交往过程中，并不是所有的话语都是真实的，准确的，可靠的。比如《林黛玉进贾府》中王熙凤对林黛玉说："妹妹几岁了？可也上过学？现吃什么药？在这里不要想家，想要什么吃的、什么玩的，只管告诉我；丫头老婆们不好了，也只管告诉我。"王熙凤的话，是真实的吗？是她内心真情实感的表达吗？是值得信赖吗？当然不是②。这就需要我们具有批判思维。所谓批判思维，就是要对话语进行分析、判断。而这种分析、判断的思维品质恰恰又是学生最为欠缺的。利用同义手段理论就能更好地促进学生分析、判断思维的发展。

同义手段理论认为，交际活动归根结底是一种社会心理行为。因此，对话语真实性准确性可靠性的有意识的偏离，就是某种心理企图的体现。首先，从话语本身来说，王熙凤的话，信息量过大。修辞学叫"变息格。③"对林黛玉这个初来乍到的人，连珠炮似的提了三个问题，还没等人家回答，紧接着又一口气提出三点要求，很明显，她就是不想让你回答，也不想让你接受。或者说，王熙凤的心理企图压根儿就不在林黛玉能否回答能否接受上。她真正的企图就是为了显示她在贾府当中的地位和权势，一来拉拢林黛玉，二来警告那些下人不可胡作非为，言语之中显示出咄咄逼人的气势。可见，这种有意提供大量信息的话语，是不真诚的、不可靠的，也是不准确的。

其次，言语交际活动都是在一定的语言环境中进行的。因此，不论是说写者还是听读者，都得关注这个语言环境。林黛玉进贾府，语言环境中最关键的要素就是贾母。王熙凤也正是当着贾母的面才表现出如此这般的热情。从林

---

① 王希杰. 修辞学通论[M]. 南京：南京大学出版社，1996，6(1)：84.

② 庄平悌. 同义手段理论与语文阅读教学[M]. 北京：中国对外翻译出版有限公司，2013，1(1)：39.

③ 王希杰. 修辞学通论[M]. 南京：南京大学出版社，1996，6(1)：89.

黛玉的角度说，你既不是人家主动邀请的客人，你的地位身份学识等等也都没有值得人家敬仰之处，初来乍到，人家就对你这么热情，凭什么？当然就是因为你的背后有贾母。林黛玉也正是明白了这一点，才对王熙凤的话不置可否，不予理睬，没有做出任何反应。否则，就会被人家表面的热情所欺骗。所以，对语言环境中核心要素的分析和判断，就显得尤为重要。

因此，在语文教学中，就得引导学生对话语真实性以及语言环境进行分析和判断。这一方面可以提升学生的思维品质和能力，使学生的思维趋向精细化，条理化，深刻化（这是批判思维必须具备的品质）；同时也能加深学生对人性的认识，从而提升言语智慧、生命智慧。

5. 新能力：提升学生表达能力和人际交往能力

为什么要学习语文？最新的《高中语文课程标准》明确指出："普通高中阶段的语文课程，应使全体学生在义务教育的基础上进一步提高语文素养，能在生活、学习和工作中正确、熟练、有效地运用祖国语言文字，形成良好的思想道德修养和科学人文修养，为终身学习和有个性的发展奠定基础，为传承和发展中华文化、增强民族凝聚力和创造力发挥应有的作用。"这里，现实的目标是"正确、熟练、有效地运用祖国语言文字"。因此，提高学生运用语言文字的能力，就是语文教学最为迫切的任务。那么，如何才能做到"正确、熟练、有效地运用"呢？

同义手段理论认为，得体性原则是语言运用的最高原则。王希杰先生认为："得体性是评价话语好坏的最重要的标准，也是决定话语表达效果的最重要的标准。①"王先生又指出："语言运用的失误，首先就是语体选择的失误。②"也就是说，要正确、熟练、有效地运用语言文字，首先就得正确选择恰当的语体。请看：

那些虚拟生活中的美妙抵不过坐在树下共赏那席曾经照耀过万千古人的温柔月光。那些虚拟生活中的刺激敌不过架一叶扁舟遨游在广阔无垠的海洋。那些虚拟生活中的浪漫比不上如海子一般有一所房子，面朝大海，春暖花开，去感受真实生命鲜活而律动。

---

① 王希杰. 修辞学通论[M]. 南京：南京大学出版社，1996，6(1)：344.

② 王希杰. 修辞学通论[M]. 南京：南京大学出版社，1996，6(1)：465.

这段文字来自今年浙江省高考作文《拥抱现实》，你是不是觉得很有文采？的确，它采用对比、排比、比喻等手法，揭示出虚拟无法与现实相比，虚拟无法给人们带来真实而温馨的现实体验。但它根本的错误就在于忽视了“论述类文章”的写作要求，即语体选择的错误，因而，即便写得再优美，再有文采，也是不得体的，也不可能得到很好的评价。下面是同学们经过修改后的文字：

虚拟永远比不上现实。虚拟是假的，现实是真的。在虚拟世界里，你无法体会到真情实景。就说月光吧，即便你虚拟世界把它模拟得再逼真，它也永远体会不到朱自清先生在《荷塘月色》中所说的“月光像流水一般静静地泻在这片叶子和花上”那种淡淡的喜悦。虚拟是冷冰冰的，而现实却是温暖的，有温度的。在虚拟世界里，“春暖花开”即便再迷人，也无法与真正的春暖花开相媲美。

首先，修改后的文字在语体上符合了“论述类”文体的要求，因而是得体的。其次，这段文字还从两个不同的层面来论述了“虚拟比不上现实”的观点。经过这样的修改，同学们的写作能力无疑就得到了提升。

人际交往也是如此。“麻烦你，请给朕来杯水吧。”你会这样与人交流吗？当然不会。你注意到了话语的得体性，人际交往能力也就提高了。

同义手段理论在语文教学的价值还是一个有待开发的课题。相信庄平悌老师还会继续深入探索。

五、“同义手段理论”语文教学的影响

知名语言学家、浙江师范大学人文学院副院长傅惠钧教授在庄平悌老师语文教学专著《同义手段理论与语文阅读教学》的序言中这样说：

语文教学中引进同义手段的概念和知识，能给教师的语言教学提供切实有效的分析方法和指导工具。

同义学说所蕴含的价值与其在语文教学中实际发挥的作用相比还存在差距。因而有必要作进一步深入探讨与更广泛的实践应用。庄平悌的这项研究在这方面起了很好的推动作用。

本书最值得赞赏之处是全面运用同义手段理论来探讨阅读教学，给语文阅读教学开启了一道全新之门。

作者以王希杰先生的理论为依据和出发点，结合中学语文实际来阐释阅读教学，在分析何为同义手段、同义手段的选择以及同义手段理论在语文阅读教

学中的作用的基础上，以修辞的“四个世界”等理论为基本视点对语文阅读教学的内容进行重新定位，并以选择与比较、原生价值与教学价值为核心对语文阅读教学的策略给予重新确立，最后通过教学案例进行实践展示，力图构建一个将同义学说贯穿始终的阅读教学体系。应该说，这是一种对提高阅读教学效率极有意义的探讨，相信对中学语文教学一定会产生积极的影响。

全国著名特级教师、正高级教师朱昌元先生也在序言中认为“同义手段理论在语文阅读教学中的应用”，这是他教育硕士论文的选题，非常新颖，也很有价值。据我所知，把同义手段理论运用到中学语文教学之中，这是个全新的课题，就中学语文教师来说，很少有人涉足。他能把这个理论与自己的语文教学实践联系起来进行探索，尤其是对语文教学的一些不确定的因素，如教学内容等，做了有益的富有深度的探讨，给人以丰富的启发。可见他的勇气和胆识，非常值得肯定。可惜，在语文教学领域中，这种胆识兼具的富有成效的探索并不太多。如果能够多一些这样的教师，能够在语文教学上多做一些这样的探索，我想，语文教学的园地将会更加生面别开，生机盎然。

他自觉地运用四个世界理论这个方法论的原则，对这些文体的教学内容做了有益的探索，确实让人耳目一新。并且，他还从场景、自我、对象、话题、视点等方面给我们提供一个全新的解读文本的视角，难能可贵。

书中不乏富有启发性的见解，很有借鉴意义，是一本很有分量的专著，值得向广大的语文同行推荐。

全国著名特级教师、正高级教师胡勤先生、褚树荣先生、郭吉成先生等人都对《同义手段理论与语文阅读教学》这本语文教学专著给予很高的评价，对庄平悌老师在这方面的探索和实践给予十分的肯定。

全国中文核心期刊《中学语文教学》2016 年第 4 期封二“成长之路”栏目，对庄平悌老师的成长经历以及他的语文教学业绩作了专门的报道。朱昌元先生作了精彩而十分中肯的点评。

全国中文核心期刊《教学月刊・语文教学》2016 年第 9 期“教师与学生・名师之道”栏目发表了“本刊记者”方龙云的文章《运用同义手段理论探讨阅读教学——庄平悌老师的教学研究》，介绍了庄平悌老师运用同义手段理论进行语文教学的理论与实践。

六、结语

语文教学离不开先进的语言学理论的指导，或者说，在先进的语言学理论的指导下，不仅可以确立与拓宽语文教学的内容，同时也可以优化语文教学的方法与策略。庄平悌老师将同义手段理论引入语文教学的实践，在国内可以说是首创，而且从目前这些初步的教学实践来看，效果已很突出。

同义手段理论本身可以说是博大精深。这当然要归功于著名语言学家王希杰先生几十年来不断的探索。可是，如果没有庄平悌老师的牵线搭桥，没有他的介绍和实践，在中学语文教育界又有谁知道如此先进的语言学理论？在这方面，庄平悌老师可以说是一个令人敬佩的拓荒者和先行者，他给我们整个中学语文教育界带来非常新鲜而又非常实用的语言学理论，可谓功不可没。

同义手段理论与语文教学的探索和实践才刚刚开始，还有待于进一步深入的研究。一方面，我们期待庄老师能更上一层楼，有更大的成就；另一方面，我们也期待广大语文教师能够投入到这个领域里来，大家共同探索，共同实践，共同提升语文教育的水平，共同开拓语文教育的新局面。

参考文献

[1]聂炎．三一语言学导论[M]．银川：宁夏人民教育出版社，2008，3(1)：4.

[2]王希杰．修辞学通论[M]．南京：南京大学出版社，1996，6(1)：22-23.

[3]聂炎．三一语言学导论[M]．银川：宁夏人民教育出版社，2008，3(1)：250-251.

[4]王希杰．修辞学通论[M]．南京：南京大学出版社，1996，6(1)：30.

[5]戚雨村．语言学百科词典[M]．上海：上海辞书出版社，1993，4(1)：183.

[6]王希杰．修辞学通论[M]．南京：南京大学出版社，1996，6(1)：304.

[7]王希杰．修辞学通论[M]．南京：南京大学出版社，1996，6(1)：304.

[8]王希杰．修辞学通论[M]．南京：南京大学出版社，1996，6(1)：262-263.

[9]王希杰．修辞学通论[M]．南京：南京大学出版社，1996，6(1)：69.

[10]潘庆玉．语文教育哲学导论[M]．北京：教育科学出版社，2009，10(1)：68.

[11]申小龙．汉语与中国文化[M]．上海：复旦大学出版社，2008，2(1)：8.

[12]申小龙.汉语与中国文化[M].上海:复旦大学出版社,2008,2(1):23.

[13]申小龙.汉语与中国文化[M].上海:复旦大学出版社,2008,2(1):35-37.

[14]申小龙.汉语与中国文化[M].上海:复旦大学出版社,2008,2(1):47-50.

[15]潘庆玉.语文教育哲学导论[M].北京:教育科学出版社,2009,10(1):21.

[16]潘庆玉.语文教育哲学导论[M].北京:教育科学出版社,2009,10(1):54.

[17]潘庆玉.语文教育哲学导论[M].北京:教育科学出版社,2009,10(1):109.

[18]王希杰.修辞学通论[M].南京:南京大学出版社,1996,6(1):370.

[19]庄平悌.同义手段理论与语文阅读教学[M].北京:中国对外翻译出版有限公司,2013,1(1):62,63.

[20]王希杰.修辞学通论[M].南京:南京大学出版社,1996,6(1):7.

[21]王希杰.修辞学通论[M].南京:南京大学出版社,1996,6(1):77,81,110,147.

[22]王希杰.修辞学通论[M].南京:南京大学出版社,1996,6(1):84.

[23]庄平悌.同义手段理论与语文阅读教学[M].北京:中国对外翻译出版有限公司,2013,1(1):39.

[24]王希杰.修辞学通论[M].南京:南京大学出版社,1996,6(1):89.

[25]王希杰.修辞学通论[M].南京:南京大学出版社,1996,6(1):344.

[26]王希杰.修辞学通论[M].南京:南京大学出版社,1996,6(1):465.

林国爽与“类阅读”教学

名师简介

林国爽，曾任苍南中学教科室主任、温州中学教研组长。现在杭州市余杭中学任教。2001 年被确认为浙江省“5522”工程名师培养人选。2004 年被授予首届“温州市名师”称号。2006 年 9 月被评为浙江省第九批特级教师。2007 年 9 月被评为享受教授级待遇的中学高级教师。任职以来发表或获奖省级及以上的论文 50 余篇。曾分别担任 8 种教学用书的主编、副主编、编委和作者。出版专著《“教”：为了更好地“学”——中学语文课堂教学探索》。两度获得省教育科研优秀课题成果二等奖，被评为浙江省教育科研先进工作者。多次指导学生参加全国中学生作文大赛中荣获优秀指导教师奖。担任过三届名师工作室主持人。曾指导年轻教师 4 人获得全国课堂教学大赛一等奖。他的语文教学风格追求快乐、扎实、诗意、深度。

案例背景

在语文听说读写四种能力中，读，无疑是学生最重要的基础能力。听，即从外部世界获取信息、求得理解，本质上也是一种读。尤其是对高中生来说，语文教学任务应更侧重于读。读是说与写的基石。读是吸收，说与写是表达。读得好，才能说得好，写得好。哲学家弗兰西斯·培根说：“读书足以怡情，足以博彩，足以长才。”阅读不仅是传承人类文化的重要途径，也是学生搜集处理信息，认识世界，发展思维，获得审美体验的重要途径。新课程标准指出，“它能沟通人与外部世界的联系，认识丰富多彩的世界；能沟通人与人的心灵，吸收人类精神文明的营养；能发展人的语言，发展人的感受、理解、欣赏、评价的能力，思维和审美的能力。”

教学生学会阅读是中学语文教学的核心与重点。语文教材主要是由一篇篇经典的言语文本组成的，翻开苏教版语文教材，每个主题都是以一组名篇为主要内容。通过阅读实践，使学生掌握基本的阅读方法，养成独立的阅读能力和良好的阅读习惯，同时从阅读中吸收丰富知识，提高认识，陶冶情操，造就品格。

但在应试压力下，高中语文阅读教学一直存在着一个封闭圈，它以传授知识、应付考试为轴心，追求现成的、确定的知识，以终极的意义解读为目标，过分地侧重于一种“技能”训练。在阅读教学中盛行“条分缕析”的风气。教师从积累语文知识的角度入手，推敲课文所提供的内容要点和零碎的语文知识点，过分注重对文本教法的研究。另一方面，学生阅读的积极性也不高，他们对课文不愿意细读钻研，上课只等老师讲，处于消极应付状态。其结果是视野狭窄，阅读能力低下，思路逼仄。这是广大语文教师心头的一个“痛”。

尽管如此，随着阅读教学与研究不断吸纳相关学科如语言学、语用学、文艺学、阐释学等理论，自身建设有了长足的进步。阅读教学改革风起云涌，出现了各式各样的教读法，如导读法、自读法、点拨法、“六步式”等等，及至新课程改革，《语文课程标准》又强调整体感悟，学生体验，自主、合作、探究学习。阅读教学试图努力使中学生从应试教育的束缚中摆脱出来，并使其主体性更为突出。可是，自主也好，合作也好，探究也罢，其前提是学生必须有强烈的学习愿望和相当不错的能力基础。而对于大多数厌学、阅读习惯较差、能力较弱的学生而言，这些理想的阅读模式常常沦为一种仅供领导者们检查工作和参观的海市蜃楼式景象。我们只能说，这些阅读学习方式还只是一种看上去很美的愿景而已，还不足以普遍地影响广大教师的教学和学生的学习，还不足以成为阅读教学强劲而持续的颠覆性的变革动力。于是，出现一批研究者将阅读教学带回到了原点，即“读读、记记、背背、写写”，称“还语文教学以本真、本色”。当然也有一批研究者则围绕阅读教学目标，加强了对教学内容确定的探索，如王荣生教授等专家，从一定程度上纠正了阅读教学的随意性弥漫的乱象；另有一批学者孙绍振等积极倡导“文本细读”，这对教师加深文本的理解，提高自身教学素质大有裨益。应该说，提高教师课堂教学的有效性，自然也有助于提高学生阅读的有效性。但是前者囿于课堂阅读教学，少有培养学生终身受用的自觉性和阅读能力的雄心，后者虽重视了读解文本的方法，教师也许有对文本的“戚戚然”，学生却可能“昏昏然”。因为学生毕竟是一个不成熟的读者，更多时候他们还不是能完全领悟一段“高山流水”的弦外之音。

曾经有不少有识之士为了打开学生阅读视野，开展专题阅读教学实践，如北京市第八十中学，他们注重整合和开发课程资源，在设计语文活动时，尽可能体现语文核心素养的基本要求，为未知而教，通过一系列由浅入深的问题任务驱动，调动学生去探究，去发现的积极性①。这是非常有价值的尝试。但是语文就像知、情、意等多方面构成的立体而丰腴的人，阅读也是如此。它是一种需要在知、情、意等方面都有较高素质的综合能力。仅仅在人文方面努力似乎还很不够。为什么苏教版教材也是由一个个人文专题组成，学生阅读能力照样难以提高呢？其实浙江省广大一线语文教师对此早有异议，他们认为在培养语文能力方面苏教版语文教材远不如人教版语文教材。可见，过于强调人文性，就会忽视语文的工具性。新课标说得很清楚，语文是工具性和人文性的统一。所谓“统一”，就是不能将两者割裂开来。一只脚很肥胖，而另一只脚却很干瘪，照样是一种残疾。以前过于注重工具性，其结果带来的教训是深刻的，让人记忆犹新。当然，专题阅读教学可以适当地做，但它只是“锦上添花”，而不是“雪中送炭”。

为什么学生认真地阅读语文教材中一篇篇大师名篇，而语文阅读能力仍然低下？难道培养学生的阅读能力就没有更好的途径吗？如果你只是课程理念的设计者，或者只是理论研究者，或者只是对语文教学横加指责却置身事外的人，也许不太可能对这个困扰着一线教师的问题感受那么深切。多年来对此感受深切的并且一直在求解的，其中就有省特级教师林国爽老师。他在梳理自己近三十年的语文教学实践基础上，在国内首次提出“类阅读”概念，并形成一系列相对完整的“类阅读”思想和实践经验。“类”在现代汉语字典有两种意思：一是很多相似事物的综合，如种类，类群，类别等；二是相似，好像，如类似，类同等。所谓“类阅读”，是指对在言语形式或言语内容方面相类的文学作品开展较为深入的专题性阅读。它既指对按某一角度选取的某种言语特点相似的多篇文本的阅读；也指对某一作者作品的持续性较长的单篇文本的阅读。林国爽老

① 王岱.“战国四公子”专题阅读教学案例[J].语文学习，2017(2)：34.

师认为，阅读能力其实是一种言语能力，其最高级的也是最成熟的能力应该是“一读就懂，一读就能领会”，称之“敏锐而准确”，“不假思索”的语感能力（王尚文教授语）。这种能力既不大可能仅仅是来自于那种快速的脱离文本、以获取信息为主要目的的“浮光掠影式”阅读，也不是仅仅停留在某个短小的名篇上而致使视野狭小的“目光短浅式”阅读所能培养出来的，而是通过“类”的言语强化、深化，综合博览而逐步形成的，即通过既博又专“类阅读”活动形成的。

案例赏析

一、“类阅读”教学的探求之旅

林国爽老师非常热爱他的学生和教学事业。他觉得学生的成长及其语文能力的提高，是一种无法抗拒的召唤。正是这种召唤，一直激励着他过上一种乐此不疲的耕耘人生[①]。他常以自己宁静自然的心态和清明透彻的理性，反观自我，反思实践。在研究和形成“类阅读”教学这个课题上，他曾踏上了一条不断反思和不断求证之旅。

1. 教学实践：反思与生成

2006年，浙江的《教育信息报》曾有记者采访了一批新进的特级教师，其中就有林国爽老师。报道他的文题是《反思：扬弃与生成》，他认为：“作为一种精神实践，反思能使人扬弃解构旧有的思维模式并生成解决实践问题的新能力，实现自我超越。[②]”

他于1988年从浙江师范大学毕业，被分配到苍南中学。他因着自己所面对不同层次的学生的需求变化而不得不经常性地重新定位自己教学基点，但坚持把学生的“学”放在教学活动的第一位。20世纪90年代初期，林国爽老师开始留心教学研究。1991年他第一篇关于高考作文题评析的论文在《中学语文教学参考》上发表，这个意外的收获解除了他原先对教学研究敬而远之的神秘。

---

① 林国爽．为了一种召唤[J]．语文世界，2010(11)：4.

② 言宏．从平凡到辉煌[N]．教育信息报，2006-5-23(3).

此后7年，他边教边研，在省级及其以上的报纸杂志上发表论文20多篇。研究对象主要集中在教材教法方面，展现他如何用自己的方式使“教”为学生的“学”服务。1995年在学校以科研兴校为导向的影响下，他独立申报了一个市级课题《市场经济背景下学生心理研究及对中学语文教学的思考》。他通过认真调查和思考，使这项在当时颇有时代感的课题成果获得了温州市1996年“双百工程”青年重点课题优秀成果一等奖。与此同时，他的教学能力也得到了相应的提高，获得了“市教坛新秀”称号。这一阶段，他已经能积极地对教学实践做出超前性反思，努力探求新的见解、新的方法来解决自己教学实践中遇到的问题，获得了地区语文界的认可，并使反思意识不知不觉地烙进了他的自觉行为之中。他不断地拷问着自己的“教”，目的就在于如何促使学生更好地“学”。

2003年3月他再一次进入浙江师范大学，攻读中文教育硕士。在这脱产学习的一年里，他在王尚文教授及蔡伟、李海林等多位教授的精心指导下，系统而扎实地阅读了学科相关的前沿理论，认真研究新课程改革涉及的重要问题，如语文学科性质、对话教学、体验教学、后现代课程论等等，并拥有充分的时间以对自己十几年来的语文教学实践作一次整体性的反思，扎实的理论学习为他进一步的反思与生成埋下了坚实的基石。

林国爽老师说，反思需要反思者敞开自己的胸怀，研究“离鼻尖儿最近的”事。2004年，由于工作需要，他被调往温州中学教书。当时正值语文新课程理论的准备期，各级培训、宣传如火如荼，各种先进的教学理念纷至沓来，语文课堂里充斥着人文材料，脱离文本言语进行思想教育，学生作为对话的主体性被无限地放大，教师没有起到应有的引导作用。他感慨良多。于是写了篇《点燃与推动》，他通过对三个案例的分析，认为师生间的对话，并不意味着教师的作用被抛弃，教师仍可以“对话人”的身份组织、参与对话活动，教师作为语文课堂学习共同体中较成熟的一员，要真正成为学生的阅读伙伴，与学生建立起平等、亲和、友善的合作关系①。他认为，在构成语文课堂生态的要素中，教师、教材、学生，只要任何一方的特点发生变化，教学就不能走老路子了。在温州中学教书时，语文教材换成了苏教版的，他面对的学生浸染着浮躁而功利的城市文化。他把自己语文教学定位在落脚扎实，角度灵活，以“激发兴趣，激发思维，激发潜能”为教学思路，以主体体悟为核心，以对话交流为主线，通过“立言”来“立人”，

---

① 林国爽.与学生一起成长[J].中学语文教学参考，2009(8):13.

提高学生的语文素质。2006年他出版了他第一本教学专著《“教”:为了更好的“学”》。

他始终把学生“学什么”才能提升语文素养和“怎么学”才能成就语文达人这两大问题加以优先思考。2014年他又被杭州市余杭区作为人才引进到了余杭中学。他照样热爱他的学生和教育事业,这里的学生既不同于来自淳朴乡村的苍南学生,也不同于来自市场经济活跃的温州市区学生。余杭中学位于杭州的西部,属于城乡结合地带,学生学习态度认真,但语文能力却远不如前两地学生,他又站到了语文教育的新起点。他想起了浙江省新课程开始实施的时候,在苍南中学指导学生开展语文研究性学习活动,在他的努力下,苍南中学配备了大量的名著,满足全校学生的自由阅读,学校每周安排一节自由阅读课,供学生到图书馆阅读名著,他则布置一些主题研究任务,让学生带着问题去阅读。学生的阅读景象让他印象深刻,个个面带喜悦,似乎从课堂上解放出来似的。后来他把这种做法带到了温州中学。温州中学是一所比较侧重理科的学校,学生普遍存在着语文学习比较薄弱的特点,为此,他和同事们,开始编写“每周一读”,8开4页,内容有与语文教学名家名篇相关的作品,也有教师觉得高质量的课外文章。二十多年来,他一直在不断探求学生语文阅读兴趣、提高语文阅读能力的新路子,因为他觉得,语文阅读教学要走出课堂,才能更广泛地与终身学习发生联系。于是他带领自己的工作室学员开始一个全新的阅读教学实验,他给这种阅读教学命名为“类阅读”。

2. 教学理论:吸纳与熔铸

在林国爽老师的语文观中,学习语文的目的就是要提高准确理解和运用祖国的语言文字能力。他认为,语文教学必须树立四种意识,即人本意识、问题意识、语文意识和开放意识[①]。人本意识,是指以学生的发展为本,这也是新课改的核心理念。教师应该时刻意识到自己面对的是具有独特个性、爱好、情感的大写的人,这就是他热爱教育事业和认真反思自己教学的根本原因。问题意识,是指在言语活动中意识到一些难以解决的有疑惑的实践问题或理论问题时产生的一种怀疑、困惑、焦虑、探究的心理状态,语文学习或教学过程实际上就是不断提出问题和解决问题的过程,在问题的带动下,有品味,有揣摩,有领悟,

① 林国爽.“教”:为了更好的“学”[M].北京:中国文史出版社,2006:19-22.

有创新。语文意识,这个概念最早是他的导师——浙江师范大学王尚文教授提出的。他把对如何运用语言文字的自觉关注称之为“语文意识[①]”。语文意识关注的是言语本身的物质存在,语文阅读教学就是通过对言语的揣摩与品味,去实现情感、精神的升华,达到审美的愉悦、思维的快乐。林国爽老师从实践角度深刻地领会并继承了他导师的创新观点。所谓开放意识,是指语文教学在教学内容、教学方式和师生关系等方面都应该具备开放的意识,才能摆脱僵化状态而富有生命力。

多年来他实践了很久,也思索了很久,他终于发现,事实上绝大部分老师都在不约而同地做着这样一种事:教师像是一位导游,在指导学生阅读教材中一篇篇一流作家作品时,就像在组织一班游客在集体旅游。我们的学生到了一个“风景点”——语文教材中某一名篇,教师像导游那样用一节或几节课时间解说和“观赏”一下,来不及“慢慢走慢慢欣赏”,然后匆匆把他们“赶上车”,然后奔向下一个“风景点”,又匆匆一瞥,匆匆而去……集体旅游过的人都知道这么一句话:“上车睡觉,下车撒尿,到地方拍照,一问啥都不知道。”这是对集体旅游的一种嘲讽,也是长期以来对语文阅读教学的嘲讽。这种现象是学生读了那么多年的名篇,而阅读能力上不去的症结所在。

认识到阅读教学中存在的顽疾,林国爽老师便着手分析病因,开出药方,治病救人。“类阅读”教学正是在他这样的语文观指导下和对教学实践深刻反思的基础上生成的。

他回想起自己当年读高中语文时直到现在记忆最深刻的作家,只有两个人:司马迁和鲁迅,那时的人教版语文教材中,司马迁和鲁迅的文章数量最多。而如今那位叫司马迁的人和另一位叫鲁迅的人不幸淡出了语文教材。另外,他在温州中学教书时曾做过调查,探究他教的一文一理班级学生的语文成绩差异较大的原因。结果调查显示,文科班学生每年课外阅读过的长篇名著都不少于5本,而理科生却沉迷于数理题海中无暇阅读名著。他又一次阅读他的导师们的著作,如王尚文教授的《语感论》、李海林教授的《言语教学论》等。“语感”这个话题曾在20世纪90年代末和21世纪初,是一个热门话题,研究成果颇丰,研究最深入最系统的当属王尚文教授。近些年来,随着新课改理念的推行,语文研究领域专家与话题日新月异,“语感”研究也逐渐退出研究“江湖”。但林国爽

---

① 王尚文.“语文意识”:语文教学的阶梯[J].语文学习,2003(5).

老师认为，这两本书仍然是广大语文教师开展语文教育的指南，正确理解其中的观点，才不会使自己的语文教学活动偏离语文本体，才不会使语文教学在琳琅满目的舶来理论中迷失方向。

在林国爽老师看来，语感是言语能力发展的高级阶段，是语文阅读教学追求的最高目标。因为具有极强语感能力的人，对一个新鲜的言语文本，常常能理解和领悟得极为准确而敏锐。“语感，是人们直觉地感受领悟、把握语言这一对象的一种能力。”（王尚文教授语）有研究表明，语感是一种对言语文本进行整体的、敏锐的、个性化的、直觉感知的心理语言能力。所谓整体性是指主体舍去了对语音、词汇、语义、语法的具体的条分缕析，对语文进行全方位整体把握；敏锐性是指主体对语文感知理解的迅速与深刻；个性化是指不同主体和主体不同发展阶段对相同的语文的感知理解的差别；直觉性是指主体对语文省略了分析、判断与验证的具体环节。语感不是没有理性的逻辑判断，而是将对语文理解的深刻性、敏锐性、整体性自动化了，从而以直觉形式表现出来。他清晰地记得，有一次和导师王尚文教授交流时，请教如何在语文教学实践中落实语感培养问题，王教授对此笑而不语。那时候林国爽老师就暗自下定决心，他要继续研究语感理论在语文教学实践中落实问题。如今他在阅读教学中梳理了出一条通向语感培育的途径来，这个途径就叫“类阅读”。

亚里士多德说：“我们的思维是从与正在寻求的事物相类似的事物……或者与它相接近的事物进行。”一个个单独的言语文本，由于每个作家言语形式的习惯、爱好和呈现的风格不同，如果在阅读教学时蜻蜓点水式地掠过，不足以在学生的知、情、意等方面留下深刻的“图式”。瑞士心理学家皮亚杰说，一个刺激要引起一种反应，主体及其机体就必须有反应刺激的能力。学生读完了某一作家的一个文本，刚刚具备了“某种准备状态”，在语文教材的一个人文专题内，每个文本的言语形式不一样，前一个“图式”不能有效地成为阅读下一个言语文本的“准备状态”，这就使学生无法快速地将新文本的言语形式吸纳入自己的“图式”之中，这就是语文能力差的学生永远跟不上语文能力好的学生的根本原因。但“类阅读”就很好地解决了这个难题。林国爽老师这样探索，是有充分的理据的。

首先是言语生成机制和语感图式理论。王尚文教授在《语感论》中指出，“语感图式是语感所由生成的基础……包括许许多多相互关联、相互作用的‘知识’单元……即所谓内在的直觉知识，是人的精神生活的一个个看不见摸不着的‘细胞’。[①]”李海林教授也认为：“所谓语感图式，就是主体在言语活动中预先存在的以言语为信息载体的心理结构，直截了当地说，就是一种言语心理结构……语感的心理机制就是语感图式，语感图式既是形成基本的语感的内在标志，也是语感过程得以实现和语感力得以发展的前提条件。[②]”可见，语感图式是语感发挥功能的基石。语感图式的形成发展是在先天遗传的言语习得机制的基础上通过言语活动发展而成的。但是一个人语感图式的形成，不是将许多作家的单个文本简单地相加，它必须通过一定量的刺激，才能有效地将一个作家的言语形式纳入自己的语感图式之中。比如惠特曼之于郭沫若，泰戈尔之于冰心，唐宋散文之于归有光的影响一样。这个道理人所共知，而我们却视而不见。

其次是认知心理学——同化与顺应理论。语感具有动态的建构性和后天习得的发展性，使得语感图式总是处于开放性状态。语感图式需要在与外界信息的交流中不断发生同化和顺应的调整、组合。认知发展理论认为，每个人的语感图式在某一个阶段都是一个平衡体，这个结构中各元素之间暂时处于一个平衡状态。当言语对象作用于言语主体时，言语主体所面对的言语对象没有超出原有语感图式的范围，语感图式就会自动地把这些不超过范围的对象纳入语感图式的恰当位置，原有的语感就会得到巩固和加强，这就是同化过程。当言语主体所面对的言语对象已经超出原有语感图式的范围，这些新输入的言语信息无法进入原有的语感图式，从而打破了原有语感图式的平衡状态，迫使原有的语感图式根据新的言语信息进行重组调整，建构新的语感图式，这就是顺应过程。语感能力表现为言语主体在多大程度上把言语对象纳入自己的心理图式结构之中，语感能力的培养取决于言语对象在多大程度上超出言语主体的图式结构的接受范围，迫使言语主体向言语客体转化。一般说来，超出的程度越大，言语主体原有图式结构受到的冲击越大，重组后新图式的更新程度也越大，语感能力的提高幅度也就越大。但是这里有一个重要的前提容易被忽略了，那就是只有“同化”的充分，“顺应”才有意义，可以说，“同化”是“顺应”的基础。基础不牢，地动山摇。对于阅读能力差或语感能力弱的学生，难以在不断“顺应”过程中形成语感能力的。就像一个人面对百花园中百花争艳，他可能不知道哪

---

① 王尚文.语感论[M].上海：上海教育出版社，2006.

② 李海林.言语教学论[M].上海：上海教育出版社 2006.

一朵花最中自己的意，不知道那种最能寄托自己的情思一样，他将不知所措。只有强化“同化”过程，通过类阅读，通过一定量的“图式”、“同化”，才能形式自己的语感图式，才能发生有效的迁移，增强他们阅读新的言语文本能力。余华在20世纪80年代的作品被视为先锋小说的典范，90年代后创作发生转型，写作风格由先锋叙事变成向现实主义的回归。余华前期的小说非常明显地受到了西方现代主义和后现代主义作家的影响，转型后的现实主义创作也仍然带有先锋文学的余温。对余华影响较大的西方作家有卡夫卡、福克纳、罗兰·巴特、罗伯·格里耶、博尔赫斯等。林国爽老师相信，余华绝对不可能只读过卡夫卡或福克纳的一篇著名短文，就会深受其影响。

再次，是克拉申的窄式阅读理论。美国语言学家克拉申认为，所谓窄式阅读(narrow reading)，即指学习者通过阅读同一风格、同一主题或某位作家的多部作品来提高阅读能力的一种策略。由此他提出了习得——学得假说、监控假说、语言输入假说、情感过滤假说、自然顺序假说等五种假说。例如语言输入假说理论，他认为输入是语言习得的第一步，只有获得足够的可理解性语言输入(comprehensive input)才能习得语言。也就是说可理解性是指输入的语言略高于学习者现有的语言水平。用公式表示为“i+1”，其中“i”表示学习者现有的语言水平，“1”表示略高于学习者现有水平的输入语言。输入的语言材料既不能太难，也不能太容易，否则，学习者就得不到最佳的语言输入。输入的语言太难，远远超出学习者的现有水平(即i+2)，他就会无法理解；输入的语言太容易，低于或接近学习者现有的语言水平(即i−1或i+0)，他就没有进步的余地。当学习者懂得了包含有i+1的语言时，语言习得才得以发生。克拉申认为，理想的输入的特点之一是既有趣又有关(interesting and relevant)，即要使语言输入对语言的习得有利，必须对它的意义进行加工，输入的语言材料越有趣、越有关联，学习者就会在不知不觉中习得语言。虽然克拉申研究的是第二语言的学习策略，但林国爽老师坚定认为，它对母语学习还没有建立起相对成熟的语感图式的阅读者——学生来说，仍然有很大的借鉴价值。

基于对以上这些教育教学理论的认识，林国爽老师熔铸出“类阅读”教学。他认为，在阅读教学中适当穿插“类阅读”不但是必要的，而且也是必需的。通过某些作家的多个言语文本阅读，使学生对那些作家的言语形式或言语内容有强烈而鲜明的感悟，这样就有效地稳固他们刚刚建立起来的“图式”，然后再顺应新的言语形式，由此逐步形成学生个性化的“语感图式”，他们的阅读能力或语感能力也就能随之得到提高。

二、"类阅读"教学的实施之法

"类阅读"是类文本的言语实践不断地同化和顺应至语感图式之中的阅读新概念。林国爽老师正带领自己的名师工作室学员积极实施"类阅读"教学，他还吸收了过去曾经成功开展的研究性学习的一些经验，例如浙江省教研室编写的《学科研究性学习案例》册子和网络上就有他的关于《论语》、辛弃疾词的研究性学习范例。鉴于学期教学任务、语文教材和教学时段的限制，他实施的"类阅读"教学，要求做好前期规划，规定每册苏教版语文教材完成两到三次类阅读。为了提高学生的阅读兴趣，必须每次在推介类文本时在学生的内在驱动上下功夫，如教师做好推介广告语，包括作者介绍、学者评价以及"类阅读"材料价值等等。接着是制定"类阅读"的目标指向，设置一些阅读问题，使学生在阅读中求索，在解决阅读问题中落实"类阅读"目标。这样容易使学生在不知不觉中深受类文本的熏染。也可要求学生写点感悟，或者与作文任务结合起来，或者再让学生自主去搜集一些相关材料。这样，就形成了"计划—兴趣—定向—反馈"类阅读的四个基本环节。

1. 轻便灵活的短作业

所谓"短作业"是指以一至两周时间为周期开展的"类阅读"。教师最好选择自己最喜欢、感悟最深刻的一流作家作品，或者也可选取学生有兴趣深入阅读的对象，按某一角度选取"类阅读"文本。语感包括语意感、意图感、语体感、语技感、语境感等，相应地，类阅读的分类的角度可以有：语意类、意图类、语体类、语技类、语境类等。一般地，文本数量上不少于5篇，并提供相应的阅读背景，或者名家鉴赏语等，设计、分发学习任务单。学生课外自主学习并完成学习任务，最后课内安排一节课的时间，互相交流、引导活动，落实反馈环节。如当读到苏教版教材中柳宗元的《始得西山宴游记》，林国爽老师没有止步于教读这一课，而是向外作类的拓展。他同时印发了柳宗元《永州八记》的原文和译文，以及余秋雨散文《柳侯祠》，然后设计出如下几个问题作为类阅读的学习任务单：

问题1，林纾曾指出："柳宗元的山水游记，每一篇必有一篇中之主人翁，不能谓其漫记山水也。”八篇游记中作者各主要描写了什么景物，请一一找出来，并说说这些景物有何特点？

问题2，柳宗元在这些游记中写草、木、泉、石，生动逼真，神妙入微。他为什么选取这些景物？为什么描摹的如此细腻，如此有个性？

问题3，“永州八记”每篇游记中有不少表面上看似议论山水，实则饱含作者身世之感的语句。请找一找，读一读，品一品。

问题4，“永州八记”中的柳宗元，会让你想起读到的哪些文人？柳宗元与他们的精神境界有何异同？请说说自己的阅读感悟。

柳宗元可以说是开创我国山水散文天人合一意境的第一人。他的山水散文，不仅具有一种如画如诗的直观美感，而且具有一种照见人与自然本真关系的透彻哲思，是一种澄明之境。《始得西山宴游记》是柳宗元山水游记散文的代表作品。这篇游记的重要意义体现在：第一，标志着天人合一的散文意境的产生。这一意境产生的契机，是“游”。“游”是自由的体现，是人从世俗命运得失名利中获得自由解放。由“游”而观照宇宙自然，体验宇宙自然，从而呈现山水天容宇宙自然之境界与天人合一哲学体验相融合之意境。“悠悠乎与浩气俱，而莫得其涯。洋洋乎与造物者游，而不知其所穷”，“心凝形释，与万化冥合”，即表示此种人的精神与宇宙自然契合的体验。问题是，单单读了这篇“始得”，读者感受到柳宗元似乎真正摆脱了世俗的纠缠，进入了天人合一的冥然境界，事实真是如此吗？林国爽认为只有认认真真地读完《永州八记》，读者才会还原一个完整而真实的柳宗元形象。在柳宗元的文字里，有“时到幽树好石，暂得一笑，已复不乐”（《与李翰林建书》）。“羁禽响幽谷，寒藻舞沦漪。去国魂已逝，怀人泪空垂”（《南涧中题》）。在幽冷的自然界里，蕴满了他抑郁的孤愤。“孤生易为感，失路少所宜。索寞竟何事？徘徊只自知。谁为后来者？当怀此心期”（《南涧中题》）。而《南涧中题》一诗写于元和七年，《始得西山宴游记》写于元和四年，三年过去了，柳宗元的心情仍然是凄凉与抑郁的。总体来说，他无法彻底忘掉自己的政治抱负，无法真正以悠然的态度观赏山水，正因为如此，他始终有意无意把愤愤不平之情融入山水之中。在永州的贬谪岁月中，柳宗元把悲情与愁思渗入每一处楚山楚水。科学求真，文学求美，当美失去了真，容易给学生播下错误的种子。因此，这个“类阅读”案例价值非凡。

在这个案例的学习任务单设计中，问题一，旨在引导学生初步了解柳宗元眼中的景物都有哪些。由于《永州八记》的言语形式是文言文，学生在初中就已经读过其中的《小石潭》，对于其他六记已经有相应的“图式”或是“准备状态”，加之教师提供译文，这样的“类阅读”就能起到加强“同化”作用。问题二，在于引导关注柳宗元山水散文中的情与景的关系。这是阅读山水散文需要把握的重点。柳宗元为什么选取这景，而不是那景，全是因为他情之所寄。透过他选取的意象，阅读时就容易贴近或走进作家的内心世界。问题三，旨在还原立体的柳宗元，他因为被贬岁月所带来的抑郁和悲凉是那么挥之不去，在“始得”以后诸文中都若隐若现，如：

“孰使予乐居夷而忘故土者，非兹潭也欤?”(《钴鉧潭记》)

“噫，以兹丘之胜，致之沣、镐、鄠、杜，则贵游之士争买者，日曾千金而愈不可得。今弃是州也，农夫、渔夫过而陋之，价四百，连岁不能售。”(《钴鉧潭西小丘记》)

“坐潭上，四面竹树环合，寂寥无人，凄寂寒骨，悄怆幽邃。以其境过清，不可久居，乃记之而去。”(《至小丘西小石潭记》)

“古之人其有乐乎此耶？后之来者有能追予之践履耶?”(《石涧记》)

“噫！吾疑造物者之有无久矣，及是，愈以为诚有。又怪其不为之于中州，而列是夷狄更千百年不得一售其伎，是固劳而无用，神者傥不宜如是，则其果无乎?”(《小石城山记》)

这些感叹、议论，可以看作是柳宗元对永州山水的叹喟，也可认为是他对自身不平的喟叹。这是古代文人常见的现象，杜甫如此，苏轼如此，即使是公认最豪放的李白也是如此。让学生理解这些，丝毫不影响他们对柳宗元散文成就的认识，也不会影响他们对他理想的追求以及人格魅力的认同。

问题四的目的在于引导学生做出恰当的评价，通过联想，比较，将“类阅读”材料的内涵加以内化。把柳宗元形象放在广阔的社会文化语境中去认识。通常“语境”包括上下文语境、情景语境、社会文化语境三大类。结合语境来阅读，有助于提高学生的言语能力。现代修辞学认为，“言语能力的提高，要依赖言语环境。所以，忽视使用语言的环境，学生纵使记住语言规则，仍不能适应环境灵活使用语言，达到交际目的，完成交际任务。[①]”

林国爽老师实施的“类阅读”的短作业灵活轻便，每个学校每个教师都可以

① 王德春，陈晨．现代修辞学[M]．上海：上海外语教育出版社，2001.

做，都有条件做。关键在于不但知道该怎么做，还要理解这样做的原因。有些老师可能担心，如果一个学校每个班级都这么做，学生会不会人人都是“柳宗元”的样子呢？这真是杞人忧天！林国爽老师认为，文学教育本质上就是审美教育，而审美教育的核心所在便是自我教育①。人优我吸，人劣我弃。“类阅读”在引导学生鉴赏过程中也注重了审美教育。高中三年下来，自然不会只有一位柳宗元形象在学生心里留下较深的痕迹，例如，林国爽老师还做了杜甫、苏轼、刘亮程、梁衡、卡夫卡、海明威等一系列“类阅读”短作业。更何况，每个学生将文本养料纳入自己“图式”之中的同化和顺应能力也会有差异。林国爽老师说，重要的是，学生能充分把握了柳宗元的言语风格，提高了阅读理解能力，而且这种阅读对他们写作也大有裨益，他们在作文时不再会简单地使用文化名人的一些抽象符号了，而会自觉地赋予自己对文化名人更深刻的理解，表现出灵敏的抒写能力。

2. 开放深入的长作业

长作业一般以一至两个月为周期的作业，类似于语文研究性学习活动，以学生小组合作形式开展的“类阅读”活动。阅读对象通常是一本书。林国爽老师认为，这种对学生原有言语“图式”进行持续性刺激的阅读活动，对学生提高言语能力的作用很大。他在通读苏联教育家苏霍姆林斯基的论著中，发现苏霍姆林斯基从来不马上教语文教材中长文本的节选部分，只有等孩子们读了原著以后，他才开始引导学生进入文本阅读。苏霍姆林斯基之所以这样做，是为了让学生进入作家文本的完整语境，让学生充分“吮吸语言中的蜜”（苏霍姆林斯基语）。这对林国爽老师颇有启发。“类阅读”的长作业，在教师的组织和指导下，根据学生自己或师生共同的兴趣，爱好和条件，以开放、深入的方式去研读一个长文本。长作业的操作步骤：

第一步，师生协商选取“类阅读”文本。

第二步，提供背景知识、阅读方向。

第三步，学生小组自主阅读，并撰写阅读小报告。

第四步，开展小组阅读分享交流会。

与研究性学习活动不同的是，首先学生无须设计阅读方案，也不用强调用

① 林国爽．苏霍姆林斯基文学教育观的基本特点[J]．文学教育，2006(3)．

什么阅读方式,舍去了科学严谨研究过程中一些烦琐规则。学生阅读时完全是开放的、自由的。学生可以根据自己的阅读习惯和方式开展。这样阅读的主体性更为突出。学生通过亲身的实践、探索、感受,搜索和参考相关背景和赏析资料,获得个性化的阅读感受,以提高他们的言语实践能力。但是必须强调,在学生自主阅读过程中,师生之间、生生之间要有交流过程,要了解学生的阅读进展情况、程度,提供相应的阅读思考角度,指导撰写阅读小报告。长作业是一项综合性的阅读,刚开始学生可能会觉得难度,但是坚持几次,通过分享交流会上获得成功喜悦,渐渐地,学生的自觉性、主动性便提高了。

例如林国爽老师做的长作业——阅读专题“钱钟书和他的《围城》”,他提供给学生的几个视角如下:

(1)《围城》之围体现在哪里?

(2)从《围城》思考人生。

(3)从《围城》中人物打量人性的弱点。

(4)赏析书中一位你认为写得最精彩的人物。

(5)钱钟书写作语言的智慧品味。

(6)钱钟书的幽默与鲁迅的幽默比较。

(7)卡夫卡的《城堡》与钱钟书的《围城》在象征意义上的比较。

……

钱钟书被誉为拥有“20世纪人类最智慧的头颅”、“幽默才子”、“文化昆仑”等,作家柯灵赞叹道:“散文也罢,小说也罢,共同的特点是玉想琼思,宏观博识,妙喻珠联,警句泉涌,谐谑天生,涉笔成趣。这是一棵人生道旁历尽春秋、枝繁叶茂的智慧树,钟灵毓秀,满树的玄想之花,心灵之果,任人随喜观赏,止息乘荫。只要你不是闭目塞听,深闭固拒,总会欣然有得。——深者得其深,浅者得其浅。”《围城》是钱钟书先生唯一的长篇小说,却是家喻户晓,成为一代经典。书评家夏志清先生认为小说《围城》是“中国近代文学中最有趣、最用心经营的小说,可能是最伟大的一部”。《围城》是对一种人生情境的形象概括,也是对一种心理意态的巧妙捕捉。它所描绘的,乃是人类理想主义和幻想破灭的永恒循环。《围城》的确值得学生一读。

林国爽老师认为,文学的力量来自于文学作品本身,过多的说教不但无益,而且反而禁锢了阅读者的思维。从前面几个视角来看,可供学生探索的话题既不宽泛,也不狭小,既有言语内容方面,也有言语形式的方面。学生是可以在阅读中通过搜索参考资料和自己的感悟，“跳一跳，就可以摘到果子。”学生还可以自己根据阅读实际情况，自拟阅读话题。林国爽老师说，每次召开阅读分享交流会，学生们都有一种莫名的兴奋。这兴奋可能来自对任务完成的释然，也可能是马上要将自己阅读“果子”呈现在同伴前面带来的。分享就是要各小组代表将自己小组的阅读感悟准确清晰地表达出来，交流就是小组代表完成陈述之后还要接受质疑、询问等互动环节，同时教师也积极参与其中，对学生可能出现的误读给以必要的指导，甚至也可以展现教师自己的阅读心得。这样，对话双方在分享与交流得到了共同的提高。

如吴俊等同学完成的阅读报告《〈围城〉之“围”》，从社会的沦陷、现实的困顿、文化的围困三个方面来解读。报告结尾中说：

“围城，说破了不过是一个洞人文明和外界碰面后的演绎。城中的一群人千方百计，处心积虑地打闹和纠缠，追求着本不该属于自己的更多，以为如此能在围城中逃逸，但是那又如何呢？围城外的世界，依旧有一座更高的城墙……”

如陈文等同学完成的阅读报告《方鸿渐人物形象解读》，他们一组认为，方鸿渐其人，出生新旧交替的时代，在两个时代的洪流中被裹挟着，软弱的性格使得他不能为自己之所为。在岁月的蹉跎中走向悲剧的边缘，在旧社会里他被赋予了一种千年以来中国人习以为常的安顺性格，而缺乏主见的品质却是他在长久的求学生涯中形成，也影响着他一生的经历。

还有陈文昊等同学《爱上一个人，宛若一座城——围城里的爱情》等等，学生们的阅读持之有据，言之有理，由于研读的深入，所以才能感悟得更深。这应该是我们语文阅读教学孜孜以求的方式和目标。这能使学生在知、情、意等得到全方位的培育，为他们的未来，播种优良的种子。

三、“类阅读”教学的获益之处

如今林国爽老师和他一群徒弟们坚定不移地、踏实地走在“类阅读”教学的路上，他们巧妙地将“类阅读”短作业与长作业结合起来，不同的阅读方式交叉前进，学生的阅读能力螺旋上升。其实，从日常课堂阅读教学相对封闭性，到短作业的半开放性，到长作业的更大程度的开放性，其旨更在远方，那就是“类阅读”教学为学生终身阅读习惯和能力奠基。评价“类阅读”教学的益处，我们认为，至少以下三个方面：

1."类阅读"教学弥补了语文教材的不足

任何语文教材都有优缺点,人教版语文教材如此,苏教版语文教材也是如此。当初用惯了人教版语文教材的教师们,把人教版语文教材与应试教育画上等号,初拿到苏教版语文教材,有耳目一新之感。但是实施教学一段时间之后,便很快地发现,这种人文专题模块方式编排的语文教材,并不利于培养和提高学生的语文能力。一个专题模块之内,文本言语形式大相径庭,言语内容也各有千秋。由于各模块篇目较多,教学时间有限,浙江省各校普遍存在着教师只教好学考基本篇目的现象,"高考考什么,老师教什么,学生学什么",问题更为严重的是,教师在教授各册书时,精力基本上花在了文言文文本教学上。致使语文阅读教学的路子越来越窄。原本丰富多彩的语文世界变得单一枯燥,使学生失去了学习的兴趣。这是新课改设计者当初不曾想到的实际情况。但是在阅读教学中,没有一定量的"同化",怎么可能有"顺应"的有效性和语感能力方面质的飞跃?实际上,浙江省的一些专家在编写辅助语文教材的读本时,也曾安排了两个专题阅读,如《红楼梦》《史记》等,但是他们并没有像林国爽老师这样对语文教材的不足、对"类阅读"理论基础和实践有这么清晰的认识。林国爽老师在践行叶老所说"教材无非是个例子"的思想,自觉地成为语文课程资源的开发者。他从语文本体和语文课程角度审视当下语文阅读教学中存在的问题,试图通过"类阅读"教学来弥补语文教材的不足。

当今世界文学杰作层出不穷,由于"类阅读"教学是教师亲自开发的课程资源,他们可以追随时代脚步,时时更新,例如2015年诺贝尔文学奖获得者阿列克谢耶维奇、2016年诺贝尔文学奖获得者鲍勃·迪伦都进入了林国爽老师的"类阅读"教学视野。这也是固定的现行语文教材无法吸收的新鲜血液。

2."类阅读"教学提高了学生阅读的能力

林国爽老师说,如果我们可以把语文教材比作一串精美的项链,但是只拿出其中一粒珍珠,在阅读能力上"弱视"的学生是看不到它的光芒的。光靠老师跟他们说,这里美,那里美,他们中有些人仍然一知半解,最后只得死记硬背。由于缺少真正意义上对话和理解,学生阅读能力的培养举步维艰。新课程指出:"阅读教学是学生、教师、文本之间对话的过程。"这里包含着两层意义:一是阅读是读者(包括教师和学生)与文本的主体间的对话过程,不妨称之为阅读对话；二是教学是教师与学生以及学生与学生的主体间的对话过程，不妨称之为教学对话。前者是指阅读观，后者是指教学观。阅读对话理论是将阅读行为看作是主体间的对话和交流，“阅读是一个读者与文本相互作用，建构意义的动态过程”。按林国爽老师的理解，阅读对话理论为语文教学提供了五点认识：一是读者与文本都是对话的主体，即平等性；二是不同的读者有不同的前理解（原有的知识经验）结构，即差异性；三是承认读者个性化的理解和创造，即开放性；四是对话过程中主体间彼此精神相互接纳、融会，即理解性；五是对话的效果不是一次完成的，随着对话的深入，意义在不断生成，即发展性[①]。德国哲学家伽达默尔提醒我们，（真正意义上的）问答对话不是对某一个命题的回答，因为理解中的问答对话必然是不断交互往返的。问与答的往复就是读者视域和文本视域不断融合的意义呈现事件，是理解不断深化和推进的过程。根据他的观点，成功的对话需要两个条件：一是前见，一是真诚度。所谓“前见”，就阅读而言，就是学生的心智成熟度、生活阅历、阅读经验等。没有足够水平的“前见”，对言语文本不热爱，不真诚，无论是阅读对话还是教学对话，就不可能顺利展开。

林国爽老师通过“类阅读”教学试图努力丰富学生阅读经验，生活阅历，提高他们心智的成熟度，也即提高他们“前见”水平。在“类阅读”活动所创设的语境中，让学生主动去发现、质疑、分享，以此来取代过去语文课堂繁文缛节的分析，过多地强调知识性所产生的不良现象。学生置身于开放性的阅读环境里，激发起阅读的积极性。日积月累，培养学生良好的阅读习惯和阅读心理，从而切实地提高了学生的对话能力和阅读能力。

3.“类阅读”教学提升了教师自身的素质

语文阅读教学的模式化和应试化，是每位语文教师所诟病的。在世俗功利因素作用下的氛围里，又不能不委曲求全。难怪北大温儒敏教授感慨现如今语文教学应该与高考取得一种平衡。两者应该相克相生。如果只是相克而不相生的话，教师也必然与学生沦为考试的机器，他们也只能热衷于题海战术。有些老师也在唏嘘：高三教了多年，高一、高二的课文都自感教不来了。这种现象令人担忧。

林国爽老师认为，教师应比学生更主动地追求身心的解放。他曾经在《谈

① 林国爽. 阅读对话与教学对话[J]. 阅读与鉴赏（下旬），2006(4).

"对话型"阅读教学中的教师作用》写道：教师应该在平等和谐中点燃学生的语文学习，在参与对话中推动学生阅读进程的深入。因为对话主体间视域融合、精神相遇、理性碰撞和情感交流，对话主体各自向对方的"精神敞开"和"彼此接纳"。这种对话具有重新建构意义、生成意义功能，有益于促进学生自主和自由发展①。所以，教师特别重视自我的全面发展，乐于更新自己的教育观念，乐于探求语文教学的新途径，乐于提高自己的知识视野和语文能力。"类阅读"教学要求教师做一名先行者。指导学生阅读《永州八记》或《围城》，教师如果不首先仔细通读《永州八记》或《围城》，不了解柳宗元和钱钟书，不知道相关的研究和评价，甚至没有自己的读解感悟，"类阅读"教学几乎是无法开展下去。"类阅读"教学必然在提高学生的阅读能力同时，提升了教师自身的素质。

四、结语

正如学无止境，教也无止境，二十几年来，林国爽老师扎扎实实地实践，认认真真地思考，在一些经典的语文学科理论和大量的阅读教学实践的相互整合中，一种教学思想和实践经验相对成熟的阅读教学方式生成了，让人有一种豁然开朗的感觉。林国爽老师说，培养学生热爱语文，爱读语文，不仅要靠老师的人格魅力，更要靠语文自身的魅力。我们相信，林国爽老师的"类阅读"教学必将影响到时下的语文教材观，拓展语文课程资源的开发空间。通过"类阅读"活动，使学生的言语"图式"不断得到同化和顺应，切实提高学生的语感能力，做一名会读会思擅长对话的阅读者，同时，教师也因此边读边教，丰富了自己的涵养，做一名优雅而深沉的语文人，如此，便可实现师生共赢的理想愿景。

参考文献

[1]王岱."战国四公子"专题阅读教学案例[J].语文学习，2017(2)：34.

[2]林国爽.为了一种召唤[J].语文世界，2010(11)：4.

[3]言宏.从平凡到辉煌[N].教育信息报，2006-5-23(3).

[4]林国爽.与学生一起成长[J].中学语文教学参考，2009(8)：13.

[5]林国爽."教"：为了更好的"学"[M].北京：中国文史出版社，2006：

① 林国爽.谈"对话型"阅读教学中的教师作用[J].教学月刊(中学版)，2004(1).

19-22.

[6]王尚文."语文意识":语文教学的阶梯[J].语文学习,2003(5).

[7]王尚文.语感论[M].上海:上海教育出版社,2006.

[8]李海林.言语教学论[M].上海:上海教育出版社,2006.

[9]王德春,陈晨.现代修辞学[M].上海:上海外语教育出版社,2001.

[10]林国爽.苏霍姆林斯基文学教育观的基本特点[J].文学教育,2006(3).

[11]林国爽.阅读对话与教学对话[J].阅读与鉴赏(下旬),2006(4).

[12]林国爽.谈"对话型"阅读教学中的教师作用[J].教学月刊(中学版),2004(1).